Unterirdisches Baden-Württemberg

Unterirdisches Baden-Württemberg

250 000 Jahre Geschichte und Archäologie im Luftbild

von Dieter Planck, Otto Braasch, Judith Oexle
und Helmut Schlichtherle

Theiss

Redaktion: Gabriele Süsskind, Stuttgart

Hinweis zur Benutzung des Textes

Die *kursiv* gesetzten marginalen Ziffern beziehen sich auf die Textabbildungen (1–130) auf den Seiten 7–96.

Die **halbfett** gesetzten marginalen Ziffern weisen auf die Seitenzahlen im Tafelteil (S. 97–249) hin.

Die Deutsche Bibliothek – CIP-Einheitsaufnahme

Unterirdisches Baden-Württemberg : 250 000 Jahre Geschichte und Archäologie im Luftbild / von Dieter Planck ... – Stuttgart : Theiss, 1994
ISBN 3-8062-0497-7
NE: Planck, Dieter

Schutzumschlag: Jürgen Reichert, Stuttgart, unter Verwendung eines Luftbildes von Otto Braasch. Das Bild zeigt die Heuneburg bei Herbertingen-Hundersingen.

Gesamtherstellung: Grafische Betriebe Süddeutscher Zeitungsdienst, Aalen
Printed in Germany
ISBN 3-8062-0497-7

Vorwort

Das heutige Baden-Württemberg ist altes Siedlungsland. Davon zeugen die Funde, die hier in den letzten 300 Jahren durch Zufall, aber auch durch archäologische Forschung entdeckt, geborgen und dokumentiert worden sind. Von der Altsteinzeit bis zur Neuzeit spannt sich der Bogen archäologischer Denkmäler und Funde. Sie sind bis zum Beginn des hohen Mittelalters meist die einzigen Quellen für unsere Geschichte.
In den vergangenen Jahren ist die archäologische Landesforschung mehr und mehr in den Blickpunkt des öffentlichen Interesses gerückt. Ausgrabungen mit zum Teil sensationellen Funden wie etwa die bisher ältesten Kunstwerke des Menschen aus den Höhlen der Schwäbischen Alb oder die in der alten Welt einmaligen Gegenstände im frühkeltischen Fürstengrab von Hochdorf, aber auch Zeugnisse des frühen und hohen Mittelalters künden vom hohen Standard der jeweiligen Kultur in unserem Land.
Dabei verdankt die Landesarchäologie der seit 15 Jahren systematisch betriebenen Luftbildarchäologie einen enormen Zugewinn an Erkenntnissen. Sie ist heute ein unverzichtbares Instrumentarium für die dringend notwendige Prospektion archäologischer Denkmäler. In einer Zeit, in der der Denkmälerbestand durch äußere Maßnahmen gefährdet ist wie nie zuvor, ist es Aufgabe der Archäologischen Denkmalpflege, alle Möglichkeiten moderner Prospektion und hier insbesondere die Luftbildarchäologie, geomagnetische Messung oder Erdradar zu nutzen, um gefährdete Denkmäler in ihrer Größe, Ausdehnung und Bedeutung zu erkunden.
Das Buch „Unterirdisches Baden-Württemberg" gibt zum erstenmal einen Gesamtüberblick über die Archäologie unseres Landes, von der Urgeschichte über die Frühgeschichte bis zum frühen und hohen Mittelalter. Dem einleitenden Text, mit Bildern und Karten angereichert, stehen 75 Objekte gegenüber, die, aus der Luft dokumentiert, einen Einblick in den Bestand archäologischer Denkmäler unseres Landes geben. Autoren und Verlag waren bestrebt, eine, gemessen am Gesamtdenkmälerbestand, kleine Auswahl unter regionalen und thematischen Gesichtspunkten zu erreichen. Nicht nur im Boden erhaltene, an der Oberfläche nicht sichtbare, sondern auch sichtbare bzw. restaurierte Denkmäler werden in eindrucksvollen Aufnahmen dokumentiert.
Die Autoren, Helmut Schlichtherle für die Steinzeit und für die frühen Metallzeiten, Dieter Planck für die keltische und römische Epoche, Judith Oexle für das frühe und hohe Mittelalter sowie Otto Braasch, der das Kapitel zur Luftbildarchäologie verfaßt hat, möchten zahlreichen Kolleginnen und Kollegen für Unterstützung und Förderung Dank sagen. Ganz besonderen Dank schulden wir den Kolleginnen und Kollegen von der Archäologischen Denkmalpflege, die die Autoren in großzügiger Weise mit zusätzlichen Informationen und noch nicht publizierten Ergebnissen bekanntgemacht haben. Besonders zu nennen sind hier Dr. Rolf Heiner Behrends, Karlsruhe, Dr. Jörg Biel, Stuttgart, Dr. Rolf Dehn und Dr. Gerhard Fingerlin, beide Freiburg, Dr. Rüdiger Krause, Stuttgart, Frau Dr. Vera Nübling, Freiburg, Frau Dr. Britta Rabold, Stuttgart, Prof. Dr. Hartmann Reim, Tübingen, Dr. Hartmut Schäfer und Dr. Ingo Stork, beide Stuttgart, Prof. Dr. Wolfgang Taute, Köln, Dr. Eberhard Wagner, Stuttgart. Die Zeichnungen fertigten in dankenswerter Weise Frau Christlein und Frau Almut Kalkowski an.
Möge dieses Werk bei recht vielen an der Archäologie und Geschichte unseres Landes Interessierten Anklang finden und mit dazu beitragen, die archäologischen Denkmäler unseres Landes auch für die nachfolgenden Generationen als Kulturzeugnisse zu erhalten.
Den Autoren ist es ein Anliegen, an dieser Stelle des allzu früh verstorbenen bayerischen Kollegen Rainer Christlein zu gedenken, dessen letztes Werk „Das unterirdische Bayern" vor nunmehr 10 Jahren erschienen ist.

Stuttgart, im Januar 1994 — Dieter Planck

Inhalt

Einführung

von Dieter Planck

Die wohl früheste nachgewiesene Entdeckung von Altertümern in Südwestdeutschland ist in der Marienkapelle von Zöbingen (Gde. Unterschneidheim, Ostalbkreis) zu bewundern. 1261 brach der Pfleger von Hohenbaldern mit seinem Pferd in ein Erdloch ein, das sich als Grab mit einem Baumsarg (Totenbaum) entpuppte. Die Auffindung führte noch im 13. Jahrhundert zum Bau einer Marienkapelle mit Wallfahrt. In der Nachfolgerin dieser Kapelle, erbaut 1718–1723, hat Anton Wintergerst dieses Ereignis im Kuppelfresko dargestellt. 1492 berichtet die Chronik des Klosters Isny im Allgäu, daß zwei Bürger dieser Stadt im spätantiken Kastell Vemania nach Schätzen gruben. Ihr Vorhaben wurde zweifellos veranlaßt durch das schon frühere Auffinden von wertvollen Gegenständen. 1531 berichtet Beatus Rhenanus, daß bei

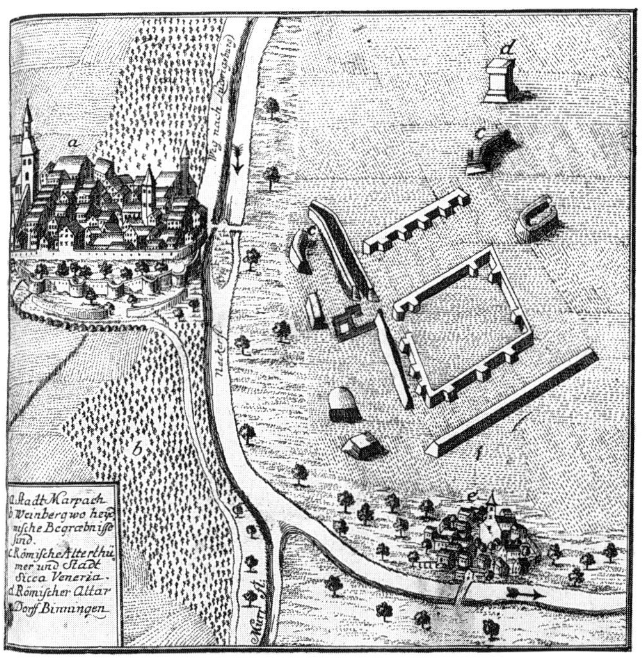

Abb. 1 Die Grabungen bei Benningen durch Simon Studion, die ältesten dokumentierten Grabungen

Aalen »unterirdische Mauern auf weite Streken« vorhanden seien. Gemeint war sicher das Limeskastell.

Der Nestor der archäologischen Forschung in Württemberg war aber zweifellos Simon Studion (1543–1605). Er kam 1572 als Präzeptor nach Marbach. 1579 und 1583 erfahren wir von Entdeckungen römischer Denkmäler und *1*
Mauerzüge in Benningen, das später als Kastellort am Neckarlimes erkannt wurde. Die von ihm entdeckten Steindenkmäler übergab Studion dem Raritätenkabinett des Herzog Ludwig (1568–1593), sie bildeten den Grundstock des im 18. Jahrhundert gegründeten römischen Lapidariums im Württembergischen Landesmuseum.

1580 ließ Andreas Rüttel, der sich durch das Sammeln römischer Inschriften in seiner Vaterstadt Rottenburg am Neckar einen Namen gemacht hat, im Grafenbühl bei Asperg Grabungen durchführen, erkannte allerdings nicht, daß es sich hierbei um einen keltischen Fürstengrabhügel handelte. Im Laufe des 18. Jahrhunderts wird von zahlreichen Forschungen und Grabungen berichtet. So fanden 1740 auf Anordnung des Fürstenhauses Hohenlohe-Neuenstein zum erstenmal archäologische Grabungen in Grabhügeln der älteren Eisenzeit bei Hohebach (Gde. Dörzbach, Hohenlohekreis) statt, über die der vor allen Dingen durch seine Limesforschung bekannte Hohenloher Archivrat Christian Ernst Hanßelmann berichtete. Die in den Grabhügeln gefundenen Bestattungen hielt er zunächst für römisch. Herzog Karl von Württemberg ließ 1783 in Köngen und 1787 bei Horkheim römische Gräberfelder freilegen.

In Mannheim war 1763 auf Anregung des Straßburger Historikers J. D. Schöpflin die Kurpfälzische Akademie der Wissenschaften unter Kurfürst Karl Theodor gegründet worden, zu deren Aufgabe unter anderem das Sammeln römischer Inschriften gehörte. 1784 begann unter dem damaligen Hofgerichtsassessor und späteren Bürgermeister von Rottweil Johann Baptist Hofer die Erforschung der römischen Stadt Arae Flaviae. Das Solmosaik

Abb. 2 Badenweiler. Kupferstich von G. F. Gmelin, 1785, mit dem Plan der römischen Thermen

Abb. 3 Hüfingen. Kolorierte Lithographie von Wilhelm Scheuchzer zwischen 1826 und 1829 mit Schutzbau für das Römerbad und Resten des römischen Kastells

gehörte hier zu den ersten spektakulären Funden. Als im Jahre 1784 bei der Steinentnahme zum Umbau des markgräflichen Amtshauses in Badenweiler ein »Gewölb« entdeckt wurde, veranlaßte Markgraf Karl Friedrich die
2 Ausgrabung, von der wir einen hervorragenden Plan besitzen. Wenige Jahrzehnte später leitete Fürst Karl Egon II. zu Fürstenberg in Hüfingen Ausgrabungen im Gewann »Mühlöschle« und im Bereich des römischen
3 Kastellbades in die Wege. Zum Schutze der ergrabenen Ruinen ließ er das älteste Schutzhaus in unserem Lande errichten.

Im Laufe der ersten Hälfte des 19. Jahrhunderts wird die Forschung vorangetrieben durch Heinrich Schreiber (1793–1872) und Karl Wilhelmi (1786–1857) in Baden und Eduard Paulus den Älteren (1803–1878) in Württemberg. Vor allen Dingen im Laufe der zweiten Hälfte des 19. Jahrhunderts haben die Untersuchungen in eisenzeitlichen Grabhügeln und römischen Siedlungen einen außerordentlichen Aufschwung erlebt. Genannt seien einige großartige Entdeckungen wie etwa die Fürstengrabhügel bei der Heuneburg in der Nähe von Hundersingen, die Ausgrabung 1877 im Römerhügel bei Ludwigsburg oder die Untersuchungen von Oskar und Eberhard Fraas im großen Grabhügel Kleinaspergle im Jahre 1879. Diese bedeutenden Forschungen auf dem Gebiet der prähistorischen Archäologie wurden ergänzt durch wichtige Entdeckungen zur Geschichte der Römer insbesondere am
4 obergermanischen und rätischen Limes, die schließlich in die Arbeiten der Reichslimeskommission 1892 mündeten.

Entdeckungen der heimischen Archäologie führten im Laufe des 19. Jahrhunderts zur Gründung von Vereinen, so des »Alterthumsvereins für das Großherzogthum Baden«, der 1843 in Baden-Baden ins Leben gerufen wurde und aus dem im Jahre 1858 die Staatsaltertümersammlung hervorging. 1853 wurde August von Bayer zum großherzoglichen Konservator der Kunstdenkmäler und Altertümer ernannt. Sein Nachfolger wurde dann der Geheimrat Dr. Ernst Wagner (1832–1920), dem wir eine Vielzahl von bedeutenden archäologischen Forschungen verdanken.

In Württemberg wurde 1858 als erster Konservator Konrad Dietrich Haßler (1803–1873) – zuständig für die Bau- und Kunstdenkmalpflege und für die Archäologische Denkmalpflege – eingesetzt. Ein Staatliches Museum für Altertümer gab es in Württemberg zu jener Zeit

Abb. 4 Welzheim, Ostkastell. Ausgrabung der Reichs-Limeskommission im Jahre 1894

noch nicht. Es wurde erst 1862 als »Staatssammlung vaterländischer Kunst- und Altertumsdenkmale« gegründet. Mit der Einrichtung einer systematischen Denkmalpflege begann die archäologische Forschung als Staatsaufgabe.

Die landesarchäologische Forschung wird heute im wesentlichen von verschiedenen wissenschaftlichen Institutionen geprägt. Dies sind die Archäologische Denkmalpflege beim Landesdenkmalamt Baden-Württemberg, das Württembergische und Badische Landesmuseum in Stuttgart und Karlsruhe, das Archäologische Landesmuseum Baden-Württemberg mit der Außenstelle Konstanz, die Institute für Ur- und Frühgeschichte an den Universitäten Freiburg, Heidelberg und Tübingen. Unterstützt werden die Forschungen vor allen Dingen durch die kommunalen Museen, die teilweise in ganz besonderer Weise für die Erforschung der Frühgeschichte unseres Landes tätig waren und sind. Stellvertretend für viele seien hier das Reißmuseum in Mannheim, das Kurpfälzische Museum in Heidelberg, die Städtischen Museen in Ulm und Heilbronn sowie das Museum für Ur- und Frühgeschichte in Freiburg genannt. In den letzten Jahren wurden verschiedentlich auch hauptamtliche Kreisarchäologen eingestellt, die zusammen mit den staatlichen Denkmalämtern einen wichtigen Beitrag zur Sicherung und Erhaltung unserer archäologischen Denkmale vor Ort leisten.

Abb. 5 Großsachsenheim. Ein Kanalgraben durchquert ein römisches Gebäude, eine Rettungsgrabung wird eingeleitet.

Der Aufgabenbereich der Archäologischen Denkmalpflege und der anderen genannten Institutionen umfaßt alle archäologischen Zeugnisse über Jahrhunderte, Jahrtausende, ja Jahrzehntausende; auch die Gebiete mit seltenen Versteinerungen gehören dazu. Schriftliche Urkunden gehen kaum vor das 10. nachchristliche Jahrhundert zurück, so daß über weite Strecken der vor- und frühgeschichtlichen, frühmittelalterlichen, aber auch mittelalterlichen Geschichte archäologische Funde und Befunde häufig die einzigen historischen Quellen darstellen.

Die Gefährdung der archäologischen Denkmale in unseren Jahren und Jahrzehnten ist so stark und tiefgreifend wie nie zuvor. Zwar dienten schon im 19. und frühen 20. Jahrhundert römische Ruinen als Steinbrüche, doch blieben dabei die archäologischen Denkmäler häufig einigermaßen ungestört im Boden. Durch die vielfältigsten technischen Neuerungen unseres Jahrhunderts sind sie jetzt in ihrem Bestand außerordentlich bedroht. Gefährdungsursachen sind insbesondere die fortschreitende
5 Technisierung aller Zweige der Bau-, Land-, Forst- und Wasserwirtschaft, außerdem expansive Maßnahmen zur Strukturverbesserung und industriellen Nutzung oberflächennaher Rohstoffe. Neben Baumaßnahmen aller Art
zerstört auch die intensive landwirtschaftliche Nutzung 248
archäologische Denkmäler. Häufig werden Schichten aufgerissen, die seit Jahrhunderten und Jahrtausenden Bodenfunde verschiedenster Art bewahrt hatten. Unter den heutigen Bedingungen kann ein römisches Kastell in wenigen Jahren abgepflügt und ganze Grabhügelfelder in kurzer Zeit eingeebnet werden. Scherben jungsteinzeitlicher Siedlungen erscheinen an der Oberfläche, wo sie unter dem Einfluß der Witterung rasch völlig zerfallen.

Ein Sonderfall der Gefährdung archäologischer Fundlandschaften stellt die zunehmende Zerstörung des natürlichen Bodenseeufers dar. Wie kaum sonst in Europa
haben wir hier unter dem Wasserspiegel des Bodensees 120
in den ufernahen Zonen durch die sog. Pfahlbauten aus 116
der Jungsteinzeit und den frühen Metallzeiten Zeug- 118
nisse, die vielfältige Einblicke in die Lebensbereiche unserer Vorfahren eröffnen. Mit Hilfe der Unterwasserarchäologie können heute gefährdete Areale in der Flachwasserzone erforscht werden, um so vor ihrer endgültigen Zerstörung dokumentiert und für die wissenschaftliche Auswertung zur Verfügung zu stehen. Aber auch
die Grundwasserabsenkung und die Bereitstellung gro- 114
ßer Feuchtgebiete in Oberschwaben und anderen Teilen 106
unseres Landes brachte eine weitergehende Zerstörung archäologischer Quellen mit sich. Hier wird die gemeinsame Aufgabe für Natur- und Denkmalschutz darin bestehen, die noch existierenden archäologischen Reservate gleichsam als Natur- und Denkmalschutzreservate für die Zukunft zu erhalten. Diese Erhaltung archäologischer Quellen auch für künftige Generationen wird nur dann möglich sein, wenn sich bei allen, die sich mit ihnen beschäftigen, die Erkenntnis durchgesetzt hat, daß wir es hier mit historischen Urkunden zu tun haben, die über unsere früheste Geschichte Aufschluß geben und dementsprechend zu behandeln sind. Oder würde man mit einer alten Urkunde aus Pergament so umgehen, wie man es vielfach mit archäologischen Denkmalen glaubt tun zu dürfen?

Was die Archäologische Denkmalpflege am meisten beschäftigt und was auch den höchsten finanziellen sowie personellen Einsatz erfordert, sind die Rettungsgrabungen und die Bergungen mit den daraus entstehenden Aufgaben. Dabei wird in der Öffentlichkeit in der Regel übersehen, daß archäologische Ausgrabungen nur dort durchgeführt werden dürfen, wo der denkmalpflegeri-

sche Schutz und die Sicherung archäologischer Quellen anders nicht mehr erreicht werden kann. Da durch eine archäologische Ausgrabung das Denkmal vor Ort zerstört wird, ist es wichtig, die Befunde umfassend zu dokumentieren, die Funde zu bergen und für eine weitere brauchbare wissenschaftliche Auswertung zur Verfügung zu stellen. Die Archäologische Denkmalpflege betreibt damit Grundlagenforschung für die historische Wissenschaft auf nationaler und internationaler Ebene.
5 Da ein vor Ort gefährdetes archäologisches Denkmal durch die Ausgrabung zerstört wird, beschränkt sich die »denkmalpflegerische Erhaltung« allein auf die Auswertung und die wissenschaftliche und allgemein verständliche Publikation.

Viel zu selten lassen sich archäologische Denkmäler, die bei Baumaßnahmen zum Vorschein kommen, vor Ort für die Nachwelt erhalten. Hier mögen einige Beispiele aufgezeigt werden, wo in glücklicher Verbindung mit der Planung erreicht wurde, daß die archäologischen Denkmale teilweise konserviert und für die Öffentlichkeit in restauriertem Zustand zugänglich gemacht werden konnten. 1980 kam beim Bau eines Fernmeldezentrums in

Abb. 6 Bei der geoelektrischen Prospektion wird der elektrische Widerstand des Bodens in einer bestimmten, wählbaren Tiefe bestimmt. Mit der anschließenden digitalen Bildverarbeitung können dann unterirdische Mauern, Gräben und Gruben sichtbar gemacht werden

Abb. 7 Mit Hilfe modernster Entwicklungen der Technik werden heute Bodenfunde restauriert. Blick auf die Plasmareduktionsanlage der Archäologischen Denkmalpflege des Landesdenkmalamtes in Schwäbisch Gmünd

Abb. 8 Das Dendrolabor des Landesdenkmalamtes in Gaienhofen-Hemmenhofen dokumentiert den Einzug des Computers in die Archäologie.

Heidenheim ein bisher unbekanntes römisches Bauwerk zutage, das anschließend in mehreren Grabungskampagnen untersucht wurde. Dieses Gebäude gehört mit zu den größten seiner Art in Süddeutschland und konnte nach Umplanungen als museale Einrichtung der Stadt Heidenheim für die Öffentlichkeit in Teilen zugänglich gemacht werden. Ein anderes Beispiel ist die im Jahre

Abb. 9 Die 1992 eröffnete Außenstelle des Archäologischen Landesmuseums Baden-Württemberg in Konstanz gibt erstmals einen umfassenden Einblick in Ergebnisse und Methoden der Landesarchäologie.

1978 ausgegrabene und in ihren Grundmauern restau-
73 rierte römische Gutsanlage von Lauffen am Neckar, die
mitten im Flurbereinigungsgebiet lag und heute zu den
beliebtesten Ausflugszielen in dieser Region zählt.
69 Schließlich sei das Römerhaus in Walheim erwähnt, wo
seit 1991 die wohlerhaltene Ruine eines römischen Handelshauses aus dem späten 2. Jahrhundert zusammen mit einem Museum der Öffentlichkeit präsentiert werden kann.

Wie schon oben erwähnt ist eine wesentliche denkmalpflegerische Aufgabe die Bildung Archäologischer Reservate und im Zusammenhang damit die Erkundung bisher unbekannter Fundstellen. Modernste Methoden wie
6 etwa die Luftbildarchäologie oder die geophysikalische
Prospektion kommen hier zum Einsatz. Alle Ergebnisse,
ob auf herkömmliche Art (Bergung und Kartierung)
7 oder mit naturwissenschaftlichen oder sonstigen Metho-
8 den erfaßt, müssen Eingang in die archäologische Daten-
bank finden, mit deren Aufbau auch in Baden-Württemberg begonnen wurde.

Schließlich sind die Erhaltung archäologischer Denkmäler, ihre Einbeziehung in die Landschaft und in Erholungsgebiete und die Darstellung der Ergebnisse archäologischer Grabungen im Museum eine wichtige Aufgabe der Landesarchäologie. So wurde in Köngen im Kreis Esslingen von der Gemeinde und dem Schwäbischen Albverein, unterstützt von Land und Kreis, das nicht ausgegrabene römische Kastell als Archäologisches Reservat im Rahmen des Römerparkes Köngen erhalten und für die Öffentlichkeit zugänglich gemacht. Die Landesarchäologie ist heute Hauptlieferant unschätzbarer Kunst- und Kulturzeugnisse aus der Frühzeit unseres Landes, die dann in den großen Landesmuseen, aber auch in den regionalen Heimatmuseen der Öffentlichkeit zugänglich gemacht werden müssen. Vor dem Hintergrund, daß die Archäologie wie keine andere historische Wissenschaft in den letzten Jahrzehnten in das öffentliche Bewußtsein gelangt ist, hat die Landesregierung 1989 beschlossen, speziell als Schaufenster der Landesarchäologie in Stuttgart ein Archäologisches Landesmuseum mit der Außenstelle in Konstanz einzurichten. Als erstes wurde diese
Außenstelle 1992 eröffnet. Hier entstand ein Museum, 9
das die Öffentlichkeit über die aktuellen Aufgaben und Ziele der Landesarchäologie und ihre historische Einordnung informiert. Die Gründung dieses Museums ist ein Ergebnis der großen Resonanz der ersten großen archäologischen Landesausstellung »Der Keltenfürst von Hochdorf – Methoden und Ergebnisse der Landesarchäologie«. Über 500 000 Interessierte hatten diese Ausstellung in Stuttgart und Köln besucht.

Von der Steinzeit zur Bronzezeit

von Helmut Schlichtherle

Den längsten Zeitraum seiner 2–4 Millionen Jahre zurückreichenden Geschichte lebte der Mensch als Jäger und Sammler. Auf seinen Lagerplätzen, die er als umherschweifender Jäger in ständigem Wechsel aufsuchte, hinterließ er nur flüchtige Spuren, die aus der Vogelperspektive moderner Luftbildarchäologie kaum ausgemacht werden können. Diese früheste Periode menschlicher Existenz wird Altsteinzeit oder Paläolithikum genannt.
Die umwälzenden, zutiefst landschaftsverändernden Prozesse der Eiszeit – Gletscher, Flußaktivität und Bodenerosion – haben die Reste dieser Zeit zudem in aller Regel zerstört oder tief unter Schottern und Erdanwehungen (Löß) begraben. Mehrfach wechselten im Verlauf des etwa 1–2 Millionen Jahre dauernden Erdzeitalters Kaltzeiten unter Versteppung und Vergletscherung weiter Landesteile mit Warmzeiten ab, in denen sich das Gebiet bewaldete und zeitweise günstigeres Klima herrschte als heute. Nur an versteckten Plätzen, in Höhlen, im Schutz von Felsüberhängen und gelegentlich an Stellen dauerhafter Erdüberdeckung sind Spuren menschlichen Lebens aus der Eiszeit erhalten.
So kennen wir als ältesten Beleg des Menschen in Baden-Württemberg einen Unterkiefer des «Homo erectus« aus den Tiefen einer Kiesgrube bei Mauer, südöstlich von Heidelberg. In einer Warmzeit, etwa 500 000 Jahre vor heute (v. h.) hatte ihn ein Flußbett, zusammen mit Knochen von Elefanten, Nashörnern, Löwen und Flußpferden, überdeckt. Ob der Kiefer dieses robust gebauten, affenähnlichen Menschen in die direkte Linie unserer Vorfahren gehört, ist unklar. Doch kann dies von einem gut erhaltenen Schädel aus einer Kiesgrube bei Steinheim an der Murr mit Recht behauptet werden. Dieser graziler gebaute, zur Körperform des »Homo sapiens« überleitende »Homo steinheimensis« lebte 300 000 bis 200 000 v. h. in einer weiteren Warmzeit. Zeitgleich kennen wir erste zweifelsfreie Werkzeuge aus dem Boden
98 Baden-Württembergs. Die Travertine von Bad Cannstatt bewahrten unter ihrer festen Decke Jagdlagerplätze mit zurückgelassenen einfachen Steingeräten.
Diese Funde sowie zugehörige Tierknochen und pflanzliche Reste erlauben es, ein erstes vages Lebensbild des Urmenschen zu entwerfen: Es muß sich um Jägergruppen gehandelt haben, die Südwestdeutschland in geringer Zahl durchstreiften und wohl einfache Zelte oder Laubhütten als vorübergehende Bleibe errichteten. Als Lebensgrundlage nutzten sie das jahreszeitlich wechselnde Angebot der Natur, sammelten Pflanzen und Kleintiere, jagten aber auch Hirsch, Wisent, Pferd, Nashorn und Elefant.

Abb. 10 Die Hauptlager der Eiszeitmenschen dürften im Tal gelegen sein; Höhlen wurden nur kurzfristig aufgesucht.

Die weitere Entwicklung während der folgenden Kaltzeit ist nur lückenhaft belegt. Um 100 000 v. h. treffen wir auf die ersten Vertreter des Neandertalers (Homo sapiens neanderthalensis), der in der nächsten und zugleich letzten Warmzeit lebte und auch im Gebiet blieb, als die Abkühlung zur letzten Kaltzeit einsetzte. Einige Vertreter seiner Art erlebten wahrscheinlich noch, wie der anatomisch moderne Mensch (Homo sapiens sapiens) auftrat und zwischen 40 000 und 35 000 v. h. in Mitteleuropa heimisch wurde. Die Funde werden nun zahlreicher; vor allem in den Höhlen und unter Felsüberhängen der Schwäbischen Alb haben sich zwischen Frostschutt und Höhlenlehm Spuren des auf seinen Jagdzügen hier rastenden Menschen erhalten. Häufig zeigen mächtige Schichtabfolgen, sog. Stratigraphien, den Gang der kulturellen Entwicklung.
Die Technik der Geräte und Jagdwaffen hat sich seit dem Auftreten des Homo sapiens verfeinert. Abschläge aus Feuerstein bildeten nun die Ausgangsformen für schneidende, stechende und schabende Werkzeuge. Hinzu kamen aus Knochen und Elfenbein geschnittene Geschoßspitzen, Pfriemen und Nadeln. Die erstaunlichsten Leistungen begegnen uns jedoch in Form geschnitzter Tier- und Menschengestalten. Als Jagdwild begehrte wie im Angriff gefürchtete Tiere – Mammut, Höhlenlöwe, Bi-

Abb. 11 Vogelherdhöhle im Lonetal (Kr. Heidenheim). Wildpferdfigur aus Mammutelfenbein, eines der besten Kleinkunstwerke aus dem Aurignacien (Größe 5 cm)

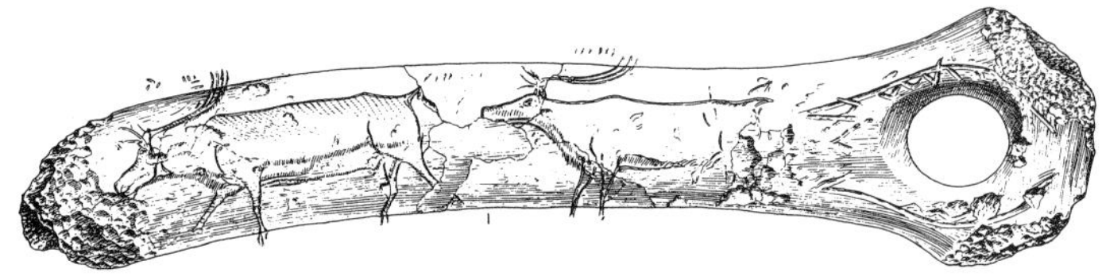

Abb. 12 Petersfels bei Engen (Kr. Konstanz). Die Jäger des Magdalénien verzieren selbst ihre Gebrauchsgegenstände. Lochstab, ein Widerlager zum Geradebiegen von Pfeil- oder Lanzenschäften, verziert mit Rentierdarstellungen

son, Wildpferd, Bär und Wollnashorn – mit denen der Jäger in seiner realen wie magischen Welt verkettet war, treten uns hier in kleinen Elfenbeinfigürchen entgegen. Die detailgetreuen Abbilder der eiszeitlichen Fauna sind aus Kulturschichten des sog. »Aurignacien« (rd. 30 000
v. h.) in Höhlen des Lonetales, im Vogelherd und Hohle- *11*
stein-Stadel sowie im Geißenklösterle bei Blaubeuren **100**
ausgegraben worden. Diese Funde gehören zu den ältesten Kunstwerken der Menschheit.
Die berühmten Höhlenmalereien Frankreichs und Spaniens sowie vergleichbare Ritzzeichnungen in Steinplatten und Knochen, wie sie u. a. am Petersfels bei Engen im Hegau gefunden wurden, werden mehr als 10 000 Jahre jünger datiert und gehören bereits zur Schlußphase der Eiszeit. Die Jäger des »Magdalénien« erreichten nun eine letzte Perfektion der Jagdgeräte, u. a. durch die
Entwicklung von Harpunen, Speerschleudern, Pfeil und *12*
Bogen. Große Huftierherden auf den weitgehend baumlosen Steppen im Vorland der nun zurückweichenden Gletscher bildeten ihre wesentliche Lebensgrundlage. Während in den Sommermonaten kleine Gruppen auf die Jagd nach den zerstreuten Herden gingen, sammelten sie sich in den Herbstmonaten in größeren Lagern in der Nähe der Zugwege, die die Rentiere und Wildpferde von den Weiden auf der Schwäbischen Alb und auf den Moränenzügen des Alpenvorlandes in die wärmeren Tieflagen des Oberrheintals und des Neckarlandes führten. Hier konnten sie aus den geschlossenen Herden in kurzer Zeit genügend Tiere erbeuten, um mit den Fleischvorräten den Winter zu überbrücken.
Als sich ab 10 000 v. h. mit der Erwärmung des Klimas die ökologischen Bedingungen veränderten und die Kältesteppen einer Waldvegetation Platz machten, in der das Großwild spärlich wurde, verschwand auch die Lebensgrundlage der hochspezialisierten Jäger der Alt-

steinzeit; das Zeitalter des sog. Paläolithikums ging damit zu Ende.

In der nun beginnenden Epoche, Mittlere Steinzeit oder Mesolithikum genannt, mußten die Aktivitäten zur Bestreitung des Lebensunterhaltes breiter gefächert werden. Kleintier- und Vogeljagd, Fischfang und das Sammeln von pflanzlicher Nahrung, vor allem der nun weit verbreiteten Haselnuß, wurden bestimmend. Die Geräteherstellung paßte sich den neuen Erfordernissen an. Kleine, oft geometrisch geformte Feuersteineinsätze wurden zu leichten Kompositgeräten in Holzschäftungen zusammengesetzt. Diese sog. Mikrolithen können auf den Lagerplätzen entlang des ehemaligen Federseeufers noch heute zu Tausenden aufgesammelt werden. Auch in
102 den Höhlen und Felsüberhängen im Donaudurchbruch der Schwäbischen Alb gibt es bedeutende Fundstellen des Mesolithikums.

Bis zu diesem Punkt der Urgeschichte hatte sich seit den Tagen des Homo steinheimensis im Laufe von nahezu 200 Jahrtausenden nichts Grundlegendes verändert: Noch immer streifte eine kleine Anzahl von jägerischen Gruppen durch Südwestdeutschland, das – aufgrund ethnographischer Vergleiche und Berechnung der verfügbaren Biomasse – selbst in der äußerst wildreichen Periode der ausgehenden Eiszeit kaum mehr als 20 Bevölkerungsgruppen mit durchschnittlich 25 Mitgliedern eine Lebensgrundlage geboten haben dürfte. Noch immer war der Mensch vom Angebot der Natur abhängig, auf die er sich zwar mit technischen Neuerungen, Jagdtechniken, Zelten und Kleidungsstücken besser einzustellen gelernt hatte, deren Produktivität er aber nicht beeinflussen konnte.

Es mag sein, daß im Verlauf des Mesolithikums in Mitteleuropa erste Versuche unternommen wurden, durch das Legen von Waldbränden das Nahrungsangebot zu verbessern. In den dadurch entstandenen Buschlandschaften wären Kräuter, Beeren- und Nußsträucher wie auch das Reh- und Kleinwild besser gediehen. Der entscheidende Anstoß zur produzierenden Wirtschaft kam jedoch von außen.

Die Jungsteinzeit

Im Vorderen Orient kultivierten um 8000 v. Chr. erstmals Bevölkerungsgruppen Wildgetreide und domestizierten Ziegen und Schafe, später Rinder und Schweine. Damit begann dort die Jungsteinzeit oder Neolithikum genannte Epoche. Geprägt wurde sie im weiteren Verlauf durch technische Neuerungen wie die Herstellung von Keramikgefäßen und die Verwendung geschliffener Steinbeilklingen und besonders durch die Entwicklung zahlreicher Geräte zur landwirtschaftlichen Produktion und Vorratswirtschaft. Die Einführung von Ackerbau und Viehzucht bedeutet für die Menschheit einen derart umwälzenden Entwicklungsprozeß, daß man von der »Neolithischen Revolution« spricht. Die erzielten Nahrungsüberschüsse machten nicht nur eine seßhafte Lebensweise in festen Siedlungen möglich; sie führten sehr bald zu einer Bevölkerungsexplosion und damit auch zur Erschließung immer neuer Siedlungsräume.

Die Kenntnis von Ackerbau und Viehzucht gelangte über Kleinasien sowie entlang der Mittelmeerküsten nach Europa. Im 6. Jahrtausend v. Chr. sind in Südwestdeutschland die ersten Bauernkulturen archäologisch faßbar. Die Kulturen des Neolithikums – ihre Träger bleiben noch weitgehend anonym – werden von der Wissenschaft nach der Form bzw. Verzierung oder wichtiger Fundplätze ihrer Keramikgefäße benannt. Von Südwesten erreichten uns Ausläufer einer Kulturgruppe mit abdruckverzierter Keramik, nach einem Fundort in Frankreich »La Hoguette« benannt. Sie scheint eng mit der jägerischen Lebensweise des Spätmesolithikums verknüpft, führte jedoch erste Schafe und Ziegen mit sich. Eine Fundstelle in der Stuttgarter Wilhelma belegt das eigenständige Auftreten dieser erst vor kurzem erkannten Gruppe in Südwestdeutschland. Weitere Fundorte vom Elsaß über den Neckarraum bis ins Nördlinger Ries zeigen Kontakte dieser Ziegenhirten zur Linearbandkeramik – einer vollneolithischen Kultur, die von Osten kom-
mend zunächst auf den fruchtbaren Lößböden des Nek- *15*
karbeckens, später auch am Oberrhein, im Hegau und in *13*
landwirtschaftlich günstigen Teilen der Schwäbischen Alb siedelte. Sie hatte das Know-how agrarischer Siedelweise, insbesondere die Kulturpflanzen Einkorn, Emmer, Linse und Erbse aus dem Donau-Theiß-Tiefland übernommen, wo sich unter orientalischem Einfluß ein sekundäres Zentrum früher Ackerbaukulturen gebildet hatte.

Wie weit es sich hier um eine Kolonisierung aus Osteuropa handelte und wie sehr andererseits die westeuropäischen Kultureinflüsse auf die lokale Tradition der einheimischen Jäger und Sammler einwirkten – ob sich letztlich erst aus diesem Zusammentreffen die Kultur der Bandkeramik entwickelte – ist heute eine wesentliche Forschungsfrage.

Überall, wo wir in Europa von der Ungarischen Tiefebene bis ins Rheinland und an die Elbe auf frühe Linearbandkeramik stoßen, läßt sich eine erstaunliche Uniformität der Siedlungen und Häuser, aber auch der Werkzeuge und Tongefäße feststellen, die mit eingeritzten, später vermehrt in den Ton eingestochenen, bandförmigen Mustern verziert sind.

104 Aus Grabungen bei Tauberbischofsheim, Mannheim, Gerlingen und neuerdings bei Burladingen-Ringingen
14 und Ulm-Eggingen sind wir über den Bau der Häuser auf baden-württembergischem Gebiet unterrichtet. Es sind in der Regel nach gleichbleibendem Schema und mit Rücksicht auf die Hauptwindrichtung erstellte Großbauten mit Sattel- und Walmdächern und dreigliedriger Inneneilung. Ein zentraler hallenartiger Raum, in dem sich das tägliche Leben abgespielt haben dürfte, wird am geschützten Ostende von einem Speicherraum mit abgehobenem Boden, an der Wetterseite im Westen von einem mit stabilen Wänden versehenen Raum abgeschlossen. Dies läßt sich aus den Erdverfärbungen rekonstruieren, die Pfosten und Wände, Vorrats-, Abfall- und Materialgruben im Untergrund hinterlassen haben. Die beachtlichen Häuser mit 20–40 m Länge dürften unter einem Dach alles vereinigt haben, was zur Ökonomie einer größeren Familieneinheit gehört hat.

Übertragen wir die Befunde großangelegter siedlungsarchäologischer Forschungen im Rheinland auf Südwestdeutschland, so lagen derartige Häuser sowohl als Ein-

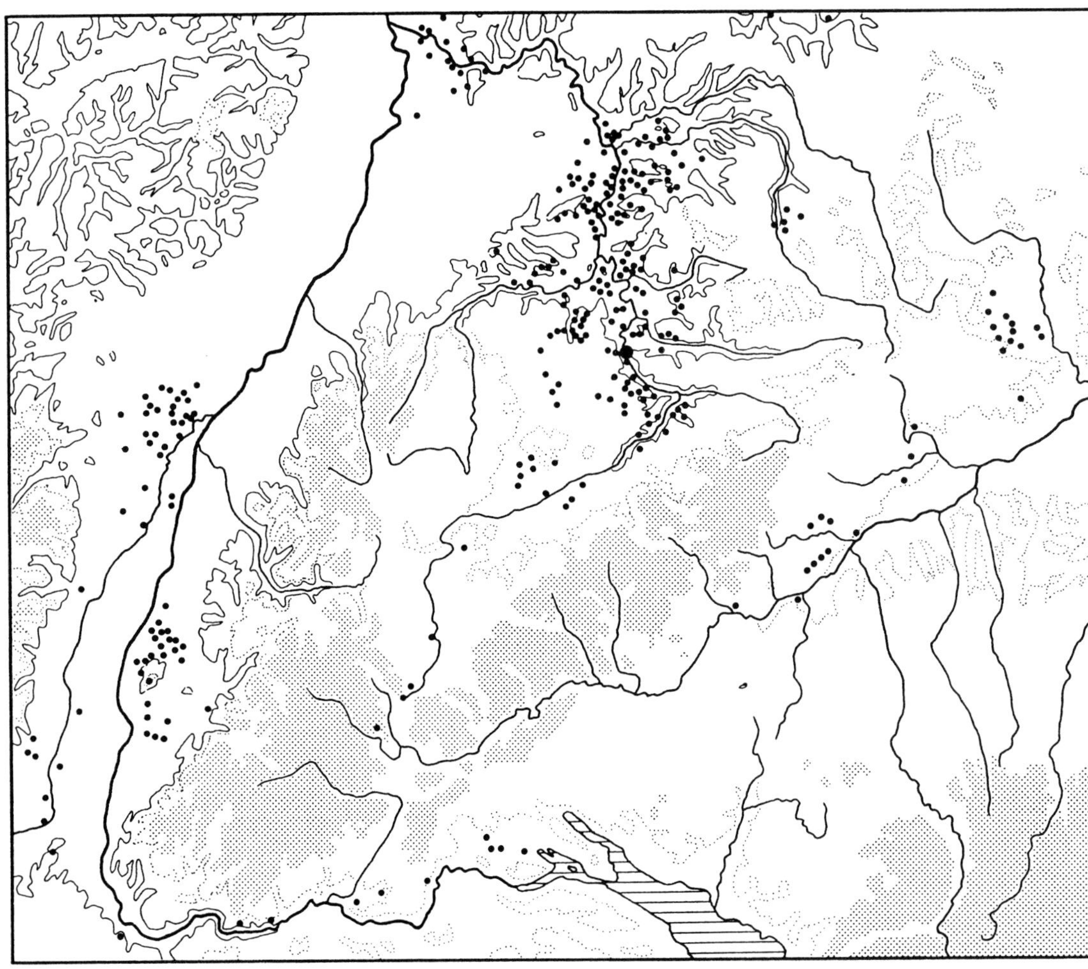

Abb. 13 Fundstellen der linearbandkeramischen Kultur in Baden-Württemberg und angrenzenden Gebieten (kartiert nach E. Sangmeister 1983 mit Ergänzungen)

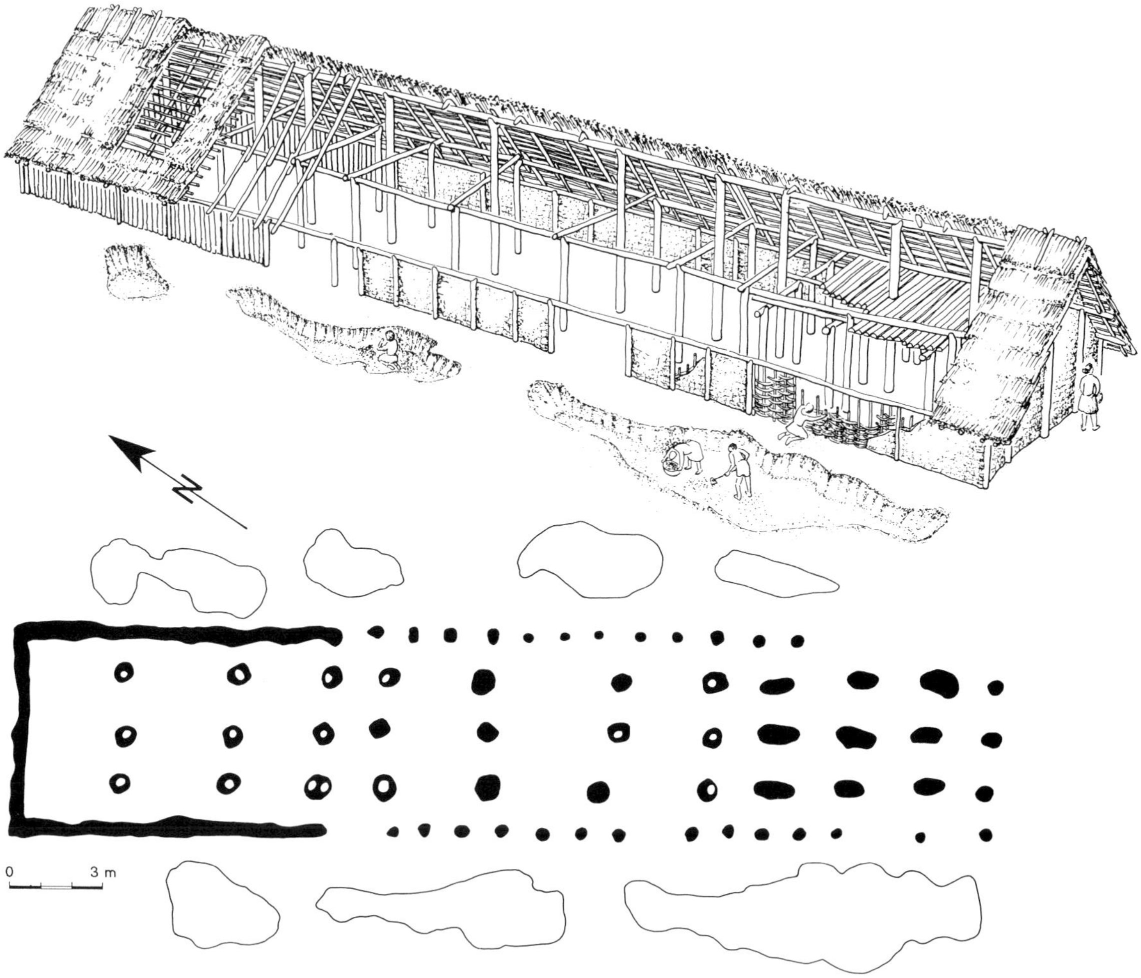

Abb. 14 Ulm-Eggingen. Grundriß und Rekonstruktion eines Langhauses der linearbandkeramischen Kultur

Abb. 15 Fellbach-Oeffingen (Rems-Murr-Kreis). Töpfe mit dem charakteristischen Bandmuster, das Definitionskriterium für die erste faßbare Bauernkultur in Mitteleuropa

zelhöfe über die Tallandschaft verstreut als auch in größeren Dorfanlagen gruppiert und hatten wahrscheinlich aufgrund mehrfacher Erneuerung eine Siedlungskontinuität an Ort und Stelle. Die Tatsache, daß sich die Hausgrundrisse bandkeramischer Siedlungen häufig überlagern, wird aber auch dahingehend interpretiert, daß im Zuge eines Wanderbauerntums die Felder und Siedlungsplätze turnusgemäß verlassen und erst nach Jahrzehnten wieder aufgesucht worden seien. Schlüssige Antworten zur Frage nach der Wirtschaftsform und der Organisation können für die wenig erforschten linearbandkeramischen Siedlungen in Baden-Württemberg leider noch nicht gegeben werden.
Sicher ist jedoch, daß auch hier vor allem die Nebentäler

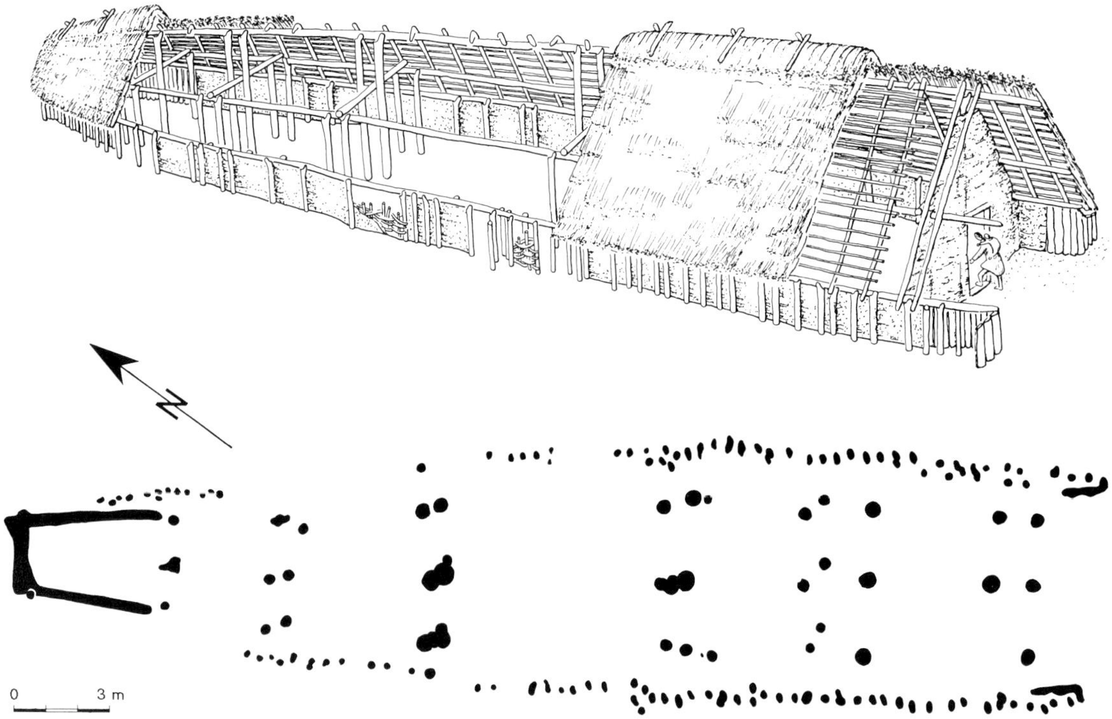

Abb. 16 Schwäbisch Hall. Grundriß und Rekonstruktion eines Langhauses der Rössener Kultur

der großen Flußlandschaften dicht besiedelt waren. Die Gehöfte liegen meist auf flachen Lößkuppen, beidseitig der Wasserläufe aufgereiht. Solche Talschaften könnten sozial zusammengehörige Einheiten gebildet haben. Einige besondere Bauten, sog. Erdwerke, weisen auch in Baden-Württemberg auf größere Gemeinschaftsleistungen der Siedler hin. Ein gut untersuchtes Beispiel liegt in Heilbronn-Neckargartach. Bei den mit großen Erdbewegungen verbundenen, kreisförmigen Graben- und Wallanlagen dürfte es sich um Zentren kultischer bzw. politischer Funktion gehandelt haben. Sichere Nachweise für ihre Bedeutung gibt es aber noch nicht. Darüber hinaus gibt es auch Hinweise auf große, ganze Siedlungen umfassende Graben- und Zaunsysteme, u. a. in Schwaigern bei Heilbronn und bei Hilzingen im Hegau.

Die linearbandkeramische Kultur zerfiel im Laufe einer mehrere Jahrhunderte dauernden Entwicklung in Lokalgruppen, aus denen schließlich neue Kulturen entstanden. Damit einher ging die Besiedlung neuer Naturräume, die offenbar durch vielfältige Modifikation des ursprünglich starr auf die Lößgebiete ausgelegten Wirtschaftskonzeptes möglich geworden war. Am Hochrhein, im Hegau und über die Schwäbische Alb rückten die Siedlungen der Kulturgruppen Stichbandkeramik, Hinkelstein, Großgartach und Rössen nun bis in das Alpenvorland hinein, das lange Zeit ein Rückzugsgebiet einheimischer jägerischer Gruppen gewesen sein muß.

In den Altsiedellandschaften ging die Besiedlung indessen weiter. Durch neue Grabungen und Luftbilder sind
wir über die typologische Weiterentwicklung der Häuser *16*
informiert. Die Langhäuser bandkeramischer Tradition nehmen nun trapezförmige und schiffsförmige Gestalt an, wobei die Seitenwände vermehrt tragende Funktion übernehmen. Am Ende der Entwicklung, an der Wende zum Spätneolithikum, werden diese Häuser von kleineren, oft zweiräumigen Gebäuden abgelöst, wie die Sied-
lungen Creglingen und Goldberg I zeigen. **112**

Um 4500–4300 v. Chr. lassen sich Siedler der Rössener Kultur am Federsee erstmals im feuchten Bereich des Niedermoores nieder. Auch im schweizerischen Alpen-

vorland erscheinen erste neolithische Siedlungen in Seen und Mooren. Dort sind vor allem die Einflüsse des zweiten, sekundären Neolithisierungszentrums im westmediterranen Raum bestimmend. Sie gelangen rhôneaufwärts ins schweizerische Mittelland und damit in die Nachbarschaft Südwestdeutschlands. Es ist deshalb um so bemerkenswerter, daß den meisten Siedlungen des Alpenvorlandes ab 4000 v. Chr. trotz unterschiedlicher kultureller Bindungen eine ganz hervorstechende Eigenheit gemein-
17 sam ist: nämlich die sog. »Pfahlbauten«, d. h. Siedlungen, die in den feuchten, teilweise überfluteten Uferzonen der Seen, mehrfach auch auf kleinen Inseln und Halbinseln, errichtet wurden. Es ist gut möglich, daß hier die Tradition der einheimischen mesolithischen Jäger mit ihrer Vorliebe für Lagerplätze an den Seeufern weiterlebte. Vielleicht waren es die Jäger selbst, die allmählich zugewanderte Bauern aufnahmen und ihre speziellen Kenntnisse in eine neu entstandene Kulturtradition einbrachten. Oder aber die zuwandernden Gruppen suchten nach schwer zugänglichen Siedlungslagen, um in der offenbar zunehmend unsicherer werdenden Zeit des Spätneolithikums Schutz vor feindlichen Angriffen zu finden. In diesem Zusammenhang ist es wichtig zu wissen, daß in anderen Gebieten Südwestdeutschlands zeitgleich gut zu verteidigende Höhensiedlungen angelegt werden. In beiden Fällen weicht die Wahl des Siedlungsplatzes deutlich von der bandkeramischen Tradition ab, wo die Häuser im offenen Gelände und mitten in den landwirtschaftlich nutzbaren Flächen lagen.

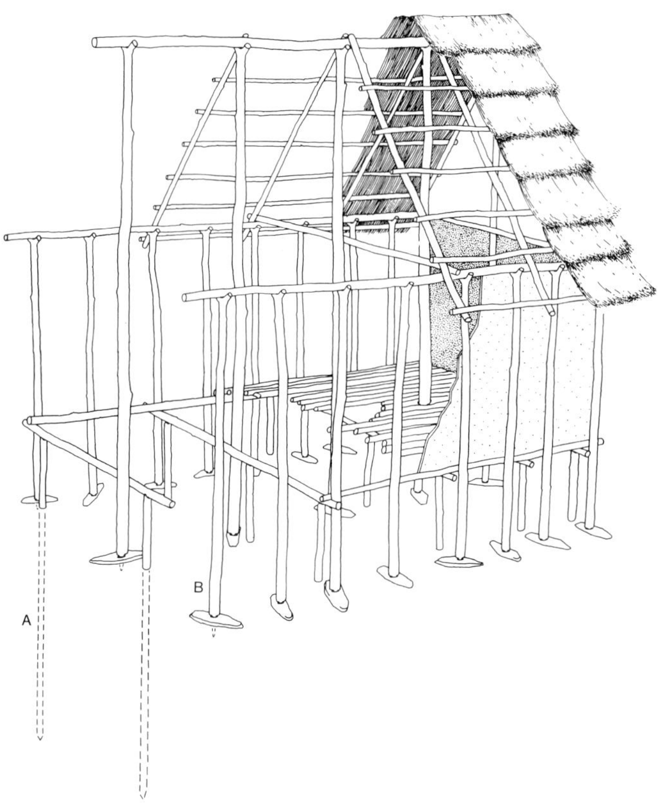

Abb. 17 Hornstaad (Gde. Gaienhofen, Kr. Konstanz). Rekonstruktion eines Pfahlhauses der Siedlung Hörnle IA in kombinierter Bauweise mit tiefgreifenden Pfählungen (A) und gegabelten Ständern auf Pfahlschuhen (B)

Es war lange Zeit umstritten, ob es in Mitteleuropa tatsächlich Pfahlbauten gegeben habe, wie sie seit dem 19. Jahrhundert in romantisch-historisierenden Bildern rekonstruiert werden. Heute ist erwiesen, daß es sowohl ebenerdige Ufersiedlungen gab, diese vor allem an den kleinen Voralpenseen, wie auch Pfahlbausiedlungen vor- **116**
wiegend in hochwassergefährdeten Uferbereichen der **118**
großen Seen. Im übrigen ist das so heiß umstrittene, ob ebenerdig oder mit abgehobenen Hausböden gebaut wurde, heute wissenschaftlich eher nebensächlich.

Die besondere Bedeutung der Ufer- und Moorsiedlungen liegt in ihrem hervorragenden Erhaltungszustand begründet. Von Seeablagerungen und Torf überdeckt, haben sich hier unter Sauerstoffabschluß nicht nur Steingeräte und Tongefäße, sondern vor allem organische Materialien wie Holzgefäße, Textilien und Nahrungsvorräte über die Jahrtausende erhalten. Wie nirgends sonst in Europa kann deshalb hier die Alltagskultur vorgeschicht- *18*
licher Siedlungen, ihre Wirtschaft und Umwelt bis in zahlreiche Details erforscht und ihre Entwicklung über einen Zeitraum von mehr als 3000 Jahren verfolgt werden. Tierische und pflanzliche Reste sind in großen Mengen erhalten. Es ist deshalb kein Zufall, daß die moderne bioarchäologische Forschung aus den Anfängen der Pfahlbauforschung hervorgegangen ist.

Zooarchäologische und paläoethnobotanische Untersuchungen gehören heute zum Standard siedlungsarchäologischer Forschungen, wie sie 1983 am Bodensee und Federsee in großem Maßstab wieder aufgenommen worden sind. Sie erlauben den Nachweis zahlreicher wilder und domestizierter Tier- und Pflanzenarten sowie weitergehende Aussagen zum Stand der Haustierhaltung und des Pflanzenbaus. In feuchten Ablagerungen erhaltener Blütenstaub gibt dem Botaniker mit Hilfe der Pollenanalyse

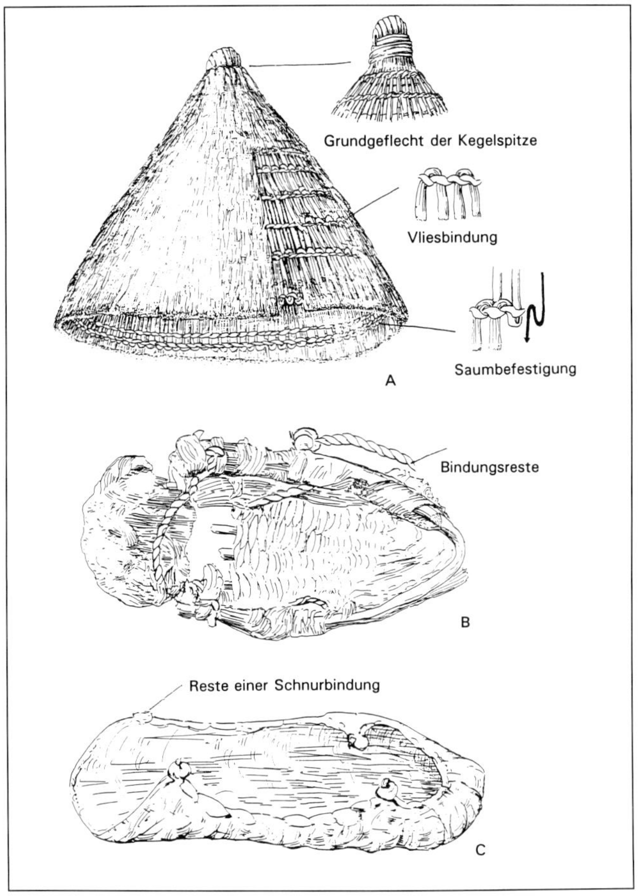

Abb. 18 Kleidungsstücke aus den jungsteinzeitlichen Pfahlbausiedlungen von Hornstaad und Allensbach (Kr. Konstanz). Spitzhüte mit Fellimitation (A) und Sandalen (B, C) aus Gehölzbast

die Möglichkeit, die Entwicklung der Vegetation seit der Eiszeit lückenlos nachzuzeichnen. Von besonderem Interesse ist dabei, dem zunehmenden Einfluß des Menschen nachzuspüren, denn mit der landwirtschaftlichen Produktion begann auch sein Eingriff in das Gleichgewicht der Natur. Durch Brandrodung, gezielten Holzeinschlag und Viehtrieb wurden die Urwälder, die zunächst ganz Mitteleuropa bedeckt hatten, aufgelichtet. Die Entstehung neuer Tier- und Pflanzengesellschaften, aber auch die Veränderung der Böden sowie Erosion waren die Folge. In immer neuen Stufen des Landesausbaus von der Bronzezeit bis ins Mittelalter ist somit erst im Lauf der Jahrtausende die Kulturlandschaft entstanden, die wir heute auch in Baden-Württemberg zu erhalten versuchen.

Eine weitere bioarchäologische Methode, die sog. Den- *8*
drochronologie, erlaubt es, die Ereignisse zu datieren. Die Jahrringfolgen der gut erhaltenen Pfahlbaupfähle können in einen Jahrringkalender eingepaßt werden, der lückenlos bis 8000 v. Chr. zurückreicht. Er wurde in jahrzehntelanger Grundlagenforschung an der Universität Hohenheim zusammengesetzt mit Hilfe von gewaltigen fossilen Eichenstämmen aus den Flußschottern der Donau, des Mains und des Rheins. Die Datierungen durch die Dendrochronologie sind – anders als die Ergebnisse der Radiokarbonmethode – häufig aufs Jahr genau. Dagegen erhält man mit der Messung des Zerfalls von ^{14}C-Isotopen des Kohlenstoffs ungenauere Zeitangaben, die einen gewissen Interpretationsspielraum lassen.

Zahlreiche Ufer- und Moorsiedlungen der Schweiz und Südwestdeutschlands sind mit dieser Methode bereits datiert; über Kontaktfunde können benachbarte Kulturen, selbst wenn die Siedlungen auf Mineralböden liegen, in das Chronologiegerüst eingebunden werden. Die auf diesem Wege gewonnenen Daten weichen von den bisher üblichen, meist zu jung ausgefallenen Zeitansätzen ab: Zwischen 4500 und 3900 v. Chr. sind im Bereich Baden-Württemberg Kulturgruppen verbreitet, deren Gefäße oft noch reich verziert sind und die nach den Fundorten
Aichbühl, Wauwil, Bischheim, Straßburg, Schwieber- *19*
dingen und Schussenried benannt werden. Auch die frühesten Siedlungen am Bodenseeufer, z. B. Hornstaad-Hörnle IA, gehören in diesen Zeitraum. Die Vielzahl der kulturellen Erscheinungen, auf die hier im einzelnen nicht eingegangen werden kann, zeigt die besondere Zersplitterung des südwestdeutschen Spätneolithikums in zahlreiche lokale Gruppen sehr deutlich.

Zwischen 3800 und 3500 v. Chr. treffen wir im Alpen- *20*
vorland auf Siedlungen der Pfyner und Altheimer Kul- *19.8*
tur, ab 3300 v. Chr. auf die Horgener Kultur. Diesen *19.6*
jüngeren Gruppierungen ist eine in der Regel unverzierte, glattpolierte Keramik eigen mit der allmählichen Tendenz zu eigenartiger Vergröberung der Form und Verschlechterung der Tonqualität. Nördlich der Schwäbischen Alb und am Oberrhein breitet sich gleichzeitig
die Michelsberger Kultur aus, benannt nach einer Hö- *21*
hensiedlung auf dem Michelsberg bei Bruchsal.

Diese Kultur ist im westlichen Bereich Mitteleuropas häufig vertreten und vor allem durch große Erdwerke – genauer: ringförmig-ovale oder an Bergspornen als Abschnittsbefestigung angelegte Grabensysteme – bekannt.

Abb. 19 Typische Gefäße jungsteinzeitlicher Kulturgruppen. 1 Tulpenbecher der Michelsberger Kultur (Heilbronn-Klingenberg), 2 Kugelbecher der Wauwiler Gruppe (Remseck-Aldingen), 3 Flasche der Schussenrieder Kultur (Stuttgart-Bad Cannstatt), 4 Becher der Aichbühler Kultur (Bad Schussenried-Aichbühl); 5 Gefäß der Hinkelstein-Gruppe (Ditzingen), 6 Topf der Horgener Kultur (Öhningen-Wangen); 7 Glockenbecher der Glockenbecherkultur (Mühlheim-Hausen), 8 Topf der Pfyner Kultur (Konstanz-Wallhausen), 9 Schüssel der Rössener Kultur (Kirchheim/Neckar).

Sie sind durch eine beträchtliche Tiefe der Gräben und durch Erdbrücken zwischen einzelnen Grabenabschnitten charakterisiert.

Solche Erdwerke sind im mittleren und unteren Neckarraum verbreitet und in den letzten Jahren intensiv untersucht worden. Es muß sich um gewaltige, siedlungsum-
108 fassende Befestigungsanlagen mit holzverschalten Erd-
110 wällen, Torbauten und Bastionen gehandelt haben. Daß
sie eine beträchtliche Zahl von Wohneinheiten umschlossen, belegen Massen von Siedlungsabfällen in den Grä-
22 ben, zahlreiche Kellergruben auf dem Klingenberg bei
112 Heilbronn und Hausgrundrisse der Siedlung Goldberg II.

Wie man sich die Organisation derart großer, vielleicht mehrere tausend Einwohner umfassender Siedlungen und die damit verbundenen Probleme der Nahrungsbeschaffung vorzustellen hat, ist noch nicht klar. Doch gibt es in Baden-Württemberg auch kleine, unbefestigte Siedlungen der Michelsberger Kultur, so daß vielleicht von einer Siedlungshierarchie mit befestigten Siedlungen zentraler Funktion und kleineren Gruppensiedlungen und Einzelgehöften in der umgebenden Landschaft ausgegangen werden kann. Für Südwestdeutschland stehen wir hier zum erstenmal vor Großsiedlungen mit stadtähnlichem Charakter, wie sie sich in Osteuropa bereits früher entwickelt hatten.

Im Gegensatz zu diesen Großsiedlungen liegen im Alpenvorland vor allem kleinere Dörfer. Sie sind nicht ortsfest und werden nach wenigen Generationen in Abständen von 20 bis 80 Jahren aufgegeben und verlagert. Die bis jetzt ausgegrabenen, etwa zeitgleichen Siedlungen am Federsee umfassen 4, 18 und 23 Häuser, die Größe mehrerer unvollständig erforschter Anlagen am Bodensee und in Oberschwaben spricht dafür, daß auch 30 und 50

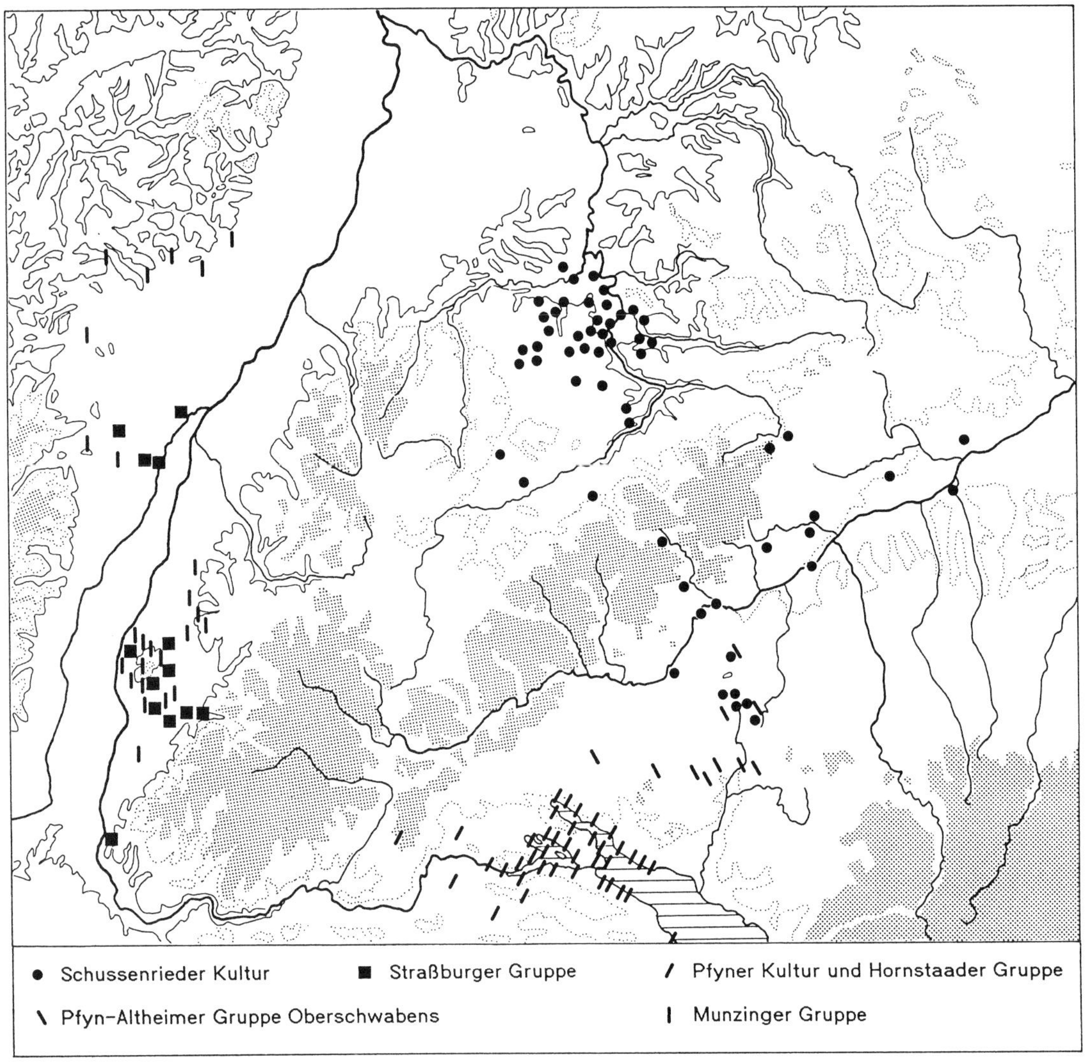

Abb. 20 Fundstellen regionaler Kleingruppen in der ersten Hälfte des 4. Jahrtausends v. Chr.

Bauten zu einer Dorfanlage gehören können. Im Gegensatz zu den Langhäusern des Frühneolithikums treffen wir hier auf relativ kleine, etwa 6–10 m lange, an Straßen und Gassen aufgereihte Gebäude. Zahlreiche Siedlungen waren von Palisaden kreisförmig umzogen, wobei anfänglich leichtere Dorfzäune in späterer Zeit von dichten Pfahlreihen abgelöst wurden. Die Häuser selbst waren häufig zweiräumig, die ebenerdigen Moorbauten hatten zudem einen mit Holzprügeln ausgelegten Vorplatz.
23 In den ausgegrabenen Gebäuden der Siedlungen Aichbühl, Riedschachen und Taubried am Federsee sowie
24 Ehrenstein bei Ulm sind neben steingepflasterten Feuerstellen auch lehmüberkuppelte Backöfen nachgewiesen. Die Hauswände wurden aus Rund- und Spalthölzern, mehrfach auch in Flechtwandtechnik aus Ruten gebaut und wie die Holzfußböden mit Lehm verstrichen. In Hornstaad am Bodensee ist ein weißer Kalkanstrich nachgewiesen.

Dachte man bei den frühneolithischen Langhäusern eher an Großfamilien, so dürften hier kleinere Familieneinheiten unter einem Dach gewirtschaftet haben. Nebengebäude wie Speicher und Ställe sind aus Südwestdeutschland bislang kaum bekannt. Vielmehr ist in mehreren Fällen nachgewiesen, daß auch die Erntevorräte in den

Abb. 21 Bruchsal (Kr. Karlsruhe). Plan des Erdwerkes der Michelsberger Kultur im Gewann »Aue«

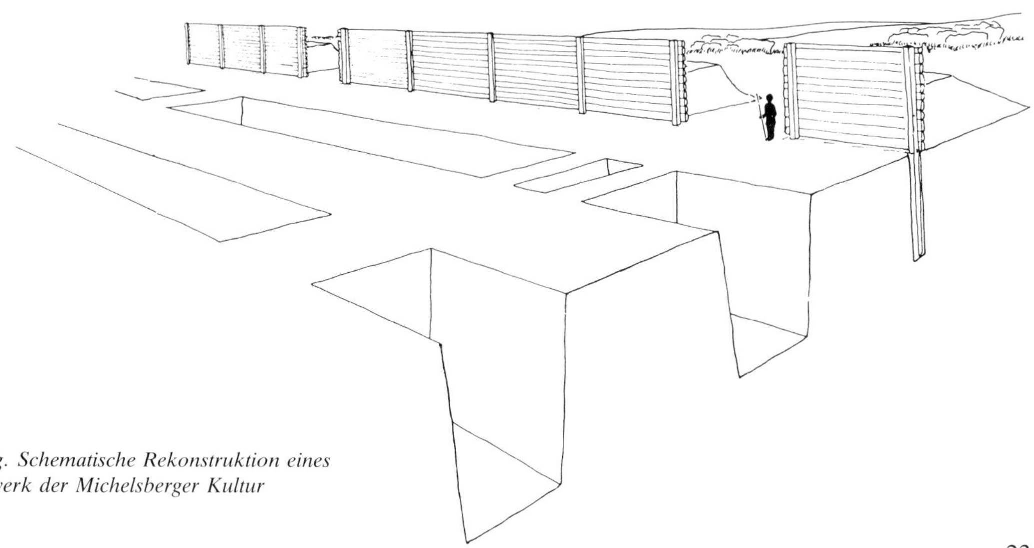

Abb. 22 Heilbronn-Klingenberg. Schematische Rekonstruktion eines Grabenabschnittes aus dem Erdwerk der Michelsberger Kultur

Abb. 23 Rekonstruktion der Gesamtanlage von Aichbühl (Bad Schussenried, Kr. Biberach) nach Grabungsergebnissen von R. R. Schmidt

Wohnhäusern lagerten. Über das tägliche Leben spätneolithischer Siedlungsgemeinschaften, ihre technischen Leistungen und landwirtschaftlichen Maßnahmen sind wir aus den Feuchtbodensiedlungen des Alpenvorlandes weitaus am besten unterrichtet. So enthielten die Ruinen abgebrannter Häuser in Hornstaad noch das gesamte Inventar: Vorratsgefäße und Kochtöpfe aus Ton, kleine Keramik- und Holzgefäße, Schachteln aus zusammengedrehten Rindenbahnen, Binsenkörbe und mattenartige Textilien. Steinerne Sattelmühlen und geflochtene Siebe aus Bast dienten dem Mahlen und Reinigen des Getreides. In den Häusern verwahrte man zudem landwirtschaftliche Geräte und Jagdgeräte wie Pfeil und Bogen, Angelhaken und Fischnetze sowie ganze Werkzeugsätze

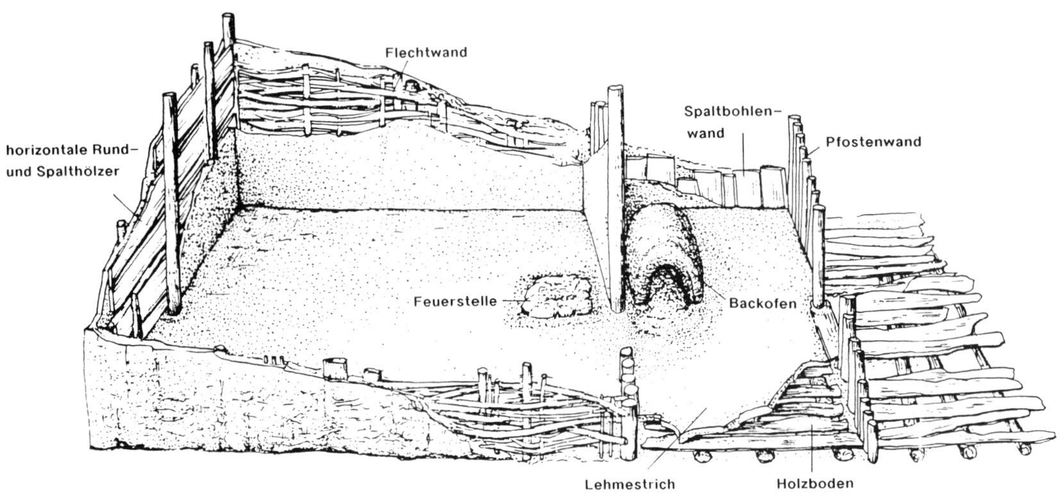

Abb. 24 Ehrenstein (Gde. Blaustein, Alb-Donau-Kreis). Typisches, zweiräumiges Haus der Schussenrieder Kultur

25 von Steinbeilen. Auf die Fertigung und Schäftung dieser für die Rodung der Wälder und zum Bau der Häuser äußerst wichtigen Geräte wurde besondere Sorgfalt verwendet.

In anderen jungsteinzeitlichen Siedlungen sind tönerne Webgewichte zutage gekommen. Zahlreiche Fragmente von leinwandbindigen Geweben sowie von gröberen Kettenstoffen, in Knüpftechniken aus der freien Hand hergestellt, sind vor allem aus Wangen (Gemeinde Öhningen), Hornstaad und Bodman am Bodensee bekannt. Auch andere handwerkliche Tätigkeiten wie die Fertigung von Knochengeräten, durchbohrten Steinäxten und von Perlenschmuck aus Stein und organischen Materialien, wurden in den Häusern und auf ihren Vorplätzen ausgeübt.

Die Rohmaterialien wurden, soweit wie möglich, der umgebenden Natur entnommen. Der Wald lieferte vor allem Holz, Rinde und Bastfasern, wobei man die unterschiedlichen Eigenschaften der Baumarten gezielt einzusetzen wußte. Aus Birkenrinde wurde durch Trockendestillation Teer als universelles Klebemittel gewonnen.

Die gejagten Tiere, vor allem der Hirsch, brachten nicht nur Fleisch und Leder, sondern auch stabile Knochen und Geweihstangen, die zur Herstellung von Geräten begehrt waren. Ein breites Spektrum von Felsgesteinen konnte in der Moränenlandschaft des Alpenvorlandes überall leicht erreicht werden, in anderen Landschaften Baden-Württembergs waren geeignete Materialien nur an bestimmten Aufschlüssen oder als Flußgerölle zu finden. Ein wichtiges Rohmaterial, der Feuerstein, der zur Herstellung von scharfen Geräten, u. a. von Messern und Pfeilspitzen, benötigt wurde, mußte in Südwestdeutschland meist aus größerer Entfernung besorgt werden. Er kommt hier vor allem in den Kalken des Weißen Jura vor, wo er gesammelt und bergmännisch gewonnen wurde, wie ein jungsteinzeitliches Bergwerk beim Isteiner Klotz am Oberrhein zeigt. Auch die Muschelkalk- und Keupergebiete lieferten Feuersteine, oft aber minderer Qualität. Die Seltenheit guten Rohmaterials führte so auch zur Einfuhr von Kreidefeuerstein aus norddeutschen und französischen Gebieten sowie zum Import von Plattenfeuerstein aus Bayern.

Auch andere Materialien, etwa die zur Herstellung von Beilen hervorragend geeigneten Gesteinsarten Nephrit, Edelserpentin und Kieselschiefer gingen weite Wege, teils in Rohmaterialexpeditionen, teils im Warentausch,

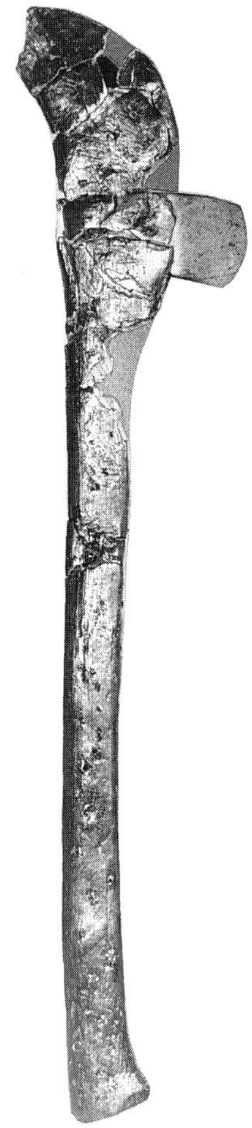

Abb. 25 Hornstaad (Gde. Gaienhofen, Kr. Konstanz). Steinbeil mit vollständig erhaltener Holzschäftung aus der Siedlung IA

wie er von Dorf zu Dorf, aber auch auf Märkten und von Händlern abgewickelt worden sein kann. Muschelschmuck belegt Kontakte zum Mittelmeer und nach Osten, möglicherweise bis zum Schwarzen Meer.

Die Arbeitsteilung dürfte in den neolithischen Gemeinschaften noch nicht weit fortgeschritten gewesen sein. Es muß, nicht zuletzt aufgrund von Grabbeigaben zwar davon ausgegangen werden, daß die Aufgaben und Verpflichtungen seit den Tagen jägerischer Lebensweise zwischen Mann und Frau streng getrennt gewesen sind; offenbar versorgte sich aber eine Familiengemeinschaft mit den notwendigen Dingen des täglichen Gebrauchs weitgehend selbst.

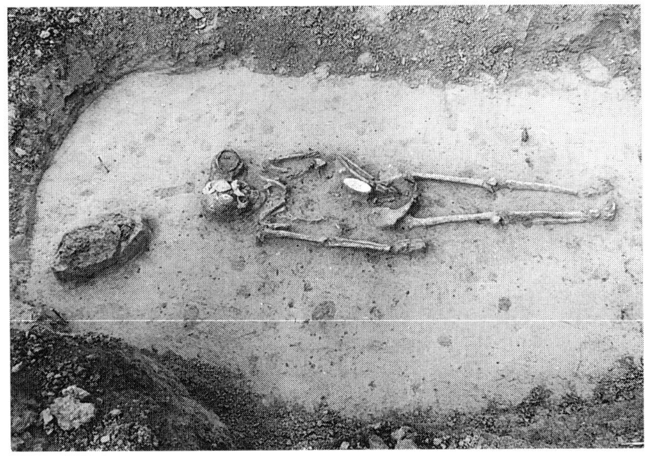

Abb. 26 Sasbach-Jechtingen (Kr. Emmendingen). Körperbestattung der Rössener Kultur, mit Gefäßbeigaben und einer durchbohrten Flußmuschel im Gürtelbereich

Wie weit die Produktion der Nahrungsmittel von den einzelnen Haushalten getragen wurde, oder ob hier größere Gruppen – eventuell die ganze Dorfgemeinschaft – gemeinsam tätig geworden sind, wissen wir nicht. Die Siedler des Alpenvorlandes bewirtschafteten ihre Felder zunächst im Zuge eines Waldfeldbaues, das heißt, sie verlagerten die Anbauflächen häufig auf neue Rodungen und lockerten den Boden nur oberflächlich mit der Hacke und dem Furchenstock. Die Getreidearten Einkorn, Emmer, Nacktweizen und mehrzeilige Gerste wurden angebaut; hinzu kamen die Ölfrüchte Mohn und Lein sowie Hülsenfrüchte. Die Leinstengel lieferten zudem Flachsfasern zur Textilherstellung.

An Haustieren hielt man Rinder, Schweine, Schafe, Ziegen und Hunde, letztere ebenfalls zur Fleischgewinnung, wie die Schlachtspuren an den Knochen zeigen. Im Laufe des Spätneolithikums tauchen in den Siedlungsabfällen Oberschwabens vermehrt Pferdeknochen auf. Es ist noch ungeklärt, ob es sich auch hierbei um Haustiere gehandelt hat. Daneben spielte die Jagd und das Sammeln von Wildfrüchten weiterhin eine wichtige Rolle. In den Kulturschichten der Ufer- und Moorsiedlungen stecken noch heute große Mengen von Brombeer-, Himbeer- und Erdbeerkernen, aber auch Schalen von Haselnüssen, Bucheckern und Eicheln sowie Reste von Holzäpfeln, die man halbiert und gedörrt in Vorrat hielt. Es war eine aus vielen Quellen schöpfende Mischwirtschaft, deren Komponenten im Laufe der Zeit in unterschiedlichem Maße genutzt wurden.

Die jungsteinzeitlichen Siedlungsfunde Mitteleuropas sind, bis auf Tonidole der frühen Bandkeramik, auffallend arm an bildlichen Darstellungen und anderen Belegen der geistigen Kultur. Aussagefähiger sind hier Gräber und Gräberfelder, wo Bestattungsart und Grabbeigaben Auskunft über unterschiedliche Totenrituale der Kulturgruppen geben; Ausdruck ihres unterschiedlichen sozialen und religiösen Hintergrundes und verschiedener Ansätze zur Erklärung und psychischen Verarbeitung des Lebens und des Todes. In kultischem Zusammenhang sind auch Belege von Kannibalismus zu sehen, u. a. in einer Siedlung der Michelsberger Kultur bei Ilsfeld.

Größere Gräberfelder des Frühneolithikums sind in Baden-Württemberg u. a. in Schwetzingen am Oberrhein,
26 am Viesenhäuser Hof bei Stuttgart sowie bei Jechtingen
27 am Kaiserstuhl ausgegraben worden. Darüber hinaus
zeugen Massengräber der Bandkeramischen und der Michelsberger Kultur mit erschlagenen Männern, Frauen und Kindern von gesellschaftlichen Konflikten, vielleicht auch von rituellen Handlungen. Aus den ersten Phasen des Spätneolithikums sind kaum Gräber bekannt, im ganzen Gebiet der Ufer- und Moorsiedlungen sind keine zugehörigen Grablegen nachweisbar. Hingegen sind die Schnurkeramische Kultur und die Glockenbecherkultur
überwiegend durch Grabfunde belegt. Beide Kulturen 28
sind über größere Räume Europas faßbar und stehen bereits an der Wende zur Frühbronzezeit.

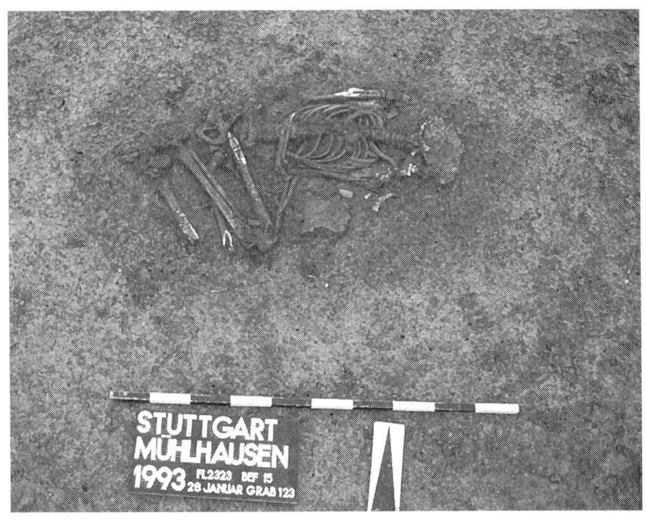

Abb. 27 Stuttgart-Mühlhausen, Viesenhäuser Hof. Hockerbestattung der Schnurkeramischen Kultur

In zeitlicher Überschneidung mit der Schnurkeramik ist
in Baden-Württemberg eine weitere Kulturgruppe ver-
112 breitet, die nach der dritten Siedlung des Goldberges im
Nördlinger Ries »Goldberg III-Gruppe« genannt wird.
Sie ist kaum durch Gräber, seit einigen Jahren aber durch
29 neuentdeckte Moorsiedlungen in Oberschwaben besser
bekannt. Dort, wie auf dem Goldberg selbst, weist sie re-
lativ kleine, leicht gebaute Rechteckhäuser auf.
Zwei Erfindungen, die Einführung des Wagenrades und
die Verwendung des Hakenpfluges, kennzeichnen ab

Abb. 28 Stuttgart-Mühlhausen, Viesenhäuser Hof. Beigaben aus Gräbern der Schnurkeramischen Kultur; Knochenpfriem, Feuersteinklinge und schnurverzierter Becher

Abb. 29 Seekirch (Kr. Biberach). Freigelegter Hausfußboden einer endneolithischen Siedlung in den »Storchwiesen« im nördlichen Federseemoor

Abb. 30 Seekirch-Achwiesen (Kr. Biberach). Teile von zwei Scheibenrädern aus der endneolithischen Siedlung

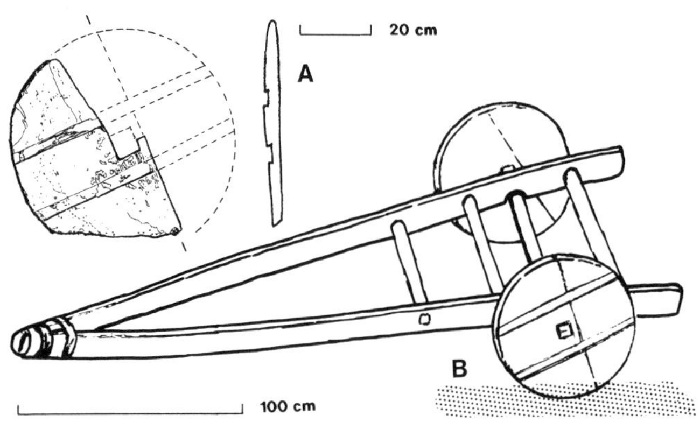

Abb. 31 Alleshausen (Kr. Biberach). Radscheibe (A) und Rekonstruktionsvorschlag eines entsprechenden zweirädrigen Wagens mit Vollscheibenrädern, rechteckigen Achslöchern und rotierender Achse

3000 v. Chr. den Zeitabschnitt des ausgehenden Spät-
30 neolithikums in Südwestdeutschland. Mehrere Voll-
31 scheibenräder sind bereits am Federsee gefunden worden, der Einsatz des Pfluges, also der Beginn des Ackerbaus im engeren Sinn, erschließt sich indessen nur indirekt aus botanischen, archäodendrologischen und pedologischen Untersuchungen im Alpenvorland.

Für eine Siedlung der Goldberg III-Gruppe bei Alleshausen am Federsee kann zudem eine Spezialisierung auf die Produktion von Textilfasern durch den alleinigen, dafür in großem Umfang durchgeführten Anbau von Flachs wahrscheinlich gemacht werden. Dies ist ein Hinweis auf Arbeitsteilung und Spezialisierung ganzer Siedlungen auf das Textilhandwerk. Am Ende des Spätneolithikums bereiten so wesentliche Neuerungen im Verkehrswesen, der Beginn gewerblicher Spezialisierung und neue Produktionsmethoden in der Landwirtschaft den Boden für eine neue Epoche, die Bronzezeit, vor.

Metallzeiten

Bereits um 3900 v. Chr. tauchen in der jungsteinzeitlichen Pfahlbausiedlung Hornstaad am Bodensee erste Schmuckstücke aus Metall auf. Um 3700 v. Chr. sind in den Ufersiedlungen des Alpenvorlandes Geräte aus Metall verbreitet, vor allem aus Kupfer gegossene, durch Hämmern weiter geformte Beilklingen. Schmelztiegel aus Ton, in denen noch Schlackenreste haften, belegen die Herstellung in den Siedlungen selbst. Spurenelemente im Metall sprechen dafür, daß es mitsamt der Kenntnis seiner Verarbeitung aus dem Osten kam.

Die Kupfergeräte sind die ersten Vorboten einer Innovation, die sich um 2000 v. Chr. in Süddeutschland durchzusetzen begann. Durch die Legierung von Zinn und Kupfer stand ein Werkstoff mit verbesserten Materialeigenschaften – geringerer Schmelztemperatur und größerer Härte – bereit, nach dem die neue Epoche »Bronzezeit« genannt wird. Das Werkmaterial kam überall dort zum Einsatz, wo zuvor Steingeräte mit schneidender und stechender Funktion benutzt worden waren. Zimmermännisch bearbeitete Holzkonstruktionen aus früh- bis mittelbronzezeitlichen Ufer- und Moorsiedlungen zeigen deutlich, daß sich mit den Bronzebeilen technische Fortschritte erzielen ließen. Darüber hinaus spielte das Metall als Schmuck- und Wertgegenstand eine immer größere Rolle. Neuartige Geräte und Waffen, u. a. das Schwert, fanden in Mitteleuropa Eingang und mit ihnen nicht nur neue Formen der Produktion und des Kampfes, sondern offenbar auch neue Formen der gesellschaftlichen Organisation.

Abb. 32 Tübingen-Weilheim. Frühbronzezeitliche Sandsteinstele mit der Darstellung von Stabdolchen

Fortschreitende Arbeitsteilung führte zur Herausbildung von Handwerk und Handel. Vor allem der komplizierte Prozeß der Gewinnung und Weiterverarbeitung von Metall erforderte Spezialisten. Daneben ist mit Töpfereiabfallgruben – wie sie auf dem Burgberg bei Breisach gefunden wurden – auch in anderen Bereichen der Produktion eine Spezialisierung belegt. Für den größten Teil der Bevölkerung blieb jedoch die Landwirtschaft, deren Erscheinungsbild sich allerdings gewandelt hatte, weiterhin bestimmend. Mit dem Beginn der Bronzezeit setzte sich in Südwestdeutschland – neben den bereits aus dem Neolithikum bekannten Getreidearten – der Anbau von Dinkel durch. Auch Saubohnen, Hafer, Kolben- und Rispenhirse erweiterten das Nahrungsangebot.

Neben Siedlungen in Hang- und Tallagen liegen über nahezu alle Landschaften Baden-Württembergs verstreut zahlreiche bronzezeitliche Höhensiedlungen. Diese weisen mehrfach Befestigungen durch Graben- und Wallsysteme auf; über die Bebauung der so geschützten Fläche ist jedoch nur wenig bekannt. Die mit einer Holzkastenmauer bewehrte mittelbronzezeitliche Siedlung der Heuneburg bei Hundersingen hatte bereits *33*
das Ausmaß der späteren keltischen Befestigung. In der- **132**
art weiträumigen Anlagen mit Platz für mehrere hundert Wohneinheiten sind stadtartige Zentren zu vermuten

Abb. 33 Rekonstruktionsversuch der bronzezeitlichen Holzkastenmauer der Heuneburg (Gde. Herbertingen-Hundersingen, Kr. Sigmaringen)

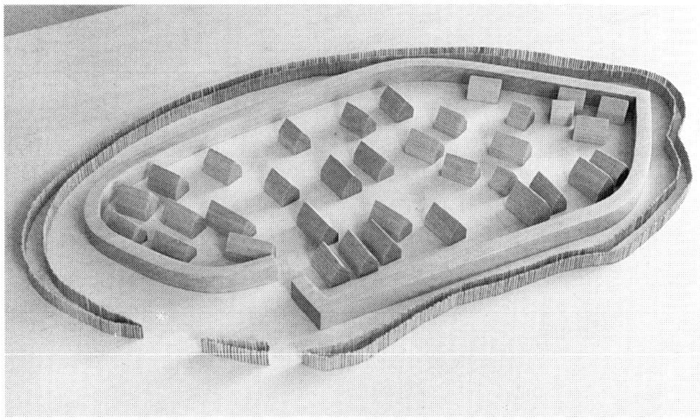

Abb. 34 Siedlung Forschner (Bad Buchau, Kr. Biberach). Modell der frühbronzezeitlichen Siedlungsanlage mit umgebendem Palisadenweg und Holzwehrmauer

oder Fluchtburgen, in denen außerhalb wohnende Bevölkerungsteile in Notzeiten samt ihrem Vieh unterkommen konnten.

Über das Siedlungswesen sind wir in Baden-Württemberg ebenfalls durch Ufer- und Moorsiedlungen am besten informiert. Sie zeigen kleinere Siedlungen mit rund 30–40 Häusern, von mehrfachen Palisadenreihen umgeben.
34 Die früh- bis mittelbronzezeitliche »Siedlung Forschner« am Federsee verfügte zudem über eine stabile Holzwehrmauer mit Tordurchlässen. Die Umzäunung
35 der benachbarten »Wasserburg Buchau« aus mehr als 15 000 Einzelpfählen war eine große Gemeinschaftsleistung, bei der mindestens 13 Hektar Wald geschlagen werden mußten. Die Wohnhäuser dieser Siedlung der späten Bronzezeit waren in Blocktechnik gebaut, daneben gab es offenbar Speicher und Wirtschaftsgebäude

Abb. 35 Wasserburg Buchau (Bad Buchau, Kr. Biberach). Modell der urnenfelderzeitlichen Siedlung. Dargestellt sind die kleinen Blockhäuser und Pfostenbauten der älteren Bauphase.

teilweise einfacherer Bauart. Die Häuser standen locker angeordnet, in einer jüngeren Bauphase zu mehreren gruppiert und machen den Eindruck einer organisch gewachsenen, von Fall zu Fall ergänzten Dorfanlage. Einzelne Gehöfte und Gehöftgruppen zeigt auch eine Siedlung der Spätbronzezeit bei Pflaumloch im Nördlinger Ries.

Ein völlig anderes Bild bieten die zeitgleichen Ufersied- **118**
lungen am Bodensee, deren Siedlungspläne in den letzten Jahren durch Luftaufnahmen der Pfahlfelder be- **120**
kannt geworden sind. Innerhalb eines rechtwinklig abknickenden Palisadengevierts sind die Häuser in Unteruhldingen entlang parallel laufender Gassen in strikter Folge aufgereiht: Hinweis auf eine übergreifende Planung und Organisation der Siedlungsgemeinschaft. Die Beigaben bronzezeitlicher Gräber lassen zudem erkennen, daß sich ein Unterschied zwischen armen und reichen Bevölkerungsschichten aufgetan hatte.

Stellvertretend für die zahlreichen Grabfunde Baden-Württembergs sei hier auf das große Gräberfeld von Singen am Hohentwiel hingewiesen sowie auf zwei Gräber bei Mengen, in denen offenbar reiche Herren mit ihren bronzebeschlagenen Wagen und Pferdegeschirren nach dem Verbrennen beigesetzt waren. Mit dem Wandel der *36*
Bestattungssitten von Körperflachgräbern neolithischer Tradition über Hügelgräber zu Brandgräbern, nach de- **128**
nen die späte Bronzezeit auch Urnenfelderzeit genannt wird, dürfte eine mehrfache Veränderung der Jenseitsvorstellungen einhergegangen sein.

Die Herausbildung der Urnenfelderkultur scheint mit weitreichenden Völkerbewegungen verbunden gewesen zu sein, die im östlichen Mittelmeerraum die ägäomykenische Welt von Kleinasien bis Ägypten erschütterten. In Südwestdeutschland waren zumindest das soziale Gefüge und die religiösen Vorstellungen der bronzezeitlichen *37*
Bevölkerung in Bewegung geraten. Damit bereiteten sich gesellschaftliche Verhältnisse vor, die es in der folgenden Eisenzeit einzelnen Herrschern erlaubten, nach mittelmeerischem Vorbild einen nördlich der Alpen bisher nie gesehenen Glanz zu entfalten. Das mit der dendrochronologischen Methode um 850 v. Chr. datierte Ende der urnenfelderzeitlichen Ufersiedlungen am Bodensee markiert die Wende zur neuen Epoche, in der die Verarbeitung von Eisen bestimmend wurde und die Bevölkerung Südwestdeutschlands durch erste historische Überlieferungen aus ihrer Anonymität zu treten begann.

Abb. 36 Remseck-Aldingen (Kr. Ludwigsburg). Aus dem frühbronzezeitlichen Gräberfeld. Trachtbestandteile und Dolche aus Kupfer und Knochen

Abb. 37 Königsschaffhausen (Gde. Endingen, Kr. Emmendingen). Brandbestattung der spätbronzezeitlichen Urnenfelderkultur. In der Urne sind auf dem Leichenbrand Gefäßbeigaben niedergelegt.

Die Kelten

von Dieter Planck

Wie der Name »Kelten« entstanden ist und was er bedeutet, ist bis heute unbekannt. Er taucht erstmals bei dem griechischen Historiker Herodot (484 bis kurz nach 430 v. Chr.) auf, dessen Beschreibungen wiederum auf alten Nachrichten von Hekataios von Milet (560/550–480 v. Chr.) fußen. Wir gehen heute davon aus, daß die Kelten kein Volk, sondern der Begriff verschiedene große und kleine Stämme und Gruppen unter sich vereint. Bindendes Glied war, wie die interdisziplinäre Forschung aufzeigt, z. B. die Sprache, die zwar nur bruchstückhaft, aber doch mit einzelnen Worten, insbesondere Orts-, Personen- und Gewässernamen überliefert ist. Neckar, Murr oder Sumelocenna, das heutige Rottenburg, gehören dazu.

Ob alle Kelten einer gemeinsamen religiösen Vorstellung anhingen ist aber schon mehr als zweifelhaft. Es ist vielmehr davon auszugehen, daß jeder Stamm bzw. jede Gruppe ihre Eigenheiten hatte.

Die antiken Autoren Poseidonios (135–51/50 v. Chr) und Gaius Iulius Caesar betrachteten das heutige Frankreich als Ursprungsland der Kelten. Archäologie, in Verbindung mit der Sprachwissenschaft haben aber herausgefunden, daß keltisch sprechende Bevölkerungsgruppen in Süd- und Südwestdeutschland schon um 1000 v. Chr. faßbar sind. Das keltische Kerngebiet erstreckte sich damit von Ostfrankreich im Westen bis zum Donaudurchbruch bei Bratislava im Osten und vom deutschen Mittelgebirge im Norden bis zum Nordrand

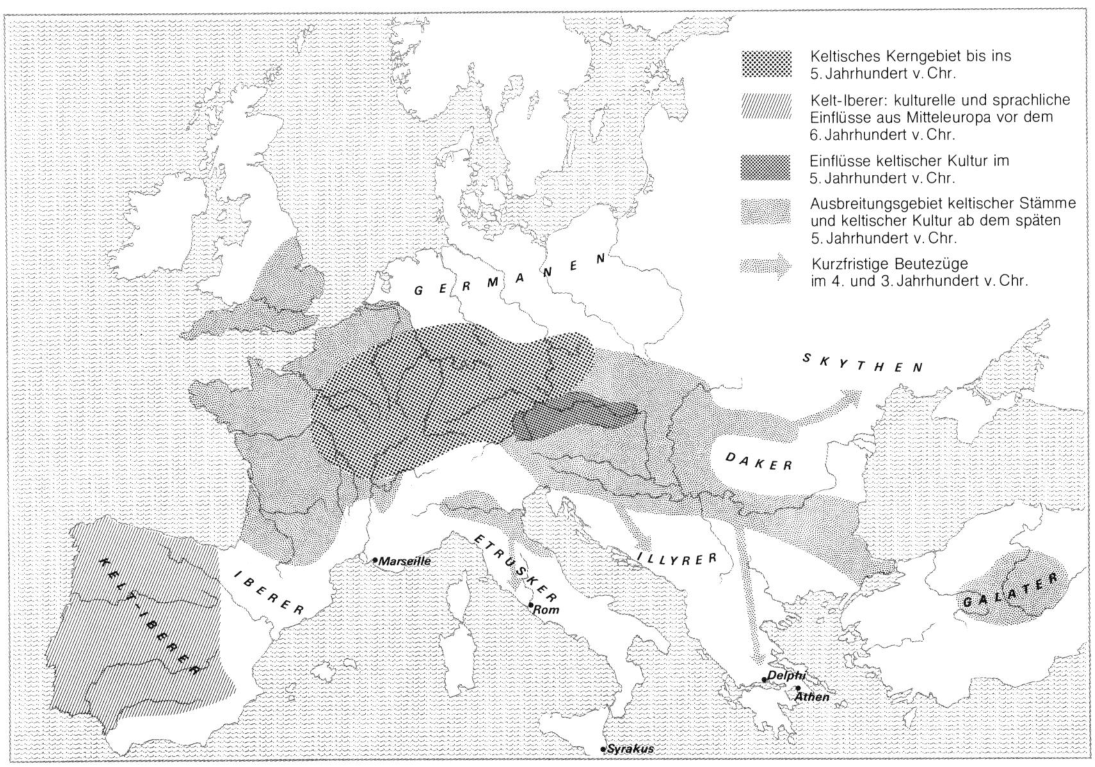

Abb. 38 Keltische Kerngebiete, Ausbreitungsgebiete und kurzfristige Beutezüge (Aus »Die Kelten in Mitteleuropa«)

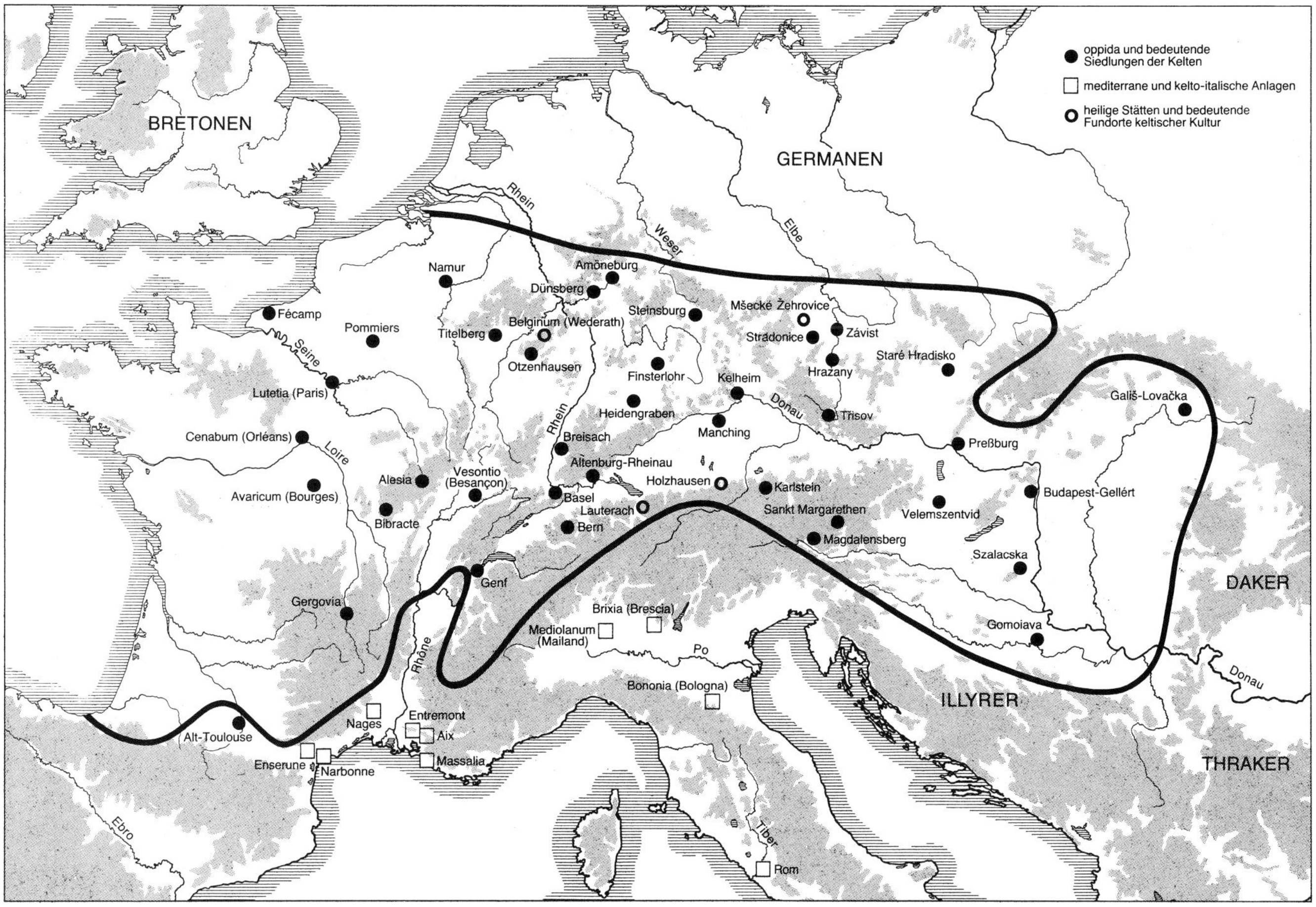

Abb. 39 Grenzen des keltischen Territoriums am Ende des 2. Jahrhunderts v. Chr. (nach V. Kruta, aus: »Die Kelten in Mitteleuropa«)

der Alpen. Hier lassen sich zumindest seit 700 v. Chr. kulturelle Hinterlassenschaften archäologisch erforschen, die als keltisch anzusprechen sind. Vielleicht ist der Ursprung der Kelten in Mitteleuropa zu lokalisieren. Von hier aus sind sie dann nach Westen und Nordwesten, nach Süden und Südosten expandiert. So erscheinen
38 schon im 6. Jahrhundert v. Chr. keltische Stämme in Spanien, wo die Keltiberer an ihre Tradition anknüpfen. Im späten 5. Jahrhundert sind sie in Oberitalien faßbar und im 4. und 3. Jahrhundert erreichten Kelten über Bulgarien und Rumänien Kleinasien, wo sie unter dem Namen »Galater« in die Weltgeschichte Eingang gefunden haben. Die Ausbreitung und die historischen Wanderungen der Kelten gingen um 200 v. Chr. zu Ende. Das Gebiet von den Britischen Inseln bis nach Kleinasien, von der Nordsee bis nach Oberitalien war nun von keltischer Kultur geprägt. Dieses keltische Siedlungsgebiet wurde
schon ab dem 2. Jahrhundert an angegriffen. Ein Beispiel *39*
dafür ist Caesars Feldzug nach Gallien mit seiner Eroberung und der Niederlage des keltischen Fürsten Vercingetorix 52 v. Chr.

Die Wissenschaft hat die Zeit der Kelten in zwei Hauptepochen, die wiederum in sich gegliedert werden, eingeteilt. Die ältere Epoche wird nach dem berühmten Gräberfeld bei Hallstatt im Salzkammergut Hallstattkultur oder Hallstattzeit genannt. Sie umfaßt das ausgehende 8. und das frühe 7. Jahrhundert v. Chr. und reicht bis ins späte 5. Jahrhundert v. Chr. Die jüngere Epoche, die vom späten 5. und frühen 4. Jahrhundert v. Chr. bis zur Zeitenwende angesetzt wird, heißt nach der Pfahlbausta-

Abb. 40 Aichtal-Neuenhaus (Kr. Esslingen). Hallstattzeitlicher Grabhügel

Abb. 41 Werbach (Main-Tauber-Kreis). Auf dem hallstattzeitlichen Friedhof ergaben die Ausgrabungen zahlreiche Steinkreise (Durchmesser 4–13 m) mit einer Körper- oder Brandbestattung in der Mitte.

tion Latène am Nordufer des Neuenburger Sees in der Schweiz Latènezeit.

Die Hallstattkultur hat sich, wie das Fundmaterial, z. B. die Keramik, zeigt, aus der vorausgehenden sog. Urnenfelderkultur entwickelt. Ein Bevölkerungswechsel hat danach also nicht stattgefunden, wobei neuerdings durchaus auch ernsthafte Forscher davon ausgehen, daß die Kelten hier schon wesentlich früher faßbar sind. Sicher wird dieser Frage noch weiter nachzugehen sein.

Die frühe Keltenzeit wird geprägt durch eine stark differenzierte Bevölkerungsstruktur. Es besteht heute in der Forschung Einigkeit darüber, daß sich diese Strukturierung schon seit der Bronzezeit in Mitteleuropa fassen läßt. Bereits die Handwerker der Bronzezeit bilden Gesellschaftsschichten, deren politische Bedeutung nicht zu unterschätzen ist. Es ist deshalb nicht verwunderlich, daß bei den frühen Kelten am Ende des 8. Jahrhunderts v. Chr. deutliche Unterschiede bei den Siedlungen und den Bestattungsformen zu erkennen sind. So läßt sich vor allen Dingen bei den lang erforschten keltischen Grabhügeln eine Entwicklung nachvollziehen, die durch jüngere Forschungen auch auf die Siedlungen zu übertragen ist.

Zu den eindrucksvollsten Bodendenkmälern in unserem
Land zählen zweifellos die Grabhügel der frühen Kelten- *40*
zeit. Noch heute sind sie häufig landschaftsprägend und *41*
waren deshalb für die Forschung schon früh überaus interessant. Die meisten dieser Grabhügel sind Nekropolen ganzer Familien und Sippen, so etwa der große Für-
stengrabhügel Magdalenenberg bei Villingen, der neben **134**
dem Zentralgrab noch 131 Bestattungen umfaßte. Schon allein die Größe dokumentiert soziale Unterschiede. Die kleineren Hügel, meist in Gruppen angelegt, stellen die Bestattungsplätze der ländlichen Bevölkerung dar.

Vor allem im Raum westlich von Stuttgart und im mittleren Neckarland krönten sog. Stelen einst die Grabhügel, die oftmals in stilisierter Form das Abbild eines Menschen, vielleicht des hier Bestatteten wiedergeben. Her-
ausragende Beispiele sind Hirschlanden, Stadt Ditzin- *42*
gen, Kreis Böblingen, oder die erst vor wenigen Jahren in Rottenburg am Neckar freigelegten Stelen aus einem frühkeltischen Friedhof. Besonders imposant sind die großen, als Fürstengrabhügel bezeichneten Bestattungsplätze. Diese haben bis zu 100 m Durchmesser und sind bis zu 14 m hoch. Die hier beigesetzten Angehörigen hochgestellter Familien dürfen wir mit Sicherheit als

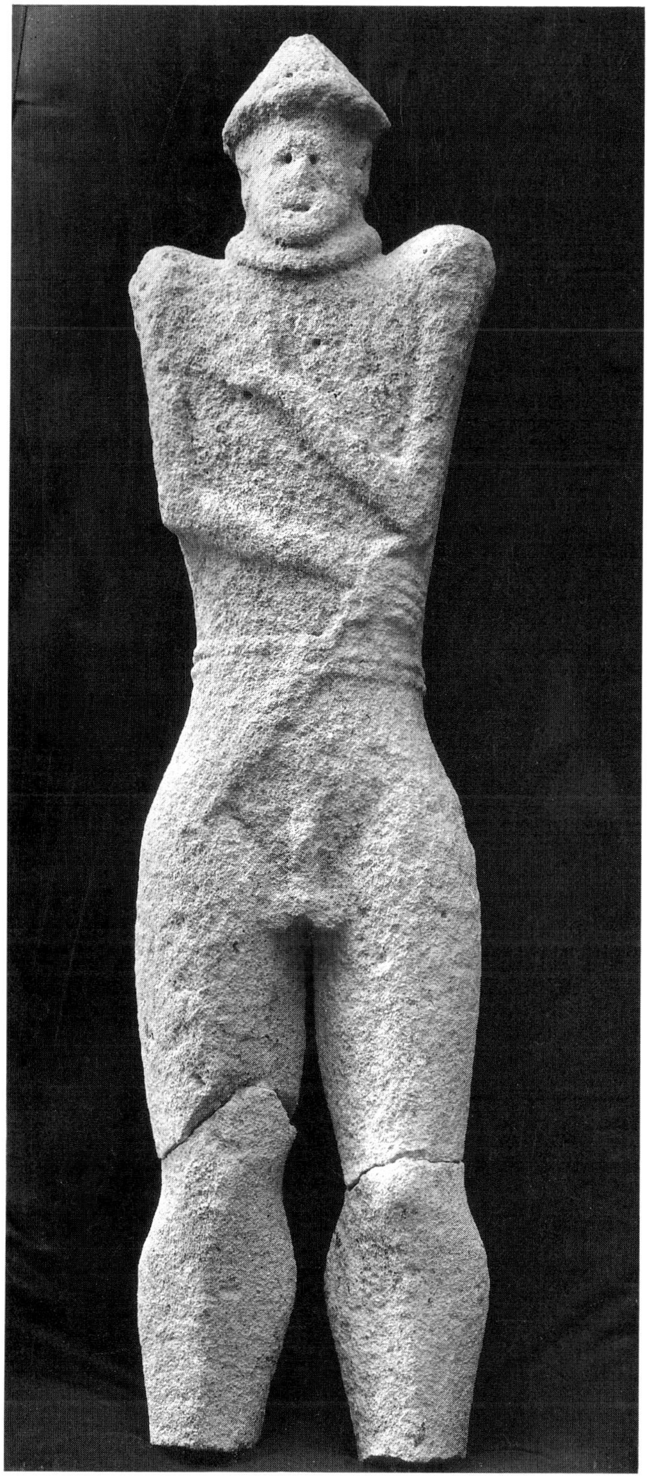

Abb. 42 Hirschlanden (Stadt Ditzingen, Kr. Ludwigsburg). Stele von einem hallstattzeitlichen Grabhügel aus dem 6. Jahrhundert v. Chr.

frühkeltische Stammesfürsten bezeichnen. Wie die zahlreichen Fürstengrabhügel um den Hohenasperg nordwestlich von Stuttgart einerseits und um die Heuneburg **132**
bei Hundersingen, Gemeinde Herbertingen, an der oberen Donau andererseits deutlich zeigen, befanden sich hier Zentren frühkeltischer Macht. Der Hohmichele bei der Heuneburg, das Kleinaspergle am Fuß des Hohenaspergs oder das Fürstengrab von Hochdorf beleuchten die **136**
Machtfülle der führenden Familien der frühkeltischen Stämme in unserem Land. Das 1977 bei Hochdorf, Gemeinde Eberdingen, entdeckte und ausgegrabene ungestörte frühkeltische Fürstengrab zeigt, welche prächtige Ausstattung dem Verstorbenen mitgegeben wurde und *43, 44*
welcher soziale Hintergrund für diese Familien anzunehmen ist. Gleichzeitig macht es schlaglichtartig Macht und Reichtum der frühen keltischen Fürsten deutlich.
Früher ausgegrabene Fürstengrabhügel, wie das Kleinaspergle bei Asperg, der Grafenbühl in Asperg oder der Hohmichele bei der Heuneburg an der oberen Donau, waren zum großen Teil schon antik ausgeplündert, aber die wenigen Hinterlassenschaften verweisen teilweise auf eine noch reichere Ausstattung als sie für Hochdorf bekanntgeworden ist.
Zahlreiche Grabungen der letzten Jahre in keltischen Nekropolen zeigen das breite Spektrum der Bestattungssitten. Häufig sind den Toten Tongefäße, Speise- und Trinkservices beigegeben, die einen hervorragenden Einblick in die Qualität der Keramik der frühen Kelten erlauben. Vor allen Dingen in den westlichen Landesteilen ist diese Keramik reich verziert und bemalt. Die Gefäße gehören mit zu den kostbarsten Gegenständen unserer Museen. So wurden etwa im Bodenseegebiet bei Al- *45*
lensbach in Gräbern Tongefäße geborgen, die noch heute von einer lebendigen Farbgebung Zeugnis geben. Dagegen sind die Tongefäße der frühen Kelten im östlichen Landesteil, auf der Ostalb und im fränkischen Raum, meist dunkel und mit dunkler oder roter Grafitbemalung dekoriert. Auch aus diesen Unterschieden sind regionale Gruppen zu erkennen. In den Gräbern kommen oft auch Metallgegenstände, vor allen Dingen Schmuck aus Bronze oder Eisen, aber auch aus Gagat und Lignit zutage. Jenes leicht zu verarbeitende, schwarz glänzende Material war besonders bei den frühen Kelten beliebt zur Herstellung von Arm- und Halsschmuck. Aber auch Waffen, das Schwert in der älteren und der Dolch in der jüngeren Hallstattzeit, wurden den Toten

Abb. 43 Eberdingen-Hochdorf (Kr. Ludwigsburg). Rekonstruktion der Grabkammer des »Keltenfürsten«

Abb. 44 Eberdingen-Hochdorf. Der Bronzekessel, Teil des Trinkservices

immer wieder beigegeben. Dank der Beigaben lassen sich Frauen- und Männergräber deutlich unterscheiden, ebenso regionale Trachtbezirke.

Im Gegensatz zu den frühkeltischen Bestattungsplätzen, insbesondere den Grabhügeln und den Flachgräbern zwischen den Grabhügeln und den Fürstengrabhügeln wissen wir bis heute relativ wenig über die zeitgleichen Siedlungen. Erst durch die jüngeren großflächigen Untersuchungen in Bopfingen (Ostalbkreis) und Eberdingen- *46*
Hochdorf (Kreis Ludwigsburg), um nur zwei Beispiele zu nennen, kennen wir Siedlungen und Hausgrundrisse. Es sind vorwiegend kleinere Pfostenbauten. Auch zahlreiche Grubenhäuser mit teilweise umfangreichem Fundmaterial kamen zutage. Aus Hochdorf kennen wir große Gebäude, für die eine zentrale Funktion anzunehmen ist. Wenn die Forschung in diesem Bereich auch erst in den Anfängen steckt, so ist doch heute schon davon auszugehen, daß die meisten Siedlungen unbefestigt waren und aus mehreren Einzelgehöften bestanden. Hier wird zukünftig ein Schwerpunkt zu setzen sein.

Daneben gibt es in Südwestdeutschland eine ganze An-

Abb. 45 Orsingen-Nenzingen (Kr. Konstanz). Bemalte Keramik der älteren Hallstattzeit

zahl kleinerer, mächtig befestigter Anlagen, die kaum
132 2–3 ha Fläche einnehmen. Hierzu gehört die Heuneburg an der oberen Donau, der Hohenasperg bei Ludwigsburg und der Burgberg von Breisach. Mit seinen mächtigen, heute noch zum Teil mehrere Meter hohen
126 Wallanlagen zählt der Ipf bei Bopfingen zu den eindrucksvollsten Befestigungen. Auch kleinere Anlagen wie der Kapf bei Villingen scheinen zu dieser Siedlungsgruppe zu gehören.

Die Grabungen auf der Heuneburg an der oberen Donau seit 1950, vor allem unter Leitung von W. Kimmig, haben detaillierte Kenntnissse der Innenstruktur dieser keltischen frühen Burgen erbracht. Übereinanderliegende Siedlungsschichten im Innenraum der stark befestigten Burg belegen eine Besiedlung von der Bronzezeit bis zum Beginn der Latènezeit.

Ausdruck ihrer zentralen politischen Stellung ist zweifellos der mächtige Befestigungsgürtel, von dem besonders
47 die auf einem Steinsockel aufgerichtete Mauer aus luftgetrockneten Lehmziegeln mit vorspringenden Türmen erwähnt werden soll. Diese Konstruktion ist ein Indiz für

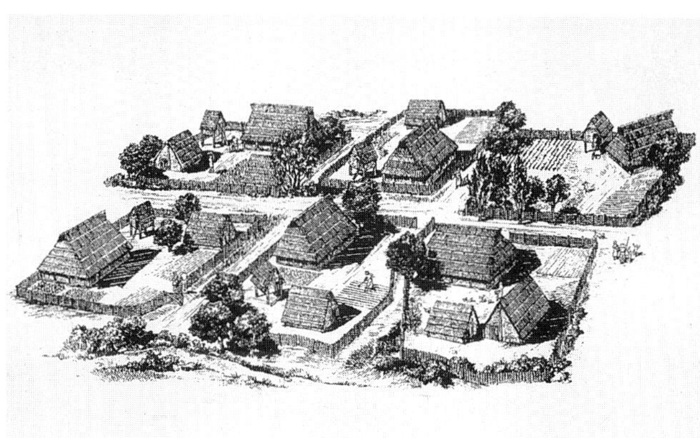

Abb. 46 Eberdingen-Hochdorf. Rekonstruktion der frühkeltischen Siedlung

Abb. 47 Heuneburg (Herbertingen-Hundersingen, Kr. Sigmaringen). Rekonstruktionsversuch der großen Lehmziegelmauer (nach Gersbach)

die Beziehungen der Herren von der Heuneburg zum Mittelmeerraum. Diese bis dahin nur im klimatisch günstigen Mittelmeergebiet nachweisbare Befestigung gehört in einen älteren Abschnitt der frühen Keltenburg. Sie mußte jedoch bald wieder den herkömmlichen, sog. Pfostenschlitzmauern weichen. Auch zahlreiche attische Vasen ebenso wie Amphoren aus der griechischen Kolonie Massilia, dem heutigen Marseille, dokumentieren diese Handelsbeziehungen.

Betrachten wir abschließend die Gesamtentwicklung in der frühen Keltenzeit, so war unser Land sicherlich in großen Bereichen, insbesondere im Neckargebiet, auf der Schwäbischen Alb, in Oberschwaben und im Oberrheintal dicht übersät von kleineren und größeren Siedlungen sowie den zugehörigen Nekropolen. Machtzentren, möglicherweise verbunden mit unterschiedlichen keltischen Stämmen oder Teilstämmen, lassen sich in größere Bereiche einteilen. So haben die naturwissenschaftlichen Analysen der Fundmaterialien aus dem Fürstengrab von Hochdorf deutlich gezeigt, daß sich der unmittelbare Einzugsbereich des keltischen Fürsten bis zum Schwarzwaldrand und bis zum Rand der Schwäbischen Alb erstreckte. Zweifellos bestanden in jener Zeit schon Handelswege, die zusammen mit den Flüssen die Grundvoraussetzung für die weitreichenden Handelsbeziehungen der hier faßbaren frühkeltischen Adelsschicht bildeten.

Im Verlauf des 5. Jahrhunderts v. Chr ist durch exakte Analysen und Ausgrabungen eine Zäsur festzustellen. Das Kleinaspergle, am Fuße des Hohenasperg, mit seiner im Jahre 1879 entdeckten Nebenkammer, markiert *48*
das Ende der Machtzentren früher keltischer Fürsten in Südwestddeutschland. Danach werden kaum mehr Grabhügel aufgeschüttet, lediglich Nachbestattungen in älteren Grabhügeln lassen sich erkennen. Die Entwicklung in der Schweiz und in Ostfrankreich war ähnlich. Es spricht vieles für eine Veränderung der Sozialstruktur, die möglicherweise nicht friedlich, sondern in Form einer vom größeren Teil der Bevölkerung getragenen Revolution vonstatten ging. In allen Epochen, von denen wir schriftliche Nachrichten haben, lassen sich Veränderungen oftmals durch Revolutionen erkennen. Auch wenn dies archäologisch kaum belegbar ist, müssen wir für die Frühzeit der Prähistorie mit solchen Entwicklungen rechnen. Im Verlauf des 5. vorchristlichen Jahrhunderts ist damit in Süddeutschland eine Veränderung der Lebensweise faßbar, die das Ende der frühen keltischen Fürstendynastien mit sich bringt. Genau in dieser Zeit sind aber auch Abwanderungen keltischer Stämme aus dem südlichen Deutschland in die Donauländer erkennbar, vielleicht Ausdruck und Folge dieser politischen Veränderungen.

Die späte Keltenzeit (Latènezeit)

Nach der Zäsur, die als Beginn der Latènezeit bezeichnet wird, verändert sich der archäologische Fundbestand. Vor allen Dingen die Kunst – genauer das Kunsthandwerk – geht völlig neue Wege.
Während der frühen Latènezeit wurden die Toten noch unverbrannt, meist mit dem Kopf nach Süden als Nachbestattung in den älteren Grabhügeln beigesetzt. Sehr rasch lösten jedoch Flachgräberfelder diese Bestattungssitte ab, und von ca. 320 v. Chr. an wurden die Toten ausschließlich in Flachgräbern beigesetzt Die Beigaben bestehen weiterhin aus Trachtbestandteilen und Waffen; hin und wieder kommt ein Tongefäß vor, in dem wohl Speisereste für das Jenseits niedergelegt worden sind. Ob diese Gräber an der Oberfläche markiert waren, möglicherweise durch einen Holzpfahl, entzieht sich unserer Kenntnis. Am Ende des 3. Jahrhunderts löste die Brandbestattung die Körperbestattung ab. In einer unförmigen Grabgrube wurde der Leichenbrand niedergelegt, die Beigaben wie Schmuck bei den Frauen, Waffen bei den Männern – teilweise gewaltsam verbogen, um sie damit von einer weiteren Nutzung auszuschließen – wurden mit in die Grabgruben gelegt. Das 1972 in Giengen an der Brenz untersuchte Gräberfeld mit reichem Schmuck aus Bronze und Eisen, wie Fibeln, und Glasarmringen sowie eisernen Waffen zeigt beispielhaft den hohen Stand des Handwerks in der frühen und mittleren Latènezeit. Aus der jüngeren Latènezeit kennen wir dagegen bisher nur wenige Bestattungen. Sie geben kaum Aufschlüsse auf die in dieser Zeit in Südwestdeutschland vorherrschenden Traditionen und Jenseitsvorstellungen der späten Kelten. Hier weiterzukommen zählt sicherlich zu den Aufgaben der systematischen archäologischen Forschung in unserem Lande für die nahe Zukunft.

Die Siedlungen

In der frühen und mittleren Latenézeit lassen sich kaum Veränderungen in der Struktur der offenen, wohl meist unbefestigten Siedlungen und Gehöfte feststellen. Die großen befestigten Burgen mit den dazugehörenden Au-

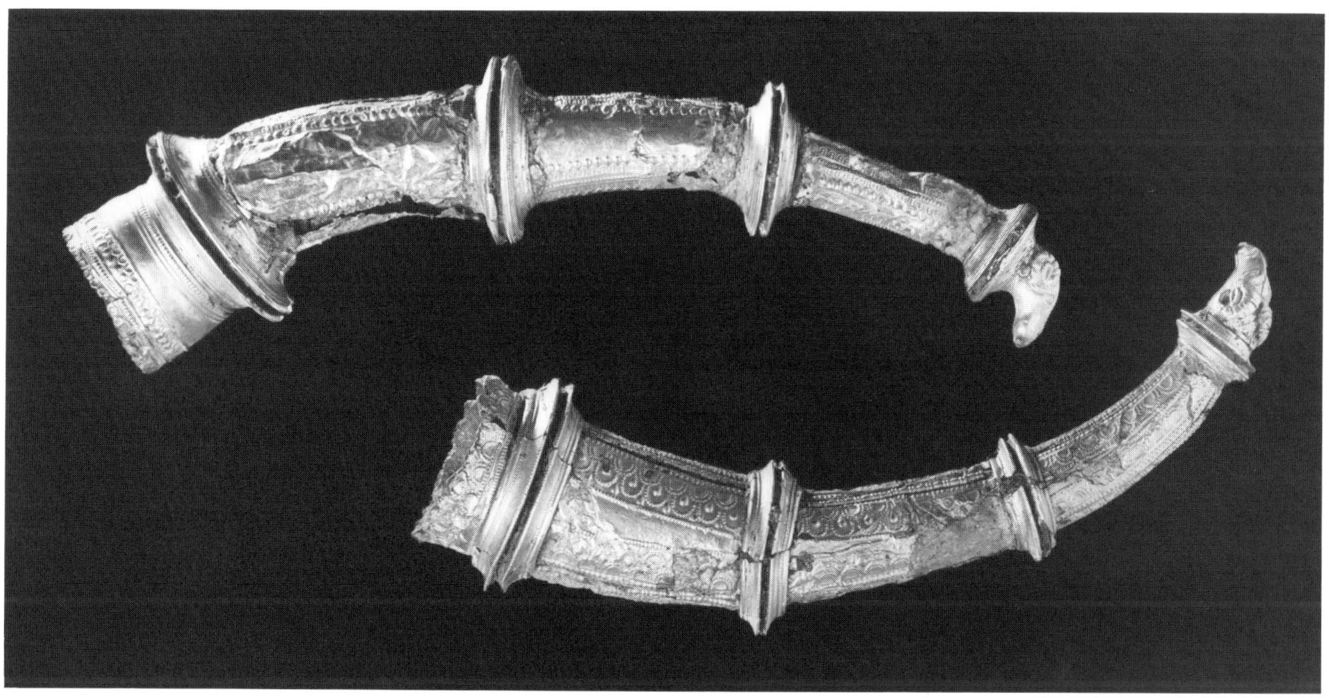

Abb. 48 Asperg (Kr. Ludwigsburg). Endbeschläge aus Goldblech von Trinkhörnern aus dem Kleinaspergle

Abb. 49 Altenburg-Rheinau (Gde. Jestetten, Kr. Waldshut). Die rekonstruierte Mauer des Oppidums

ßensiedlungen, wie etwa die Heuneburg an der oberen Donau, werden aufgelassen. Im Siedelwesen scheint sich vom 5. bis 3. Jahrhundert eine Nivellierung abzuzeichnen. Die späte Keltenzeit wird in Süddeutschland, insbesondere in Südwestdeutschland, wieder besser faßbar. Das Fundmaterial weist auf eine Bevölkerungsgruppe vom Albtrauf nach Westen zum Rheingebiet und eine östliche mit dem schwäbisch-bayerischen Alpenvorland, vermutlich Stammesgrenzen zwischen den im Westen lebenden Helvetiern und den im Osten unseres Landes und im westlichen Bayern seßhaften Vindelikern. Beide sind keltische Volksstämme, die in der jüngeren römischen Literatur, etwa bei Caesar im Gallischen Krieg, mehrfach erwähnt werden. In unmittelbarem Zusammenhang mit ihnen sind zweifellos die großen stadtartigen Zentren zu sehen, die im 3. und 2. vorchristlichen Jahrhundert in Süddeutschland faßbar werden, von Caesar im Zusammenhang mit der Eroberung Galliens »Oppida« genannt. Charakteristisch für sie ist der bei Caesar eingehend be-
49 schriebene sog. »Murus gallicus«, eine komplizierte Umfassungsmauer aus Stein und Holz zu ihrem Schutz. Im späten 2. und 1. Jahrhundert v. Chr. kommen diese Oppida im gesamten keltischen Siedlungsraum vor. Sie sind teilweise über 100 ha groß und bilden heute noch markante Bodendenkmäler. Wälle und Gräben sowie die Zangentore – nach innen gerichtete Mauern mit einer tiefen Torgasse – sind typisch für diese frühen Städte in Süddeutschland. In Baden-Württemberg lassen sich neben
dem Oppidum bei Grabenstetten auf der Uracher Alb **138**
das Oppidum von Finsterlohr im Main-Tauber-Kreis **140**
oberhalb der Tauber, nahe Rothenburg ob der Tauber, das geschickt in einer Flußschlinge des Rheins bei Altenburg-Rheinau unterhalb von Schaffhausen gelegene Oppidum und schließlich das Oppidum Tarodunum in der Nähe von Zarten, östlich von Freiburg gelegen, anführen.

Durch die Grabungen in Altenburg-Rheinau unter Leitung von F. Fischer und vor allen Dingen durch die großflächigen Untersuchungen im Oppidum von Manching bei Ingolstadt in Bayern kennen wir die Innenstrukturen dieser süddeutschen Oppida einigermaßen sicher. Die Funde weisen auf weitreichende Beziehungen, insbesondere einen regen Kontakt mit den römischen Provinzen und der Nachweis von Münzprägestätten in diesen Op-

Abb. 50 Ehrenkirchen-Ehrenstetten (Kr. Breisgau-Hochschwarzwald). Keltische Münzen vom Kegelriß

pida auf einen wirtschaftlichen Wandel vom Tauschhandel zum Geldverkehr.

Neben diesen stadtartigen Anlagen, die teilweise dicht besiedelt waren, teilweise auch Refugiumscharakter hatten und zweifellos die zentralen Orte keltischer Teilstämme darstellten, müssen wir auch mit offenen unbefestigten Einzelhöfen und kleineren Siedlungen rechnen. Auch wenn der Forschungsstand auf diesem Sektor mehr als unbefriedigend ist, lassen größere Fundstreuungen, insbesondere in der unmittelbaren Nachbarschaft der Oppida eine größere Anzahl von Siedlungen vermuten. Zu den charakteristischen prähistorischen Bodendenkmälern in Süddeutschland zählt eine weitere Denkmäler-
142 gruppe. Gemeint sind die spätkeltischen Viereckschan-
144 zen, jene Anlagen, von denen wir heute allein in Baden-
146 Württemberg über 120 entweder durch eindrucksvolle Geländeerhebungen oder durch systematische Befliegung lokalisieren können. Es sind meist etwa 100 x 100 m große, mit Wall und Graben umhegte Plätze, die ausschließlich als Kultanlagen angesehen wurden. Diese These wurde durch die großen Grabungen in den fünfziger und sechziger Jahren durch K. Schwarz in Holzhausen und H. Zürn in Tomerdingen im Alb-Donau-Kreis aufs nachhaltigste unterstützt. Nur wenige Innenbauten sowie teilweise bis über 30 m tiefe Schächte konnten dabei aufgedeckt werden. Auch eine zuvor unbekannte keltische Viereckschanze in Fellbach-Schmiden im Rems- *54*
Murr-Kreis, die schon weitgehend durch den Lehmabbau zerstört war, erbrachte einen über 20 m tiefen Schacht, der aber zweifellos als Brunnen genutzt worden ist. In den tieferen Schichten dieses Brunnens war das Holz und die Verfüllung vorzüglich konserviert. So konnte die Verschalung des Brunnens in das Frühjahr 123 v. Chr., datiert werden. In der Verfüllung fanden sich weitere Hölzer, darunter aus Eichenholz geschnitzte beidseitig ausgearbeitete Tierfiguren. Es handelt sich um *51*
die bisher ältesten datierbaren keltischen Holzbildwerke, die wir kennen. Sie zierten zweifellos ein Gebäude, das wohl am ehesten im kultischen Bereich anzusiedeln ist. Vielleicht waren sie die Zier eines Tempels oder Kunstschreins.

Nach jüngsten Untersuchungen von R. Krause und G. Wieland in Bopfingen sowie F. Klein in Riedlingen sind die Viereckschanzen aber wohl kaum aussschließlich kultisch genutzt worden. Die umfangreichen Grabungen in
Bopfingen-Flochberg haben klar gezeigt, daß innerhalb *52*
und unmittelbar außerhalb der Schanze zeitgleiche Holzbauten standen, die Anlaß für eine Neubeurteilung die-

Abb. 51 Fellbach-Schmiden (Rems-Murr-Kreis). Brunnenschacht der keltischen Viereckschanze mit Holzfunden in situ

Abb. 52 Bopfingen-Flochberg (Ostalbkreis). Plan der Viereckschanze mit zeitgleichen Holzbauten

ser Denkmalgruppe geben. In Riedlingen und in Bopfingen sind ähnliche Innenbauten nachgewiesen, die eine regelhafte Bebauung des Innenraums erkennen lassen. Eine sichere Zweckbestimmung ist beim derzeitigen Forschungsstand jedoch noch nicht möglich. Doch spricht vieles dafür, daß diese Viereckschanzen gleichzeitig Kult- und zentrale Versammlungsplätze waren und möglicherweise eine wichtige Funktion innerhalb von offenen Siedlungen der späten Kelten einnahmen; zumal bei den Kelten Kult und Religion einerseits und zentrale Verwaltung und Rechtssprechung andererseits eng miteinander verbunden waren. Vielleicht haben wir in einem Teil dieser Denkmälergruppe solche zentralen Kult- und Versammlungsorte zu sehen, wo eben beides am heiligen Ort stattfand. Hier wurde Recht gesprochen und politische Entscheidungen gefällt.

Das Ende der keltischen Besiedlung ist weitgehend mit dem Beginn der römischen Aufsiedlung gleichzusetzen, obwohl gerade der Übergang und die Kontinuität keltischer Besiedlung in die römische Zeit derzeit eine viel diskutierte und unterschiedlich beurteilte Frage darstellt. Die Besiedlung Südwestdeutschlands durch die späten Kelten ist in den Jahrzehnten um Christi Geburt bis heute ungeklärt. Stark beeinflußt wurde das Ende der keltischen Besiedlung durch die Abwanderung keltischer Stämme um die Mitte des 1. vorchristlichen Jahrhunderts, wie sie in Berichten bei Poseidonios und in der Geographie des Claudius Ptolemaios für die erste Hälfte des 1. vorchristlichen Jahrhunderts überliefert ist. Der Grund des sog. Helvetierauszugs sei vor allen Dingen im Vordringen germanischer Stämme nach Südosten zu sehen. Dieser antiken Überlieferung entspricht auch die

Bemerkung Caesars im Gallischen Krieg, daß im Gebiet östlich des Rheins Germanen siedelten, ein Faktum, das mit dem derzeitigen Forschungsstand in der archäologischen Wissenschaft nicht nachvollzogen werden kann. Auch Tacitus berichtet in seiner »Germania«, daß in den Agri decumates, also im Gebiet östlich des Rheins, Kelten wohnten, die aus Gallien eingewandert seien. Damit wäre unser Gebiet nahezu siedlungsleer, was sich jedoch vor allen Dingen durch naturwissenschaftliche Untersuchungen, insbesondere die Pollenanalyse nicht belegen läßt. Nach den archäologischen Hinterlassenschaften wird deutlich, daß sich vor allen Dingen im südlichen Oberrheingebiet und im Hochrheintal ausgedehnte spätkeltische Siedlungen befanden, die bis zum Beginn der römischen Aufsiedlung, etwa im Zusammenhang mit dem Alpenfeldzug des Drusus und Tiberius im Jahre 15 v. Chr., faßbar sind. Im nördlichen Oberrheintal lassen sich schon seit dem frühen 1. Jahrhundert Germanen fassen, die möglicherweise zu den von Caesar im Vorfeld der Rheingrenze angesiedelten germanischen Stämmen um den germanischen Fürsten Ariovist gehören. Östlich des Schwarzwaldes weisen vereinzelte Funde auf eine

Abb. 54 Fellbach-Schmiden (Rems-Murr-Kreis). Spätkeltische Keramik aus der Viereckschanze

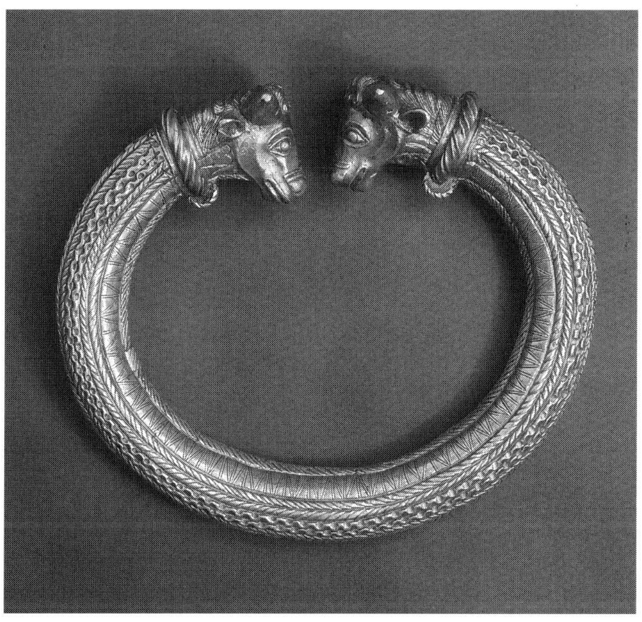

Abb. 53 Trichtingen (Gde. Epfendorf, Kr. Rottweil). Silberring mit Stierköpfen, vermutlich auf dem südlichen Balkan gefertigt

späte keltische Besiedlung hin. Ob dieses Material je- *53*
doch ausreicht, hier eine Siedlungskontinuität bis zur römischen Zeit nachzuweisen, muß eine genaue Analyse erbringen. Die historische Überlieferung wird sicherlich hier keine endgültige Antwort liefern können. Es wird Aufgabe der Archäologie sein, vor allen Dingen in den Oppida, aber auch in den kleineren ländlichen Siedlungen und in den frühen römischen Siedlungen zu entscheiden, ob hier nicht doch Fundgegenstände und Befunde sich erschließen lassen, die zeigen, daß wir auch östlich des Schwarzwaldes mit einer durchgängigen, vielleicht reduzierten Bevölkerung rechnen können, die dann in der römischen Aufsiedlung aufging.

Die römische Epoche

von Dieter Planck

Als im Jahre 15 v. Chr. die beiden Stiefsöhne von Kaiser Augustus, Drusus und Tiberius, über die Alpen vorstießen und eine erste Zone nördlich der Alpen unterwarfen wurden wohl am Hochrhein zahlreiche spätkeltische Siedlungen aufgelassen (vgl. S.). Vor allem das keltische Oppidum Altenburg-Rheinau scheint in jenem Jahr sein Ende gefunden zu haben. Ursache für diesen Feldzug war wohl der Plan, eine neue Provinz bis zur Elbe und nach Südosten über Böhmen und Mähren bis zur mittleren Donau zu errichten die Provinz »Germania magna«.
55 Das im Jahre 1967 bei Dangstetten, Gemeinde Küssaberg, am Hochrhein auf deutscher Seite entdeckte große römische Lager, möglicherweise für eine Legion bestimmt, wurde ganz ohne Zweifel für Vorstöße nach Norden angelegt und war von 15 bis 9 v. Chr. ein Militärplatz erster Ordnung. In dieselbe Zeit gehören wohl auch die Militäranlagen von Basel, Windisch bei Brugg (Vindonissa), Zürich und ein Militärposten am Walensee. Sicherlich ist auch im übrigen süddeutschen Alpenvorland noch mit weiteren frührömischen Lagern zu rechnen. Ihre Kenntnis verdanken wir oft der zufälligen Entdekkung durch die Luftbildprospektion.

Abb. 56 Riegel (Kr. Emmendingen). Römisches Lager des 1. Jahrhunderts. Schnitt durch den Spitzgraben. Die den Spitzgraben überlagernde Mauer gehört zum Mithrasheiligtum, das später über der Südwestecke des Lagers errichtet wurde.

Abb. 55 Dangstetten (Gde. Küssaberg, Kr. Waldshut). Keramik aus dem frührömischen Militärlager

Die Ablösung des Germanicus unter der Regentschaft des Kaisers Tiberius im Jahre 16 n. Chr. beendete die großangelegten Aktionen im germanischen Raum. Folge davon war der Ausbau der Rheinlinie als dauerhafte Reichsgrenze.

Eine entscheidende Veränderung für Südwestdeutschland brachte die Einbeziehung der Donau in die Interessensphäre des römischen Imperiums. Der Fluß spielte bis dahin offensichtlich keine strategische Rolle. Sehr wahrscheinlich ist die Sicherung der Donau im Zusammenhang mit der Gründung der Provinz Raetia und dem Hauptort Augusta Vindelicum, dem heutigen Augsburg, zu sehen. Der Ausbau der Via Claudia Augusta als eine der wichtigsten Nord-Süd-Verbindungen erschloß die Provinz. Mit dem Ausbau von Kastellen entlang der Do-

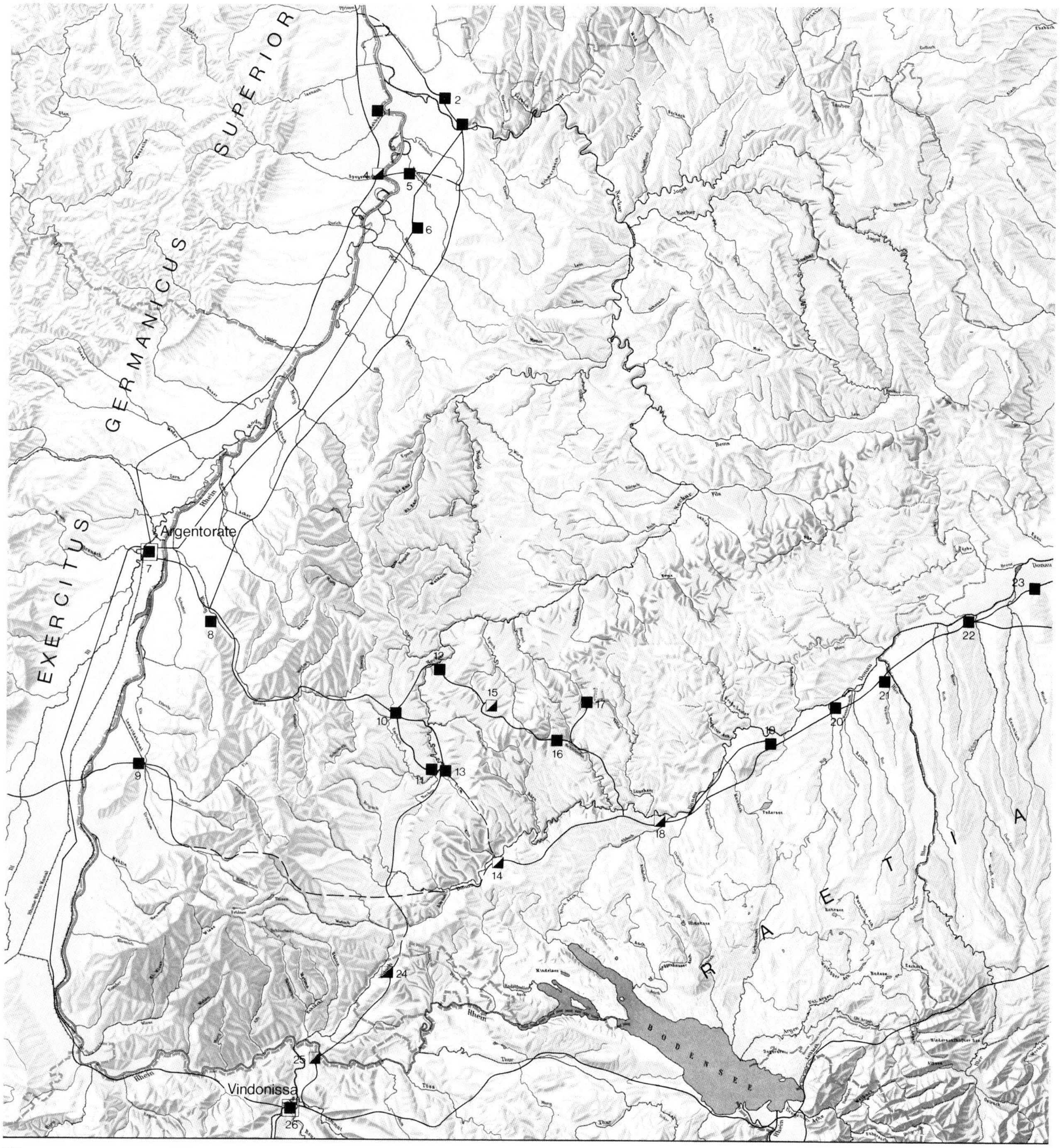

■ Kastell ◪ Kastell vermutet ▣ Legionslager — Straße --- Straßenführung vermutet

Abb. 57 Der römische Limes um 80 n. Chr. 1 Ludwigshafen-Rheingönheim, 2 Ladenburg, 3 Heidelberg-Neuenheim, 4 Speyer, 5 Hockenheim, 6 Waghäusel-Wiesental, 7 Straßburg, 8 Offenburg-Zunsweier, 9 Riegel, 10 Waldmössingen, 11 Rottweil links des Neckars, 12 Sulz, 13 Rottweil rechts des Neckars, 14 Tuttlingen, 15 Geislingen a. R., 16 Lautlingen, 17 Burladingen-Hausen, 18 Mengen-Ennetach, 19 Rißtissen, 20 Emerkingen, 21 Unterkirchberg, 22 Günzburg, 23 Burghöfe

nau, vor allem mit der Anlage der Kastelle Hüfingen an der oberen Donau und Aislingen östlich von Ulm, die dann den weiteren Ausbau des sog. Donaulimes mit den
154 Kastellen bei Tuttlingen?, Mengen?, Emerkingen, Riß-
150 tissen, Unterkirchberg, Burghöfe und Oberstimm nach sich zog, ist vor allem im südlichsten Baden-Württemberg eine starke militärische Präsenz zu verzeichnen. Im Zusammenhang mit den claudisch-neronischen Kastellen an der Donau entstanden in dieser Frühzeit Zivilsiedlungen, für die durch Luftbildaufnahmen und einige Grabungen wichtige Erkenntnisse geliefert worden sind, z.
152 B. ist für Emerkingen ein Siedlungsbeginn schon in der Mitte des 1. Jahrhunderts n. Chr. nachweisbar.

Im Westen ist mit hoher Wahrscheinlichkeit eine erste Verbindungsstraße zur Donau durch den südlichen Schwarzwald, die am Nordrand des Kaiserstuhls durch
56 das 1974 entdeckte Kastell Riegel gesichert wurde, anzunehmen. Möglicherweise gehört auch das 1971 entdeckte Lager auf dem Limberg bei Sasbach in dieses frühe römische Sicherungssystem. Die große Zahl von Funden aus claudisch-neronischer Zeit legt meines Erachtens nahe, daß hier, wie schon G. Fingerlin ausgeführt hat, der Raum zwischen Kaiserstuhl und Schwarzwald gesichert wurde. Ein Grund für Rom, dieses Gebiet zu kontrollieren, könnte der frühe Metallbergbau im südlichen Schwarzwald sein. Die zur Zeit laufenden Forschungsarbeiten, insbesondere durch H. Steuer, werden hierzu sicherlich Antworten liefern.

Nach den Unruhen des Vier-Kaiser-Jahres und der Festigung der politischen Verhältnisse organisierte Kaiser Vespasianus das obergermanische Heer neu. Unmittelbare Folge dieser Neuorganisation war der Bau zahlreicher römischer Kastelle am oberen Neckar, um eine Querverbindung durch den Schwarzwald von Straßburg über Offenburg-Zunsweier, das Kinzigtal aufwärts über Rottweil nach Tuttlingen abzusichern. Wie der in Offenburg gefundene Meilenstein besagt, wurde diese Straße unter dem Legaten Cn. Pinarius Cornelius Clemens spätestens um 74 n. Chr. errichtet. Diese kürzere Straßenverbindung von Obergermanien, insbesondere vom Legionslager Straßburg, bis zur Donau und damit in die Provinz Rätien bildete eine wichtige strategische Einrichtung. Diese Straße und die Errichtung mehrerer aufeinanderfolgender Militäranlagen in Rottweil, dem antiken Arae Flaviae, machten diese Siedlung zum militärischen Schwerpunkt in dieser Region und damit zum Ausgangspunkt für weitere militärische Unternehmungen und Grenzsicherungen im Alb- und Neckargebiet. Zu ihrer Sicherung wurden einige Jahre später die Lager Sulz und ein erst vor wenigen Jahren lokalisiertes Kastell beim Häsenbühlhof auf Gemarkung Geislingen am Riedbach im Zollernalbkreis errichtet. Ein wichtiges Verbindungsglied zwischen dem Neckar und der südlich von Burladingen verlaufenden Donaulimesstraße bei Laiz und Ennetach bildete das Kastell Burladingen-Hausen, während Kastell Lautlingen (Albstadt) – wie die eingehenden Untersuchungen von J. Heiligmann zum Alblimes ergaben – nur kurzfristig, vielleicht zur Sicherung des Straßenbaus, belegt war. Die starke militärische Besetzung um 80 n. Chr. am oberen Neckar weist möglicherweise auf Siedlungen einer stärkeren, einheimisch keltisch geprägten zivilen Bevölkerung hier unmittelbar östlich des Schwarzwaldes hin. Neuere Forschungen, insbesondere Untersuchungen der Botanik mit Hilfe der Pollenanalyse scheinen zu belegen, daß wir hier schon vor Beginn der römischen Aufsiedlung eine dichtere Besiedlung fassen können.

Zur selben Zeit wurden wohl im Zusammenhang mit weiträumigen Sicherungsmaßnahmen des rechtsrheinischen Gebietes in der Frühzeit der Regentschaft des Vespasian auch im Oberrheintal wichtige militärische Stützpunkte errichtet, so das Lager bei Offenburg-Zunsweier zur Sicherung der Querverbindung durch den Schwarzwald. Wie die Grabungen der letzten Jahre deutlich werden ließen, gehören auch Kastell II, das älteste Kastell innerhalb von Ladenburg, dem antiken Lopodunum, und die Lager in Heidelberg-Neuenheim in diesen Zu-
sammenhang. Nachdem die Grenzlinie einige Zeit vom *57*
Oberrhein durch das Kinzigtal über Rottweil nach Tuttlingen an die Donau und von dort donauabwärts verlief, wurde um 85/90 der Donaulimes aufgegeben und dafür

Abb. 58 Der römische Limes in Südwestdeutschland um 100 n. Chr. 1 Seckmauern, 2 Wörth a. Main, 3 Lützelbach, 4 Vielbrunn, 5 Eulbach, 6 Würzberg, 7 Hesselbach, 8 Schlossau, 9 Oberscheidental, 10 Neckarburken, 11 Bad Wimpfen, 12 Heilbronn-Böckingen, 13, 14 Walheim I, II, 15 Benningen, 16 Stuttgart-Bad Cannstatt, 17 Köngen, 18 Dettingen u. T., 19 Donnstetten, 20 Deggingen, 21 Eislingen-Salach, 22 Urspring, 23 Heidenheim, 24 Oberdorf, 25 Munningen, 26 Faimingen, 27 Unterkirchberg, 28 Gomadingen, 29 Rottenburg, 30 Sulz, 31 Geislingen a. R., 32 Waldmössingen, 33, 34 Rottweil, 35 Windisch, 36 Straßburg, 37 Heidelberg-Neuenheim, 38 Ladenburg, 39 Gernsheim ►

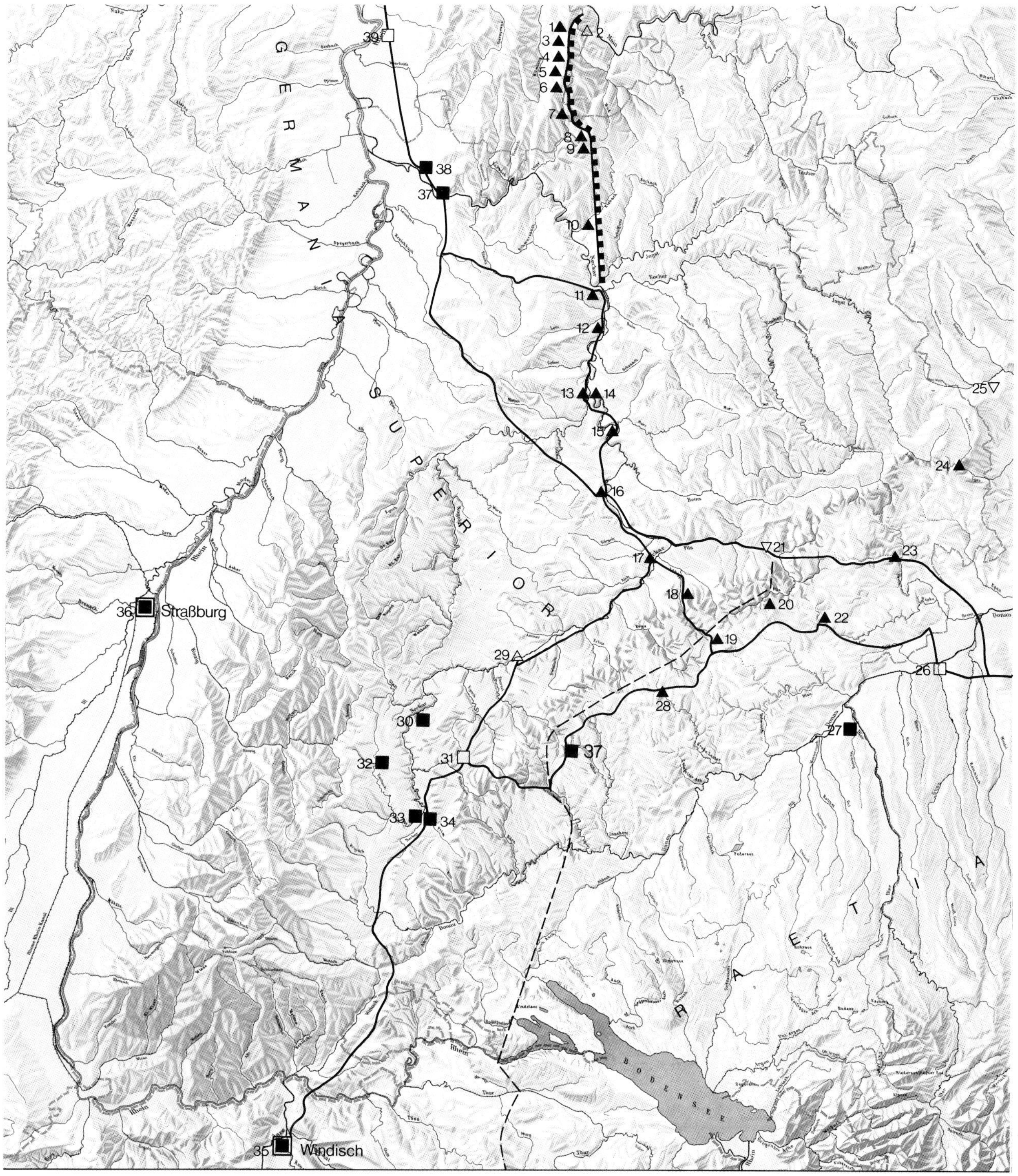

■ Kastell, benutzt ▲ Kastellneugründung ▽ Kastell undatiert

□ Kastell, aufgelassen - - - Provinzgrenze — Straßen

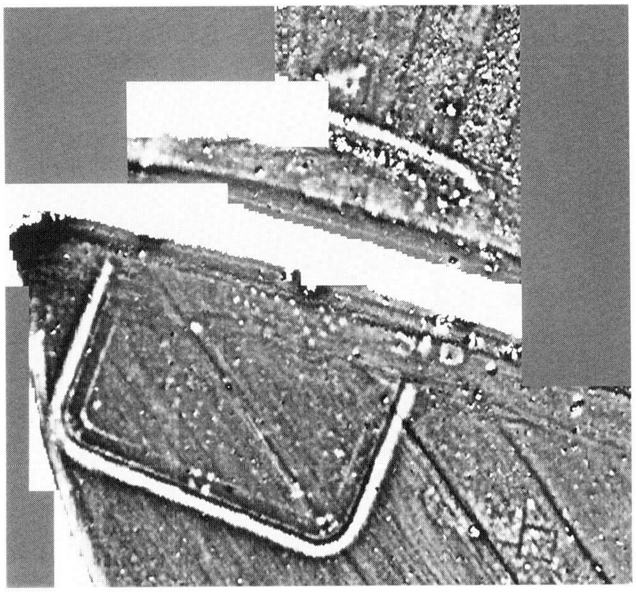

Abb. 59 Lauchheim (Ostalbkreis). Das Magnetogramm der geophysikalischen Prospektion zeigt ein ca. 0,6 ha großes Kastell mit Toren im Westen und Osten, Spitzgraben und Mauer.

58 auf dem Kamm der Schwäbischen Alb eine neue Grenz-
162 straße mit zahlreichen Auxiliarlagern errichtet. Ausgehend vom Kastell Burladingen-Hausen wurde nach Osten über Gomadingen, Donnstetten, Deggingen, Urspring, Heidenheim, Oberdorf am Ipf und Munningen im Ries ein neuer Verlauf für die nordwestliche Grenze der Provinz Rätien festgelegt. Diese Kastelle wurden meist bis um die Mitte des 2. Jahrhunderts n. Chr. als Garnison genutzt. Weitere Befestigungen wie Türme und Palisade scheint es hier nicht gegeben zu haben. Im Jahre 1989 bei
114 Essingen, südwestlich von Aalen, und 1992 bei Lauch-
59 heim entdeckte Kleinkastelle mit 0,6 ha Innenfläche gehören wohl ebenfalls in diesen frühen Zusammenhang. Sie sicherten möglicherweise wichtige Straßenverbindungen. Die Bedeutung des Alblimes als nördliche Grenze der Provinz Rätien ist in den letzten Jahren unterschiedlich beurteilt worden. J. Heiligmann und H. Schönberger haben wohl mit ihrer Auffassung recht, wenn sie im Alblimes weniger die strategischen Vorteile gegenüber der sehr viel günstigeren durch die Donau gesicherten Linie sehen und argumentieren, daß die Aufgabe dieser neuen Grenzlinie eher in der Sicherung und im Weiterbau der schon unter Vespasian begonnenen wichtigen Straße von Mainz über Ladenburg, Stettfeld, Stuttgart-Bad Cannstatt, Köngen und Günzburg nach Augsburg bestand. Mit dem Bau und der Sicherung dieser wichtigen Verbindungsstraße wurde eine kürzere Verbindung von Mainz, der Provinzhauptstadt Obergermaniens, zur Provinzhauptstadt Rätiens, Augsburg, verwirklicht. In diesem Zusammenhang ist auch die Verbindung zwischen Main und Neckar sowie die Anlage des
sog. Neckarlimes von Wimpfen bis Köngen um 90 58
n. Chr. zu sehen. In jenen Jahren entstanden am mittleren Neckar, so in Bad Wimpfen im Tal, Heilbronn-Böckingen, Walheim, Benningen, Stuttgart-Bad Cannstatt und Köngen Kastelle, die der Sicherung des Neckarlimes dienten. Möglicherweise bestand das 0,6 ha große Kastell II in Walheim schon einige Jahre früher als vorgeschobener Militärposten.

Das erst vor wenigen Jahren durch die Luftbildarchäolo-
gie entdeckte Kastell Bad Friedrichshall-Kochendorf auf 158
einer Anhöhe südlich der Kochermündung bildet den Anschluß an den sog. Odenwaldlimes, Grenze und Verbindung des Neckarlimes nach Norden bis zum Main. Wie D. Baatz im Zusammenhang mit seinen Untersuchungen im Kastell Hesselbach am Odenwaldlimes, und wie die zahlreichen Grabungen am Neckarlimes, so in
Heilbronn-Böckingen, Benningen und Walheim zeigten, 164
ist mit dem Ausbau dieser Kastelle in Stein im frühen 2. Jahrhundert, wohl in der Spätzeit der Regierung des Kaisers Trajan zu rechnen. Den Neckarlimes dürfen wir nicht als starre Grenze auffassen, sondern, wie zahlreiche frühe Funde unmittelbar östlich des Neckars zeigen, waren auch schon einzelne Siedlungen im östlichen Vorland des Neckars zu jener Zeit entstanden.

Der Neckarlimes mit seinen jüngeren Steinkastellen war knapp 70 Jahre östliche Grenze des römischen Weltreiches. Etwa in der gleichen Zeit bildete der Alblimes die Nordgrenze der Provinz Rätien. Die Verbindung zwischen beiden Grenzen war wohl anfangs der sog. Lautertallimes mit dem Kleinkastell Dettingen und der Talverriegelung im Tal der Lauter, der sog. Sibyllenspur. Spä-
ter nahm das 1966 entdeckte Kastell Eislingen bei Salach 156
im Landkreis Göppingen diese Funktion ein.

Unter Kaiser Antoninus Pius (138–161 n. Chr.), kurz nach der Mitte des 2. Jahrhunderts, wurde eine letzte Grenzkorrektur durch Verschiebung des Neckarlimes nach Osten und des Alblimes nach Norden vorgenom-
men. Der neue äußere obergermanische Limes umfaßte 60
die Kastelle Walldürn, Osterburken, Jagsthausen, Öh- 186

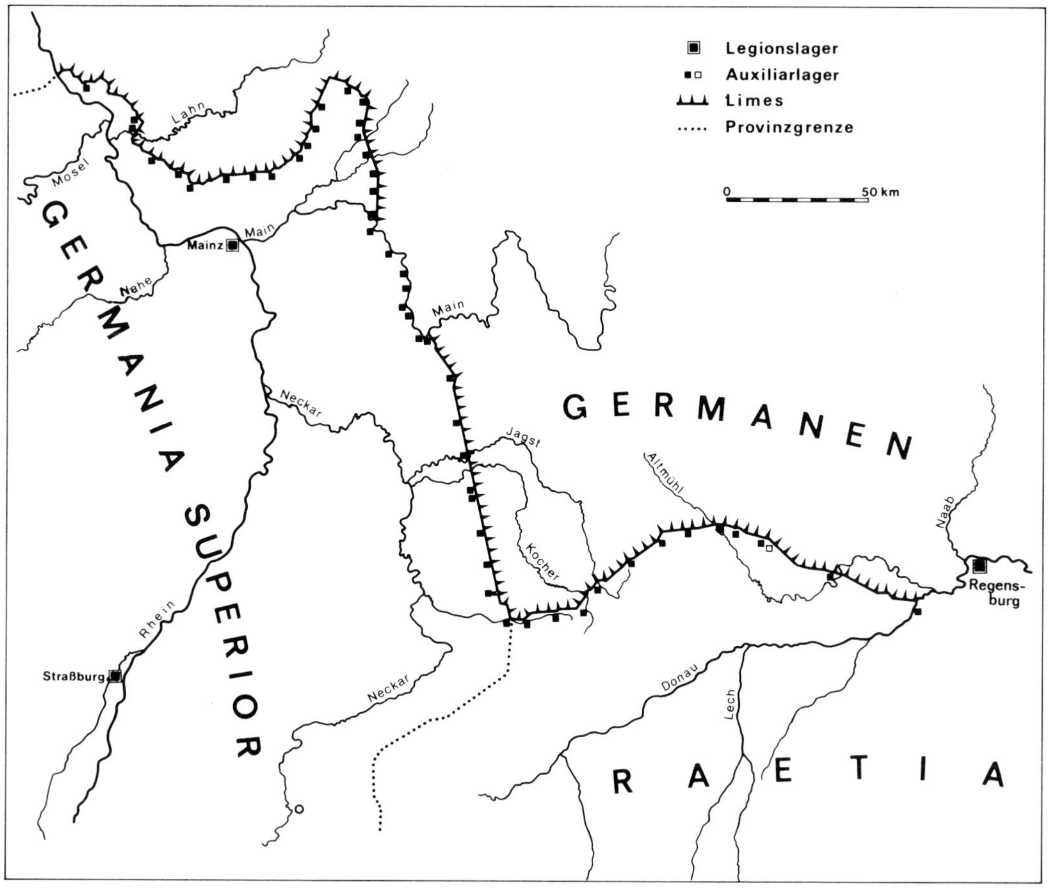

Abb. 60 Der gesamte obergermanisch-rätische Limes von Rheinbrohl/Rhein bis Eining an der Donau mit seinen Kastellen. Letzte Ausbauphase

ringen, Mainhardt, Murrhardt, Welzheim und Lorch und der rätische Limes die Kastelle Schwäbisch Gmünd-Schirenhof, Böbingen, Aalen, Rainau-Buch, Ellwangen-Halheim, um nur die in Baden-Württemberg liegenden Kastelle zu nennen. Ob hier eine lineare Vorverlegung realisiert wurde, oder ob einzelne vorgeschobene kleine militärische Posten anzunehmen sind, ist bisher noch nicht klar zu beurteilen. Zahlreiche Inschriften weisen auf die Verlegung der Truppen hin. Die älteste Inschrift vom äußeren obergermanischen Limes stammt aus Jagsthausen und bezeugt, daß dieses Kastell spätestens 161 n. Chr. besetzt war. Der Ausbau war, wie auch dendrochronologische Untersuchungen von Hölzern zeigen, spätestens in den frühen sechziger Jahren vollzogen. Mehrere Dendrodaten vor allen Dingen vom rätischen Limes zeigen, daß die Grenzbefestigung im Jahre 163 n. Chr. fertiggestellt wurde. Damit war die Grenzziehung in Obergermanien und Rätien mit dem Bau des äußeren obergermanischen und rätischen Limes endgültig vollzogen.

Die neue Grenze in Südwestdeutschland wird heute allgemein mit der Sicherung der großen wichtigen Verbindungsstraße von Mainz nach Augsburg sowie mit der Sicherung der fruchtbaren Gebiete östlich des Neckars in Verbindung gebracht. Der Ausbau des äußeren Limes zunächst mit einer Palisade und Steintürmen, später mit Wall und Graben in Obergermanien und mit einer durch- *61*
gehenden Steinmauer in Rätien erfolgte wohl am Ende des 2. Jahrhunderts. Aber schon wenige Jahre später erschienen erste germanische Heerscharen, die im Jahre 213 n. Chr. Kaiser Caracalla veranlaßten (nach schriftlichen Quellen am 11. August), von der Nordgrenze Rätiens aus, möglicherweise von Aalen über Dalkingen an den Main, gegen die Germanen, insbesondere gegen die Alamannen, zu Felde zu ziehen. Starke Truppenkonzentrationen sind für jene Zeit in Südwestdeutschland beleg-

Abb. 61 Rekonstruktionszeichnung der letzten Ausbauphase des obergermanischen (links) und des rätischen Limes (rechts) (nach Baatz)

Abb. 62 Dalkingen (Gde. Rainau, Ostalbkreis). Das Limestor, wohl zu Ehren Kaiser Caracallas errichtet

Abb. 63 Osterburken (Neckar-Odenwald-Kreis). Münzschatzfund, wohl im Zusammenhang mit den Unruhen 233 n. Chr. vergraben, gefunden im Graben des Kohortenkastells

bar. Ausdruck des politisch für den Kaiser so wichtigen Feldzuges und seines Sieges sind zahlreiche Ehreninschriften für Caracalla und seine Mutter, so etwa eine Inschrift aus Brackenheim-Meimsheim und das im Jahre
62 1973/74 vollständig untersuchte Limestor bei Dalkingen, Gemeinde Rainau, im Ostalbkreis. Dieser Triumphbogen an dem einfachen kleinen Torgebäude ist wohl als Denkmal für diesen Sieg errichtet worden.

Doch die Gebiete östlich des Rheins in Südwestdeutschland kamen von dieser Zeit an nicht mehr zu Ruhe. Zahlreiche Überfälle und Brandschatzungen, vor allen Dingen seit dem Jahr 233 n. Chr. und der Druck der aus dem mitteldeutschen Raum nach Südwesten drängenden Germanen, sind durch zahlreiche Schatzfundhorizonte greif- 63
bar. Nur wenige Jahre nach der Mitte des 3. Jahrhunderts wurden die regulären Truppen vom äußeren obergermanischen und rätischen Limes abgezogen. Zahlreiche Brandhorizonte in den Gutshöfen und Siedlungen des rechtsrheinischen Gebietes der Provinz Obergermanien, aber auch in Rätien bezeugen ein gewaltsames Ende. Die Forschung nimmt heute, nicht zuletzt dank der Untersuchungen von numismatischer Seite durch K. Stribrny an, daß das besiedelte Gebiet rechts des Rheins nicht innerhalb kürzester Zeit entvölkert wurde, sondern daß einerseits römische Milizen die wichtigen Straßenverbindungen weiter kontrollierten und andererseits mit einer ländlichen Restbevölkerung zu rechnen ist. Die in den letzten Jahren mehr und mehr entdeckten und erforschten Siedlungen früher Germanen im späten 3. und 4. Jahrhundert zeigen eine rasche Aufsiedlung im Gebiet östlich des Rheins und nördlich der Donau. Am Hochrhein, illerabwärts und donauabwärts entstand in jener Zeit der spätantike Limes, der unser Land nur im südöstlichsten Zipfel tangiert. Das südlich von Isny gelegene spätantike Ka-

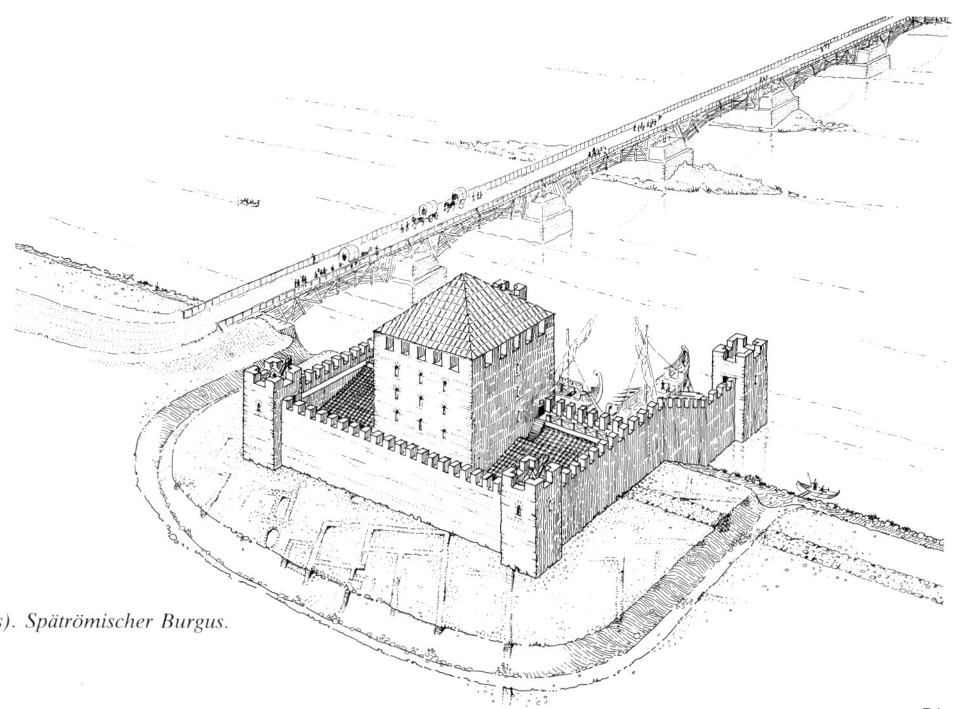

Abb. 64 Ladenburg (Rhein-Neckar-Kreis). Spätrömischer Burgus. Rekonstruktionsversuch (nach Heukemes)

Abb. 65 Sasbach-Jechtingen (Kr. Emmendingen). Spätrömisches Kastell, Turm mit Ostmauer konserviert, im Hintergrund Burg Sponeck

stell Vemania bei Großholzleute und verschiedene spätrömische Befestigungen am Hoch- und Oberrhein sind Zeugnis dieser bis in das 5. Jahrhundert gültigen römischen Grenze. Im Oberrheintal entstanden in Mann-
64 heim-Neckarau, Ladenburg, im Kaiserstuhlbereich vor
65 allen Dingen in Jechtingen und am Hochrhein bei Rheinau spätantike Brückenköpfe, von denen vor allen Dingen die Untersuchungen am Burgus in Ladenburg und die systematische Grabung in Jechtingen, Burg Sponeck, wichtige Erkenntnisse brachten. Im Kastell Isny fanden sich bei den Grabungen in den sechziger und siebziger Jahren unter anderem umfangreiche Münz- und Schmuckschätze, die charakteristisch sind für die unruhigen Jahrzehnte während der Spätantike. Die bei den spätantiken Anlagen zutagegekommenen Einzelgräber und Friedhöfe, so etwa bei der Burg Sponeck bei Jechtingen, zeigen, daß wie in Rätien entlang der Donau germanische Söldner im Dienste der römischen Grenzverteidigung standen. Die im Vorfeld dieser neuen, stark befestigten Limesstrecke nachgewiesenen Siedlungen des späten 3. und 4. Jahrhunderts bezeugen, daß die Alamannen sich in ihrem unmittelbaren Vorland niedergelassen haben. Siedlungs- und Grabfunde im Oberrheingebiet weisen darauf hin, daß sich hier im Grenzgebiet ausgedehnte Siedlungen früher Alamannen befanden. Ähnlich waren die Verhältnisse am Hochrhein und vor allen Dingen auch im Bereich der östlichen Schwäbischen Alb, im Vorland des spätantiken Donaulimes.

Städte, Dörfer und Gutshöfe in der Provinz

Mit dem Vordringen römischer Truppen ging die römische zivile Besiedlung einher. So sind südlich der Donau, am Hochrhein und im Oberrheintal schon um die Mitte des ersten nachchristlichen Jahrhunderts zum Teil ausgedehnte Zivilsiedlungen, vor allem Kastelldörfer, zu lokalisieren, wie z. B. die Untersuchungen in Laufenburg oder in Riegel, Sasbach und Wyhlen zeigen.
Im Jahre 85 n. Chr. wurde aus den beiden germanischen

Heeresbezirken die Provinz Niedergermanien (Provincia Germania inferior) und die Provinz Obergermanien (Provincia Germania superior) eingerichtet. Die Provinzhauptstadt von Obergermanien, zu dem ein Teil unseres Landes gehörte, war Mainz, das antike Mogontiacum. Schon einige Jahre früher, wohl unter Kaiser Claudius (41–54 n. Chr.), wurde die Provinz Raetia mit der Hauptstadt Augusta Vindelicum, dem heutigen Augsburg, gegründet. Die Grenze zwischen den beiden Provinzen verläuft mitten durch Baden-Württemberg, vom Rotenbachtal, westlich von Schwäbisch Gmünd über die Schwäbische Alb zum Westrand des Bodensees. Inschriftlich belegt ist diese Grenze zwar nicht, sie läßt sich jedoch aus zahlreichen Indizien erschließen.

Über die verwaltungspolitische Einteilung der Provinzen Obergermanien und Rätien wissen wir nur schlaglichtartig Bescheid. So ist aus Rottenburg eine Inschrift überliefert, die besagt, daß Sumelocenna, das antike Rottenburg, Vorort des Saltus Sumelocennensis, einer kaiserlichen Domäne, war. Grund und Boden war kaiserlicher Besitz und wurde an die ortsansässige Bevölkerung verpachtet, eine Verwaltungspraxis, die in neu besiedelten
Gebieten gern angewendet wurde. Zu Beginn des 2.
Jahrhunderts wurde wohl aus dieser kaiserlichen Do-
mäne eine Civitas mit dem Hauptort Sumelocenna, Rot- **182**
tenburg. Für die Einwohner der Civitas bedeutete dies
das Recht einer eigenen kommunalen Selbstverwaltung
mit einem Gemeinderat (ordo decurionum), aus dessen
Mitte zwei Bürgermeister (duoviri) auf ein Jahr gewählt
wurden. Schon am Ende des 1. Jahrhunderts wurde im
Neckarmündungsgebiet die Civitas Ulpia Sueborum
Nicrensium als Civitas der Neckarsueben mit dem
Hauptort Lopodunum, dem heutigen Ladenburg, einge- *70*
richtet. Weitere ähnliche Verwaltungsbezirke waren
z. B. die Civitas Aurelia Aquensis, mit dem Hauptort
Aquae, dem heutigen Baden-Baden, oder die Civitas
Alisinensium, mit dem Hauptort Wimpfen. Die inschrift- *66*
lich überlieferte Civitas Aurelia G ist bisher nicht sicher
lokalisierbar. Vielleicht ist diese Civitas zwischen Neckar
und äußerem Limes zu lokalisieren. Ein möglicher Vor-
ort könnte bei Neuenstadt am Kocher lokalisiert werden. **184**
Unklar sind bisher noch die Verwaltungsbezirke im südli-
chen Teil unseres Landes. Möglicherweise ist nahe des
Hochrheins eine unbekannte Civitas mit dem Vorort

Abb. 66 Bad Wimpfen im Tal, Ausgrabung des Vicus, in der Bildmitte die Vicusmauer.

Abb. 67 Rottweil. Der Mosaikboden mit der Darstellung des Orpheus zeigt die Siedlungsqualität dieser einzigen Stadt in Südwestdeutschland.

Schleitheim, Iuliomagus, zu erkennen. Noch unklarer sind die Verhältnisse in der Provinz Rätien. Neuere Grabungen in Heidenheim könnten darauf hinweisen, daß
180 das antike Aquileia mit seinen großen palastartigen Ruinen, die dort seit 1980 bekannt sind, ein Civitasvorort war. Das römische Brigantium, das heutige Bregenz, war wohl ebenfalls Sitz einer zentralen Verwaltung.

67 Eine Besonderheit bildet Arae Flaviae, das antike Rottweil. Auf einer Holztafel aus dem Jahre 186 n. Chr., 1950 im Stadtgebiet entdeckt, geht hervor, daß Arae Flaviae den Status eines Municipiums, das heißt einer Stadt, wohl schon seit dem späten 1. Jahrhundert, hatte. Das mit dieser Rechtsstellung verbundene Forum ist zwar bis heute noch nicht gefunden, aber zahlreiche Baubefunde sprechen dafür, daß es im Bereich des Hofes Hochmauren in Rottweil-Altstadt lokalisiert werden kann.

Neben diesen stadtartigen Siedlungen gibt es im heutigen Baden-Württemberg zahlreiche größere und kleinere Siedlungen, die meist aus den Kastelldörfern (vici) hervorgingen. Bei jedem Kastell entstanden größere und kleinere zivile Dörfer. Sie erstreckten sich entlang der wesentlichen Ausfallstraßen der Lager. Die meist langrechteckigen Häuser, die Giebelfront der Straße zuge- **160**
kehrt, sog. Streifenhäuser, hatten oft einen oder zwei Keller. Insbesondere die Ausgrabungen in Sulz am Neckar, Köngen, Bad Cannstatt, Walheim und Wimpfen, um nur einige zu nennen, haben die Innenstruktur und Anlage dieser Dörfer genauer aufgezeigt. Neben den Wohnbauten lassen sich Badehäuser, Tempel und Handwerksbetriebe, vor allem Töpfereien und Schmiedewerkstätten, nachweisen. Diese Kastelldörfer blieben meist auch nach Abzug der Truppen erhalten und bildeten, wie am Beispiel Walheim sehr schön aufgezeigt werden *68*
konnte, einen zentralen Ort in der jeweiligen Region. *69*
Vor allen Dingen die verkehrsmäßig günstig gelegenen Siedlungen, wie etwa Heidelberg an einem wichtigen Neckarübergang, entwickelten sich auch nach Abzug des Militärs zu größeren, zum Teil zu stadtartigen Siedlungen.

Alles in allem unterschieden sich die wenigen Städte im heutigen Baden-Württemberg in keiner Weise von den römischen Kleinstädten in anderen Provinzen. Für Rottenburg, Wimpfen und Ladenburg ist bemerkenswert, daß diese drei Städte am Ende des 2. Jahrhunderts eine mächtige, mit Toren und Türmen versehene Stadtmauer erhielten. Diese hatte in erster Linie Repräsentationscharakter und war Zeugnis und Ausdruck der zentralen Stellung dieser Städte. Die ummauerten Areale umfassen Flächen zwischen 19 und 36 ha.

Neben den stadt- und dorfartigen Siedlungen prägten ausgedehnte, teilweise große domänenartige, auf die landwirtschaftliche Produktion ausgerichtete Gutsanlagen das Bild der damaligen Landschaft. Diese Gutshöfe (villae rusticae) waren zweifellos Mittelpunkt für die Erschließung und Romanisierung neu eroberter Gebiete. Sie hatten das Heer und die Bewohner der größeren Siedlungen, in denen Handel und Gewerbe die führende Rolle spielte, mit landwirtschaftlichen Produkten zu versorgen. Im heutigen Baden-Württemberg können wir
über 2000 solcher Gutshöfe lokalisieren. Das Verbrei- *71*
tungsbild zeigt eine Konzentration dieser Anlagen auf den Lößböden des mittleren Neckarlandes. Aber auch

Abb. 68 Walheim (Kr. Ludwigsburg). Der vereinfachte Gesamtplan mit Holz-Erde-Kastell und Steinbauten des Vicus zeigt beispielhaft die Innenstruktur und die Anlage der Kastelldörfer.

die weniger fruchtbaren Böden der Schwäbischen Alb wurden landwirtschaftlich genutzt. Ackerbau und Viehzucht spielten zweifellos die wichtigste Rolle. Die bei den Ausgrabungen geborgenen zahlreichen landwirtschaft-
72 lichen Geräte wie Sensen, Sicheln, Pflugscharen, Hacken und Spaten sind Zeugnis für den hohen Stand der landwirtschaftlichen Produktion. Dinkel, Emmer, Einkorn, Gerste, Roggen, Wispenhirse, Saatweizen und Hafer sind durch Brunnenfunde nachgewiesene Getreidearten. Aber auch Lein, Mohn, Feldbohnen, Erbsen und Linsen wurden angebaut. Wo Boden und Klima es erlaubten, im mittleren Neckarland, am Hoch- und Oberrhein sowie am Bodensee wurden Sonderkulturen mit Obst, Gemüse, Salat und Gewürzpflanzen angelegt. Wie die zahlreichen Tierknochen bei den Ausgrabungen zeigen, spielte aber in jener Zeit auch die Viehzucht eine herausragende Rolle. So ergab die Untersuchung der Tierknochenfunde aus verschiedenen Zivilsiedlungen, daß Stiere als Fleischlieferant und als Arbeitstiere bevorzugt waren. Die Rinderzucht hatte in jener Zeit einen hohen Stand erreicht.

Unklar ist bis heute, wie groß die Gutsanlagen waren, vor

Abb. 69 Walheim. Gebäude 19, das »Handelshaus«, erbaut nach Abzug der Truppen, wurde erhalten und ist von einem Schutzhaus umgeben worden.

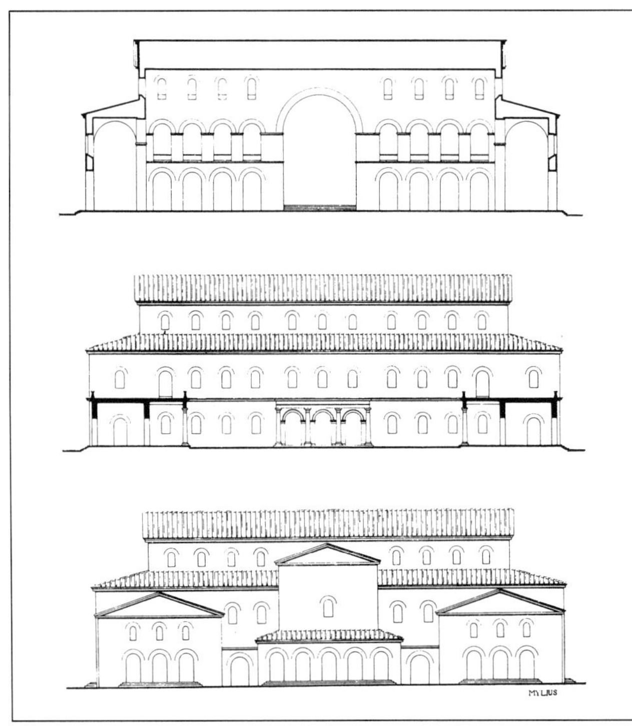

Abb. 70 Ladenburg (Rhein-Neckar-Kreis). Rekonstruktionszeichnung der hier ausgegrabenen Basilika

allem welche Fläche von einem Gutshof aus bewirtschaftet wurde. Auszugehen ist wohl davon, daß damals wie in anderen römischen Provinzen das Land durch ein sog. Limitationsnetz eingeteilt wurde, obwohl bis heute keine stichhaltigen Befunde für ein solches Vermessungsnetz vorliegen.

Die meisten Gutshöfe in unserem Lande lagen an Hängen, häufig in Süd- und Südostlage und in unmittelbarer Nachbarschaft zum Wasser, denn die Wasserzufuhr war für die Existenz eines Gutshofes von allergrößter Wichtigkeit. Deshalb wurden die Gutsanlagen meist unmittelbar bei Quellen angelegt, oder sie erhielten aufwendige Brunnen und Wasserleitungen. Ein hervorragendes Beispiel ist hierfür der im Jahre 1978 untersuchte kleinere
73 Gutshof von Lauffen am Neckar, der nur wenige hundert
Meter unterhalb einer starken Quelle, die auch im Mittelalter Lauffen zu versorgen hatte, liegt.
74 Eingefriedet von einer Mauer standen in den Hofanlagen
170 je nach Größe Scheunen, Wirtschafts- und Werkstattge-
172 bäude. Im Mittelpunkt befand sich das Hauptgebäude,
174 das häufig nach einem einheitlichen Schema, der sog.

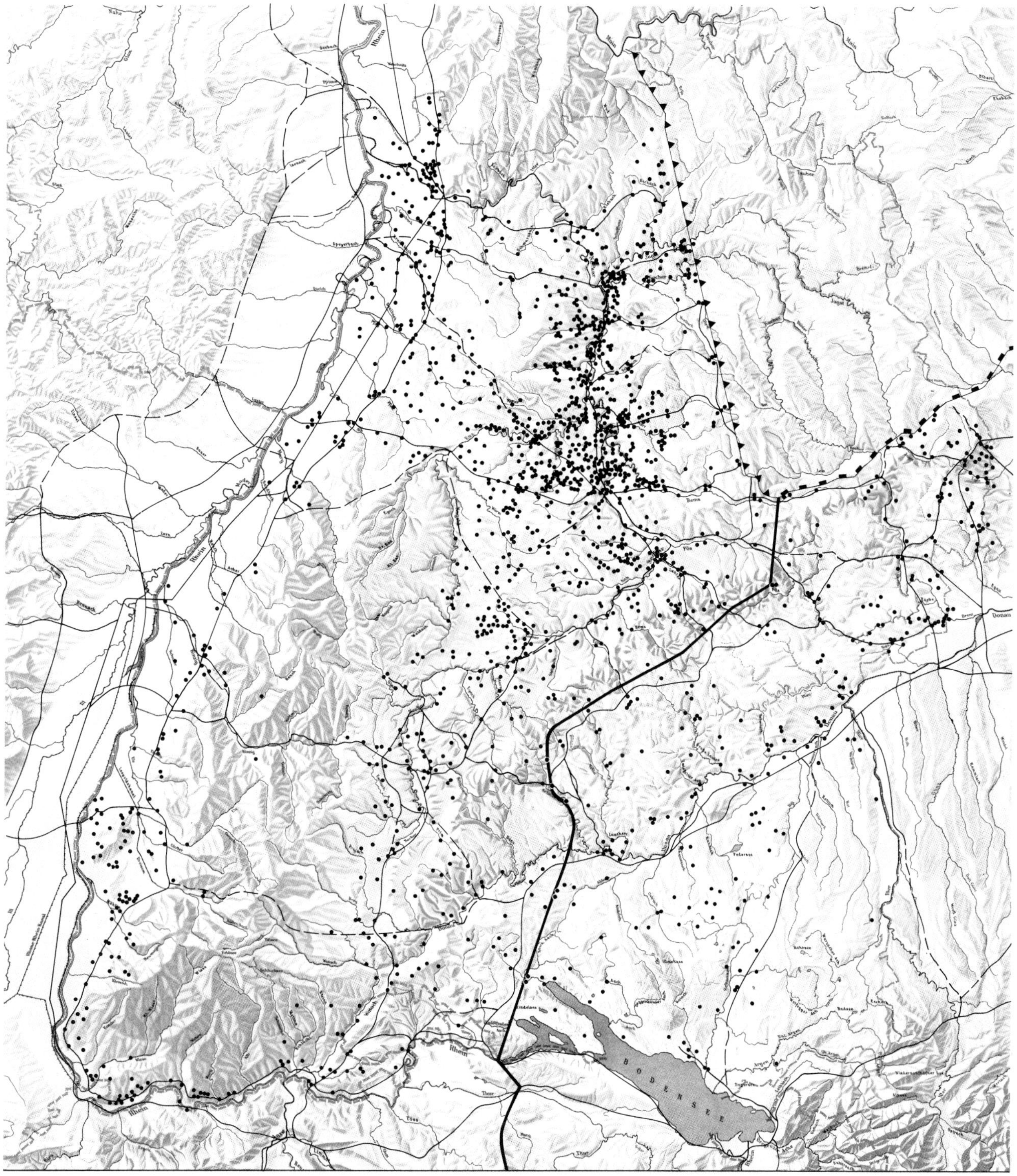

Abb. 71 Verteilung der römischen Gutshöfe (villae rusticae) in Baden-Württemberg

Limes
Provinzgrenze
• Siedlungsstelle
Straße gesichert, vermutet

Abb. 72 Mengen (Kr. Sigmaringen). Auswahl landwirtschaftlicher Geräte aus römischer Zeit

Porticus- oder Eckrisalit-Villa errichtet wurde. Eckturmartige Bauten und offene Säulenhallen charakterisieren die Front dieser Wohngebäude. Zahlreiche Steinsäulen, die bei Ausgrabungen geborgen worden sind zeigen, daß die Qualität der Architektur durchaus bestechend war. Durch Grabungen konnten in den letzten Jahren ausgedehnte Gutsanlagen in Hechingen-Stein, Bondorf, Großsachsenheim, Bietigheim-Bissingen, Lauffen,
Hirschberg-Großsachsen, um nur einige zu nennen, voll- **178**
ständig untersucht werden. Zu jedem Gutshof gehörte ein Bad, entweder im Hauptgebäude integriert oder als eigenes Badehaus. Immer wieder kommen bei den Ausgrabungen Kultbauten wie das 17 m lange Mithrasheiligtum in Mundelsheim zutage. Prächtige Götterstatuen sind Zeugnis für den wirtschaftlichen Wohlstand und den weltoffenen Geist der hier ansässigen Bevölkerung.
Ein besonders wichtiges Handwerk in römischer Zeit war
die Töpferei. Nahezu in jedem größeren Ort fanden sich *77*

Abb. 73 Der römische Gutshof in den Weinbergen bei Lauffen am Neckar (Kr. Heilbronn)

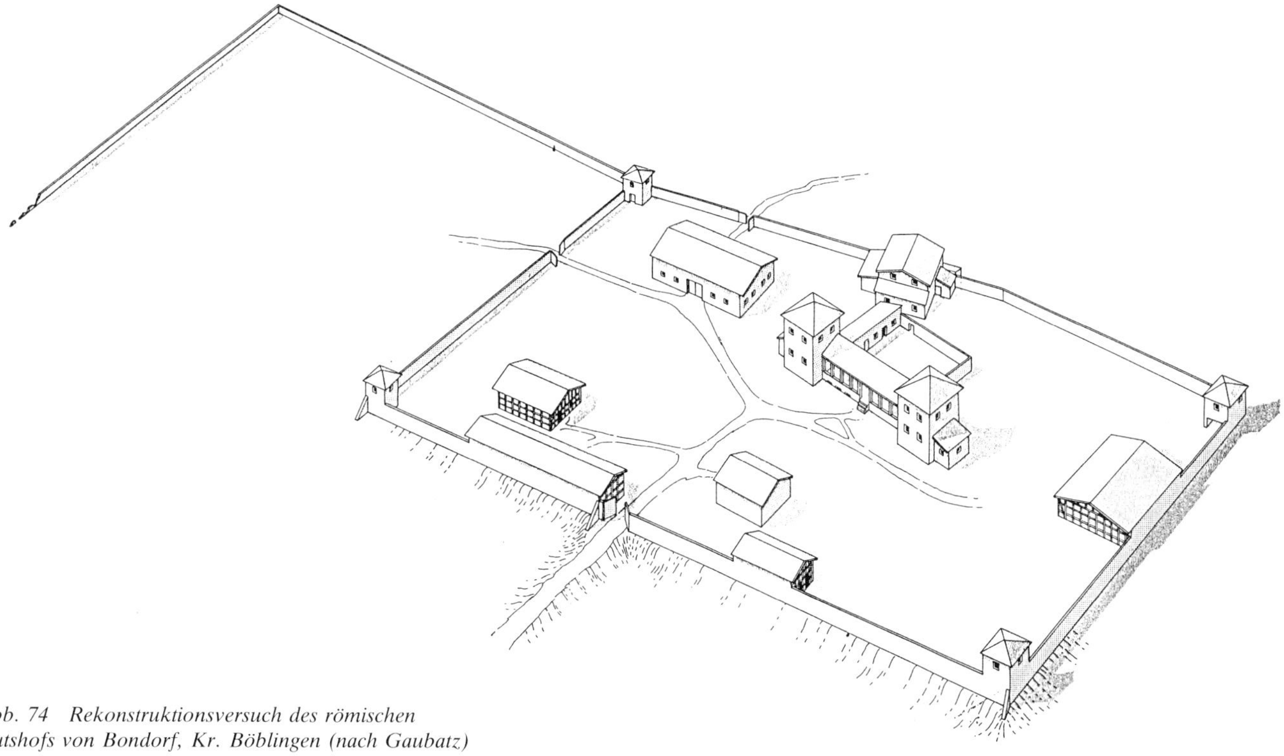

Abb. 74 Rekonstruktionsversuch des römischen Gutshofs von Bondorf, Kr. Böblingen (nach Gaubatz)

76 bei Ausgrabungen mehr oder weniger ausgedehnte Betriebe, die für die lokale Versorgung der Siedlung mit Tonwaren sorgten. Aber auch einige überregionale Töpfereien können durch Grabungen erschlossen werden, so in Heidelberg-Neuenheim und eine große Töpferei im

Abb. 75 Heidenheim. Bronzefund aus der Werkstatt eines »Kesselflickers«

Bereich von Waiblingen-Beinstein. Diese, schon im 19. 78
Jahrhundert entdeckt, gehört mit zu den größten Töpferzentren im mittleren Neckarraum und war vielleicht einer der Hauptlieferanten für die Truppen am südlichen obergermanischen und westlichen rätischen Limes. Neben der Gebrauchskeramik wurde hier auch die glänzend rote Terra Sigillata hergestellt.

Eine weitere wichtige wirtschaftliche Grundlage waren die Ziegeleien. Dachziegel und Bauziegel waren für die ausgedehnten Siedlungen und Städte ein wichtiger Baustoff. Es ist deshalb nicht überraschend, daß mehrere größere Ziegeleien betrieben worden sind. So kamen zum Beispiel in Großbottwar Ziegelstempel einer privaten Ziegelei mit den Buchstaben GLSP, was möglicherweise als Gaius Longinius Speratus aufgelöst werden kann, zutage. Daneben haben wir zahlreiche Hinweise auf weitere Gewerbe wie Zimmerleute, Baumeister und Architekten, Schneider, Bäcker, Schuster, Maler, Schreiner, Gerber, Tuchmacher, Messerschmiede und Metzger.

Aber auch die Bodenschätze wurden in römischer Zeit ausgebeutet. Wie zahlreiche Untersuchungen zeigen, ist mit römerzeitlichem Bergbau in Baden-Württemberg zu

Abb. 76 Bad Wimpfen i. T. (Kr. Heilbronn) Zwei Töpferöfen mit gemeinsamer Bedienungsgrube

Abb. 77 Keramik aus dem 2. Jahrhundert n. Chr.

Abb. 78 Formschüssel für Terra Sigillata aus der großen Töpferei in Waiblingen-Beinstein (Rems-Murr-Kreis)

Abb. 79 Römischer Bergbau bei Sulzburg (Kr. Breisgau-Hochschwarzwald)

rechnen. So wurden bei Sulzburg im südlichen Schwarz-
79 wald umfangreiche Reste römischen Bergbaus durch Grabungen ermittelt. Möglicherweise stand die dort im Vorfeld dieser Bergbaubetriebe durch neuere Forschungen von Hans Ulrich Nuber untersuchte Villa urbana von
176 Heitersheim in unmittelbarem Bezug zu diesem Bergbaurevier. Auch eine Verhüttung von braunem Eisenerz wurde an verschiedenen Stellen nachgewiesen. Es ist damit zu rechnen, daß das eisenhaltige Gestein auf der Ostalb damals schon in größerem Stil abgebaut wurde.

Der Handel spielte sicherlich eine zentrale Rolle. Wie zahlreiche Funde belegen, gab es neben dem lokalen einen weitläufigen Handel zwischen dem Hinterland des obergermanischen und rätischen Limes in viele Provinzen des römischen Weltreiches. So lassen sich bei Grabungen vor allen Dingen Amphoren aus Südfrankreich und Spanien nachweisen, in denen zum Beispiel Öl aus Südspanien an den Rhein und Neckar geliefert wurde. Aber auch Delikatessen wie Fischsoßen, Datteln und Oliven sind durch Inschriften nachgewiesen. In verschiedenen Brunnen, so etwa in Rottweil und Welzheim, ließen sich auch Importfrüchte wie Feigen, hölzerne Gegenstände aus Zedern- und Zypressenholz nachweisen, ein weiteres Indiz für diesen weitreichenden Handel.

Betrachten wir abschließend noch einmal die Gesamtbesiedlung, so wird deutlich, daß der mittlere Neckarraum mit seinen fruchtbaren Böden und das Oberrheingebiet Siedlungsschwerpunkte bildeten, während die Schwäbische Alb und der oberschwäbische Raum dünner besiedelt waren. Hier hatten die großen Verbindungsstraßen entscheidenden Anteil an der wirtschaftlichen Erschlie-
ßung des Landes. Hier lagen Rasthäuser, wie z. B. vor ei- **166**
nigen Jahren eines östlich von Bopfingen ausgegraben werden konnte, oder Gutsanlagen zur Versorgung der Reisenden. Auch Kraichgau und Schwäbischer Wald war offenbar in römischer Zeit auffallend locker besiedelt. Hier bilden lediglich die Kastelldörfer und das damit zusammenhängende Territorium einen Siedlungsschwerpunkt. Der Schwarzwald war siedlungsleer und wurde lediglich von zwei großen Linien durchschnitten, einmal von Offenburg bis Waldmössingen und zum anderen die Linie von Hüfingen zum Kaiserstuhl.

Das Mittelalter

von Judith Oexle

Die nachfolgende Übersicht kann und will keine »Landesgeschichte Baden-Württembergs« im Mittelalter bieten; zumindest für das hohe und späte Mittelalter wäre es ein vermessener Versuch, die Landesgeschichte allein unter archäologischem Blickwinkel zu betrachten. Das Anliegen dieser knappen Übersicht liegt daher vielmehr darin, den Beitrag zu skizzieren, den die Landesarchäologie zur Kenntnis der Landesgeschichte zu leisten vermag.

Was kann die Archäologie des Mittelalters leisten?

Für die Zeit zwischen 450 und 1500 n. Chr., also die Zeit zwischen dem frühen und dem späten Mittelalter, leisten die archäologischen Zeugnisse einen sehr unterschiedlichen Beitrag zur Geschichtskenntnis. Noch für das frühe Mittelalter, also die Epoche zwischen 450 und 750 n. Chr., ist die Landesgeschichte vornehmlich auf archäologische Sachzeugnisse angewiesen, erst mit dem ausgehenden 8.und 9. Jahrhundert stehen Schriftquellen zur Verfügung, die zumindest punktuell politische Aspekte der Landesgeschichte zu beleuchten vermögen. Dichter jedoch wird der Strom der geschriebenen Quellen erst mit dem beginnenden Spätmittelalter.

Dabei definiert sich der Beitrag der Landesarchäologie jedoch keineswegs allein über das Vorhandensein respektive Fehlen der Schriftzeugnisse. Gerade die Mittelalterarchäologie belegt, in welchem Maß Sachzeugen ein vermeintlich durch Schriftquellen klar konturiertes Geschichtsbild – z. B. die Genese der Städte – unter anderen und neuen Gesichtspunkten zu beleuchten vermögen. Dabei führen die archäologischen Quellen des Spätmittelalters weit über das viel strapazierte »Alltagsleben« hinaus.

Für das frühe Mittelalter sind wir fast ausschließlich auf archäologische Sachzeugnisse angewiesen, die darüber hinaus in bemerkenswerter Einseitigkeit diese Epoche beleuchten: es sind fast ausschließlich frühmittelalterliche Friedhöfe, denen die reichen Funde dieser Epoche entstammen. Siedlungen – ein unverzichtbarer Komplementärbefund – sind nur in verhältnismäßig geringem Umfang ausgegraben. Erst jetzt scheint es auch in Baden-Württemberg zu gelingen, großflächig frühmittelalterliche Dörfer freizulegen – Lauchheim, Ostalbkreis, ist ein Beispiel dafür.

Seit Beginn der archäologischen Forschung im Lande besteht Einigkeit darüber, daß für die Kenntnis des frühen Mittelalters der Archäologie ein wesentlicher Beitrag zukommt. Sieht man von der Untersuchung mittelalterlicher Burgstellen ab, so setzt die Archäologie des Mittelalters aber erst in der Zeit nach dem Zweiten Weltkrieg ein. Ausgehend von vereinzelten Bergungen in den kriegszerstörten Städten – so in Pforzheim, Bruchsal oder Heilbronn – wird sie in Baden-Württemberg erst Anfang der siebziger Jahre institutionalisiert. Den Forschungszielen dieser Zeit entsprechend, konzentriert sich die Grabungstätigkeit in hohem Maß auf die archäologische Untersuchung von Kirchen, wobei der Grabung von G. P. Fehring in Esslingen, St. Dionysius, sowohl inhaltlich als auch grabungstechnisch eine herausragende Bedeutung zukommt. Zugleich gewinnt die großflächige Untersuchung von wüstgefallenen Dorfstellen des Mittelalters zunehmende Bedeutung – exemplarisch sei die Grabung in Wülflingen, ebenfalls durch G. P. Fehring 1966/67 durchgeführt, genannt. Die Grabungen in den mittelalterlichen Städten des Landes hingegen setzten in großem Umfang erst in den achtziger Jahren ein und trugen – wiewohl keineswegs unumstritten – gewichtige Kenntnisse zur Geschichte der mittelalterlichen Stadt und des täglichen Lebens in ihren Mauern bei. Einen besonderen Hinweis verdient dabei der zunehmend engere Verbund zwischen Archäologie und Naturwissenschaften, die z. B. über die Botanik und Zoologie einen weiten Einblick in die Ernährung der bäuerlichen und städtischen Bevölkerung öffneten.

Auch in den Einsatzmöglichkeiten der Luftbildarchäologie sind signifikante Unterschiede zwischen den vor- und

frühgeschichtlichen Epochen und dem Mittelalter zu vermerken. Sieht man einmal von römischen Anlagen ab, die wie z. B. in Baden-Baden, Rottweil, Rottenburg oder Pforzheim unter dem heute bebauten Stadtboden liegen, konzentriert sich die vormittelalterliche Landesarchäologie auf Befundflächen, die außerhalb der dichtbesiedelten Areale liegen und damit für die Luftbildarchäologie prospektiv zugänglich sind.
Dies gilt gleichermaßen für die frühmittelalterlichen Gräberfelder und Wüstungen. Nicht selten allerdings liegen die frühmittelalterlichen Hofstellen im Bereich der noch heute bestehenden Dörfer; die archäologische Geschichte der Städte aber liegt unter dem asphaltierten und damit versiegelten Stadtboden, so daß sie sich der Prospektion aus dem Flugzeug entziehen. Für das hohe und späte Mittelalter dokumentiert die Luftbildarchäologie daher vor allem den Ist-Zustand: den Blick auf eine Grabung im Stadtkern, auf ein freigelegtes Boot am Bodenseeufer, auf den Zustand einer Ruine wie auf dem Heiligenberg bei Heidelberg. Allerdings gibt es auch für die Mittelalterarchäologie Unerwartetes aus der Luft zu entdecken: abgegangene Befestigungsanlagen im Umfeld einer bestehenden Burganlage, Ackerfluren oder Wegeführungen, die sich als Bewuchsmerkmale abzeichnen.

Das frühe Mittelalter

Die Friedhöfe der Merowingerzeit, die etwa um 450 n. Chr. einsetzen, sind – sieht man ab von den ersten Belegungsphasen, die eine Bestattung in Gruppen erkennen lassen (Hemmingen) – durch die regelmäßige Anlage der Gräber in Reihen charakterisiert. Daher rührt auch der Begriff Reihengräberfelder. Die Toten werden im Regelfall unverbrannt und West-Ost ausgerichtet beigesetzt. Dabei lassen sich verschiedene Typen von Friedhöfen unterscheiden. An erster Stelle sind die großen Orts-

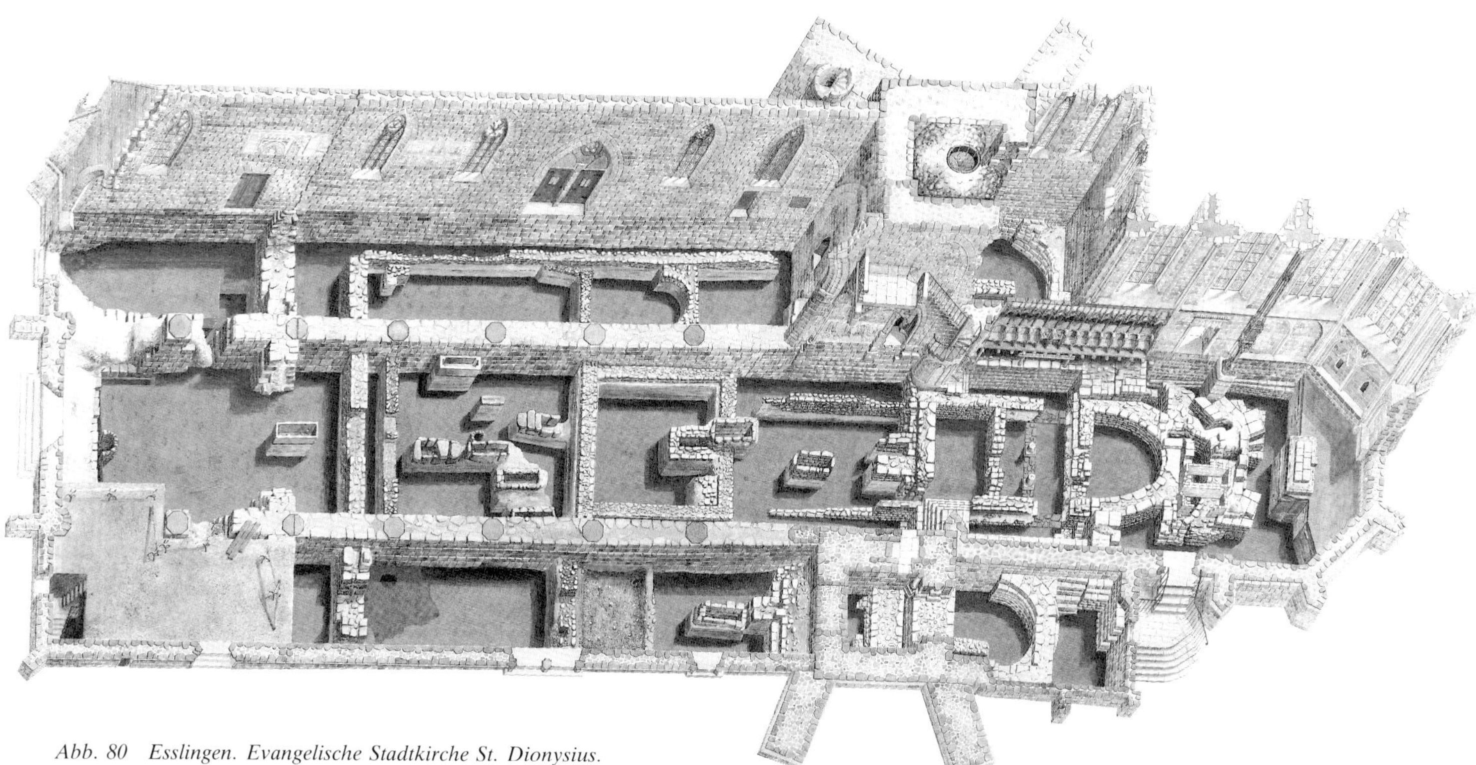

Abb. 80 Esslingen. Evangelische Stadtkirche St. Dionysius. Isometrie der Grabungsbefunde

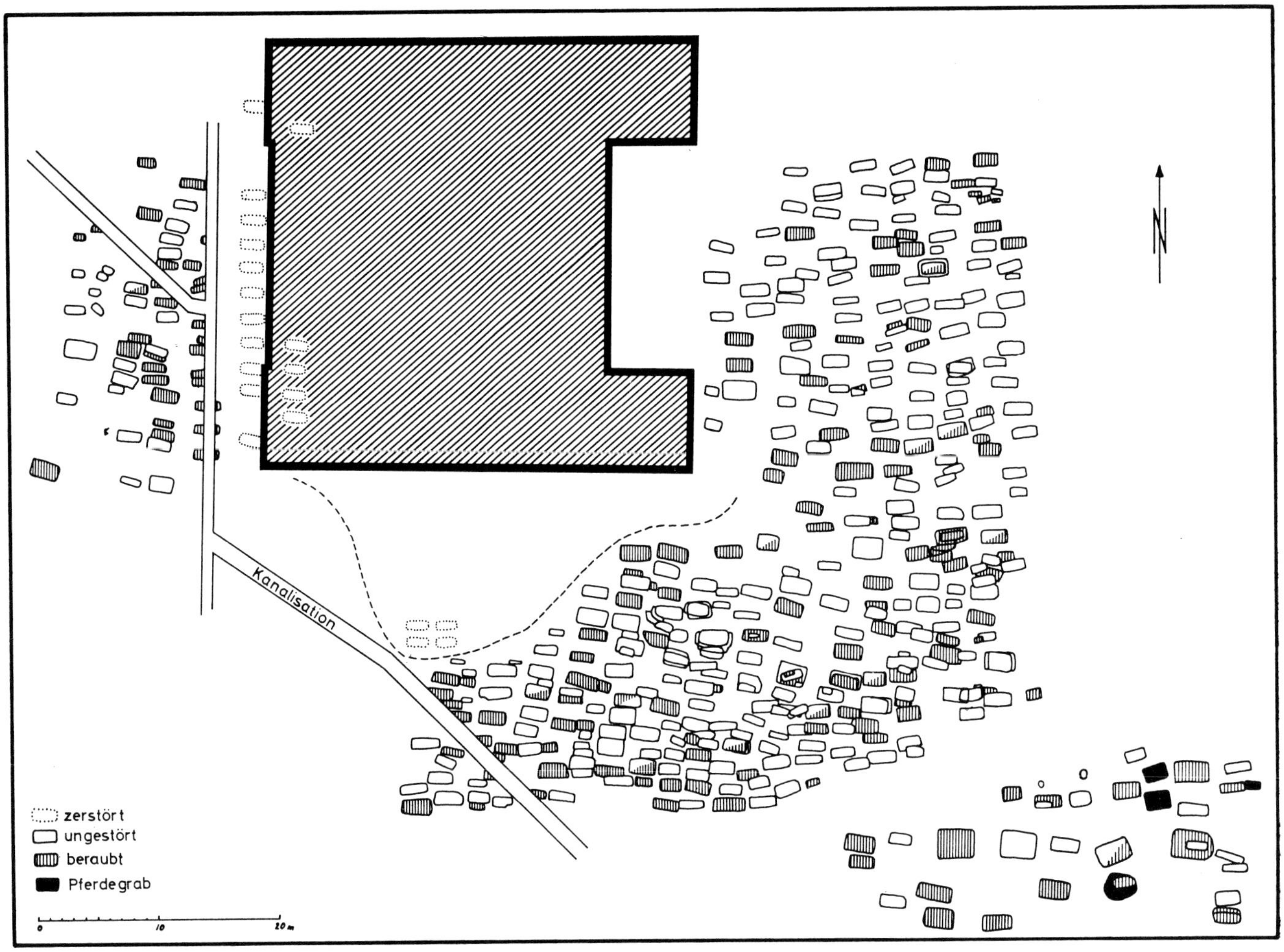

Abb. 81 Kirchheim am Ries (Ostalbkreis). Plan des großen Gräberfeldes, die Ost- bzw. Westgrenze wurde um 700 erreicht. Abgesetzt im Südosten ein Separatfriedhof überdurchschnittlich reicher Personen, entstanden um 650. (Nach E. M. Neuffer)

81 gräberfelder zu nennen, die meist über mehrere Genera-
194 tionen hinweg belegt wurden und in Südwestdeutschland
196 bis 800 Gräber umfassen können. Davon heben sich deutlich kleinere Friedhöfe ab wie beispielsweise der Be-
82 stattungsplatz von Niederstotzingen der nur insgesamt zwölf Gräber erbrachte. Möglicherweise handelt es sich
198 auch bei dem Friedhof von Hochhausen, der bislang erst aus der Luft identifiziert und noch nicht ergraben ist, um
188 eine derartige Adelsnekropole. Solche Separatfriedhöfe sind auch innerhalb der großen Nekropolen belegt, kleine abgesonderte Grabgruppen, die sich durch besondere äußere Merkmale wie Überhügelung oder Umzäunung und – analog zu Nekropolen wie Niederstotzingen – besonders große und aufwendig gezimmerte Särge und Grabkammern herausheben.

Diese frühmittelalterlichen Friedhöfe sind in ihrem Erscheinungsbild von der Vorstellung der dort bestattenden Gemeinschaften bestimmt, daß es ein Weiterleben nach dem Tode gäbe und die Verstorbenen mit persönli- 83
chem Besitz, also Schmuck und Waffenausstattung, 84
ebenso mit Speise und Trank sowie gelegentlich auch den Fortbewegungsmitteln für die Reise ins Jenseits auszustatten seien. Die alamannischen Toten wurden mit Beigaben ausgestattet, die die Gemeinschaft der Lebenden ihren Toten nach Maßgabe von Geschlecht und sozialem Stand mit ins Grab legte – allerdings gefiltert und verän-

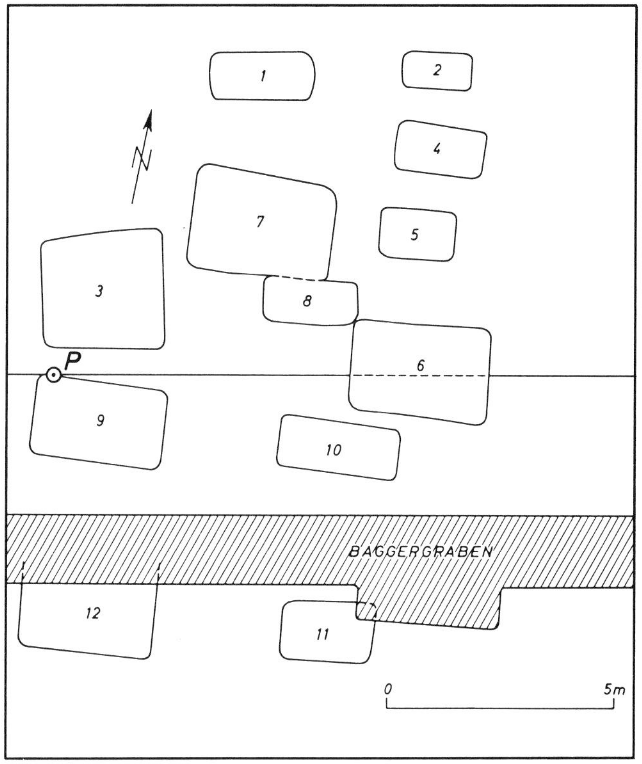

Abb. 82 Niederstotzingen (Kr. Heidenheim). Separate Adelsgrablege, sie wurde nur verhältnismäßig kurze Zeit belegt.

Abb. 83 Hilzingen (Kr. Konstanz). Facettenschliffschale aus einem Grab kurz vor 400. Das Gefäß stammt aus dem östlichen Mittelmeerraum.

Abb. 84 Pliezhausen (Kr. Reutlingen). Goldscheibenfibel aus dem 7. Jahrhundert

dert durch Bestattungsritus und religiöse wie kulturelle Bindung. Diese Parameter gilt es zu identifizieren, denn sie können wesentlich auf das Beigabenensemble des frühmittelalterlichen Toten eingewirkt haben.
Gerade im alamannischen Kerngebiet an der oberen Donau und im mittleren Neckarraum läßt sich – im Gegensatz beispielsweise zum Oberrheingebiet, wo bereits im 7. Jahrhundert die Beigabensitte reduzierenden Einwirkungen ausgesetzt gewesen zu sein scheint – zwischen der Mitte des 5. und dem ausgehenden 7. Jahrhundert die Sitte, die Toten in ihrer Tracht, mit Waffenausstattung, persönlichem Besitz sowie Eß- und Trinkgeschirr kontinuierlich beobachten und damit auch sozial interpretieren. Die Bandbreite der Totenausstattung reicht dabei von völlig beigabenlos beigesetzten Verstorbenen bis hin zu reichen Kriegergräbern, die das komplette Waffenspektrum von Hieb- und Stichwaffen (Spatha, Sax, Lanzenspitze), Wurfwaffen (Lanze, Ango und Franziska) sowie Pfeil und Bogen, Schild ebenso wie Panzer und Helm aufweisen. Vielfach sind diese reichen Krieger als Reiter ausgewiesen: Zaumzeug, also Pferdetrense und die Zierbeschläge des Zaumes ebenso wie der hölzerne, nur spärlich metallbeschlagene Sattel wurden in der Grabkammer deponiert. Immer außerhalb, in einem separaten Grab beigesetzt, wurden die zugehörigen Reit- bzw. Packpferde, auf bzw. mit denen der Tote seinen Weg ins Jenseits standesgemäß vollzog. Eigentümlicherweise werden diese Tiere im 7. Jahrhundert meist enthauptet beigesetzt, wobei sich der religiöse Hintergrund der Tötung noch nicht in allen Einzelheiten erschließt. Gerade bei den sehr reichen Bestattungen gehört auch der (Jagd)hund zum Beigabenensemble und markiert ebenso wie Falke und (Lock)hirsch neben dem kriegerischen Aspekt der Beigabenausstattung die Bedeutung der Jagd für einen adligen Lebenszuschnitt. Es gibt sogar vereinzelte Hinweise darauf, daß das Hinscheiden eines Mächtigen Anlaß war, ihnen Menschen im Tod nachfolgen zu lassen. Die Adelsnekropole von Niederstotzingen gibt hier *86*
deutliche Hinweise: In Grab 3 sind drei Männer bestattet. Der eine ist durch ein reiches Grabinventar mit komplettem Waffenensemble und Zaumzeug ausgezeichnet, die danebenliegenden Toten charakterisiert die Beigabe von Halfterkette und Trinkhorn als Marschall und Mundschenk aus dem Gefolge.

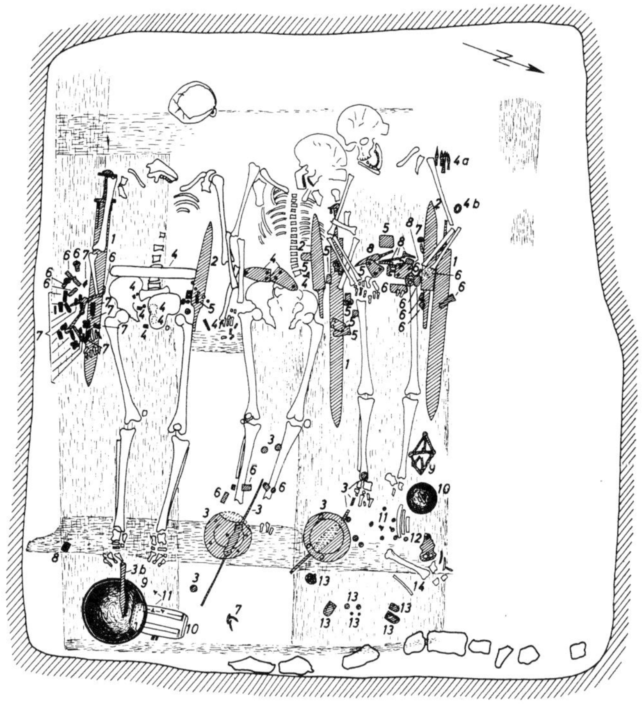

Abb. 86 Niederstotzingen (Kr. Heidenheim). Gefolgschaft im Frühmittelalter bis in den Tod. Links der Herr mit überdurchschnittlich reicher Grabausstattung, Mitte der Mundschenk, zu identifizieren an den Trinkhornbeschlägen (7) und rechts der Marschall mit Halfterkette (9) und Glocke (10). Um 600–630

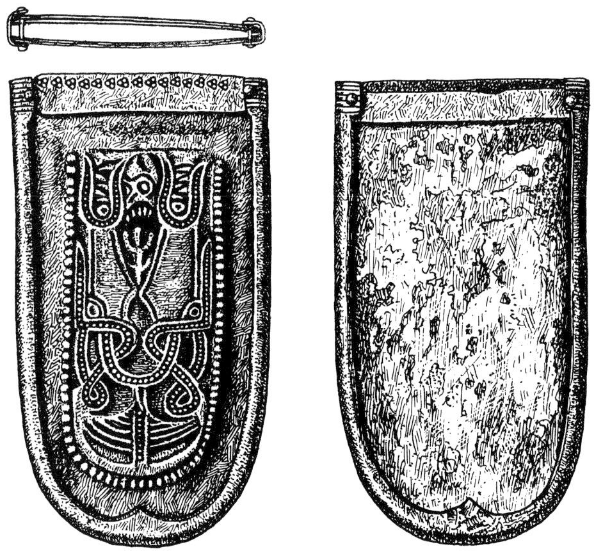

Abb. 85 Seitingen-Oberflacht (Kr. Tuttlingen). Ortband mit Flechtbandverzierung und zähnefletschenden Tierköpfen aus dem merowingerzeitlichen Friedhof

Zumindest im alamannisch-fränkischen Siedlungsgebiet sind Reiterinnen nicht belegt, dergleichen ist bislang nur aus langobardischen bzw. thüringischen Friedhöfen bekannt. Dennoch kennen auch die weiblichen Bestattungen das ganze Spektrum von beigabenlos, ärmlich nur mit Perlenkette oder wenigen Eisengeräten ausgestatteten Toten bis hin zu extrem aufwendig in voller Tracht beigesetzten adligen Damen. So wurde die der Gründergeneration des Friedhofes von Güttingen (Kr. Konstanz) angehörende Dame aus Grab 6 um 600 n. Chr. in Vier-Fibeltracht, mit Metallschließen und -beschlägen der Strumpfbänder und Schuhe, Ohrringen sowie reicher Gefäßausstattung beigesetzt. Das Gefäßensemble – neben Keramik eine gegossene, aus dem Mittelmeerraum importierte, mit Punzdekor verzierte Bronzepfanne sowie eine mit Goldstreifen beschlagene Holzschale – verknüpft die Beigabenausstattung dieser adligen Damen mit zeitgleichen männlichen Beisetzungen, die ein analoges Gefäßrepertoire aufweisen. Das Zubehör für Mahl und Gastung sind damit ein weiteres, konstitutives Element reicher Totenausstattungen, die sich dort, wo im
87 Boden organische Materialien erhalten haben, um Tisch, Stuhl und Bank komplettieren lassen.

Bis ins ausgehende 7. Jahrhundert bleibt – mit regionalen Unterschieden im alamannisch-fränkischen Bereich Südwestdeutschlands – die Beigabensitte erhalten. Dabei werden wir nicht mit einer schlagartigen Auflösung der großen Ortsfriedhöfe rechnen dürfen; vielmehr geht dem eine schrittweise Aufgabe und Zersplitterung der alten Begräbnisorte voraus. Bei Siedlungsgrabungen, so z. B.

Abb. 87 Seitingen-Oberflacht (Kr. Tuttlingen). Rekonstruktion eines Stuhles und eines runden Tisches aus der Alamannenzeit

in Lauchheim, stößt man immer wieder auf kleine Grab- **192**
gruppen, die direkt auf der Hofstelle angelegt wurden. Erst nach diesem »Zwischenschritt« erfolgte dann im 8. Jahrhundert die Einrichtung der Kirchfriedhöfe und die Bestattung bei der Pfarrkirche. Dieser Vorgang darf jedoch nicht ausschließlich als Reflex der Christianisierung interpretiert werden, denn bereits ab Beginn des 7. Jahrhunderts ist mit Bestattungen in oder bei Kirchen, die z. T. sogar sehr reich ausgestattet sind, zu rechnen. Zahlreiche Goldblattkreuze, in Einzelfällen sogar bis zu fünf *89*
Folienkreuze in einem Grab, wie z. B. in Lauchheim, Grab 25, dokumentieren eine intensive Zuwendung zum Christentum ab der Zeit um 600, dem Zeitpunkt im übrigen, zu dem das Bistum Konstanz entstand. Bis 1827 als es aufgelöst wurde, umfaßte es große Teile des heutigen Baden-Württemberg.

Trotz der großen Anzahl frühmittelalterlicher Grabfunde haben wir nur ein undeutliches Bild der zeitgenössischen Siedlungen. So wird bei einer topographischen Analyse von Hüfingen, einem zentralen Ort des frühen Mittelalters auf der Baar, deutlich, daß eine entscheidende Voraussetzung für die Entwicklung zu einem Ort mit politischen, wirtschaftlichen und wohl auch administrativen Funktionen die Lage an einer römischen Straßenverbindung war, die im Frühmittelalter wieder zu einem Handelsweg wurde. Gestalt und Lage des frühmittelalterlichen Hüfingen ebenso wie die Bauformen der Hofstellen konnten bislang nicht erfaßt werden. Denn durch die jahrhundertelange Überbauung der Ortskerne sind sie vielfach verloren oder archäologisch nur schwer erschließbar. Die Kenntnis frühmittelalterlicher Siedlungen ist daher vornehmlich durch die Erforschung von Wüstungen zu gewinnen. Zu den charakteristischen Bauformen gehören die Grubenhäuser vom Sechspfosten- *91*
typ, eingetiefte Anlagen, die jedoch weniger Wohn- denn Wirtschaftszwecken dienten; In situ aufgefundene Web- *90*
gewichte, wie z. B. in Ditzingen, belegen eine Nutzung zur Textilherstellung und -verarbeitung. Ebenfalls zu den Wirtschaftsgebäuden gehören Vier- oder Sechspfostenspeicher, die der Getreidelagerung dienten. Bei den eigentlichen Wohnhäusern dürfte es sich in der Regel um zweischiffige Hallenhäuser mit einer durchschnittlichen Länge von um 15 m und einer Breite von um 6 m handeln. Diese Wohnstallhäuser – unter ihrem Dach waren Menschen und Vieh untergebracht – zeigen allerdings immer wieder stark schwankende Größen und Bauarten.

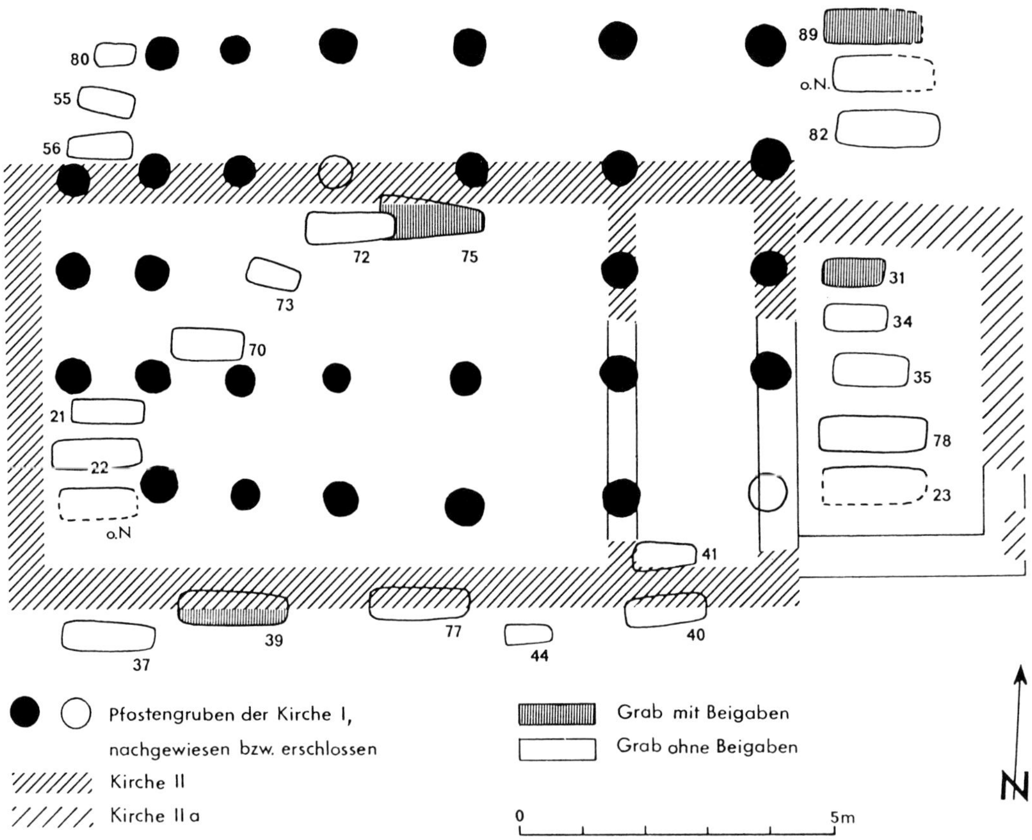

Abb. 88 Brenz a. d. Brenz (Gde. Sontheim, Kr. Heidenheim). Plan der ältesten frühmittelalterlichen Kirchenbauten mit der Lage der zugehörigen Gräber (nach B. Cichy und H. Dannheimer)

Abb. 89 Lauchheim (Ostalbkreis). Goldblattkreuz aus dem großen merowingerzeitlichen Friedhof

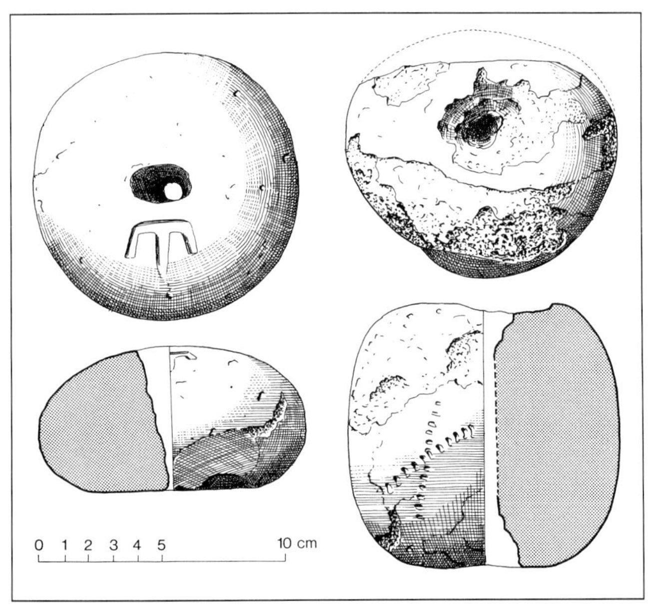

Abb. 90 Webgewichte aus einem Grubenhaus in Ditzingen (Kr. Ludwigsburg)

Abb. 91 Rekonstruktion eines Grubenhauses mit stehendem Webstuhl

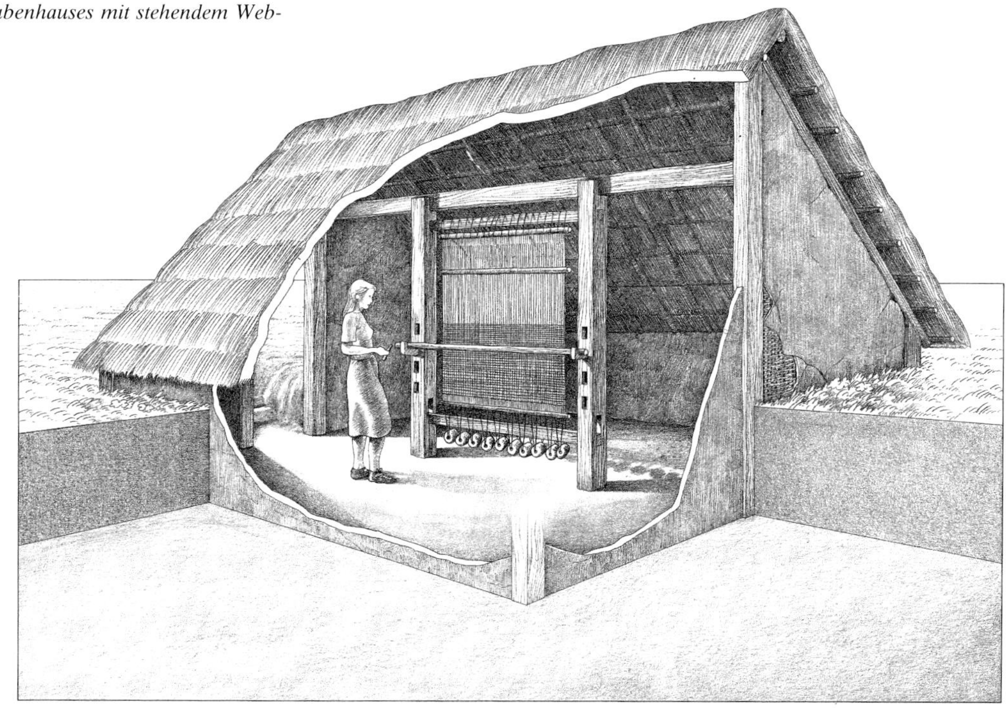

Hingewiesen sei auf die einschiffigen Bauten aus Heidenheim-Schnaitheim, Flur »Seewiesen«, die ins 7. Jahrhundert datieren. Zäune umgaben diese Hofstellen und grenzten sie voneinander ab – sie charakterisieren wesentlich das Erscheinungsbild ländlicher Siedlungen und sind daher auch auf spätmittelalterlichen Ansichten von Dörfern festgehalten.

Neben der Textilverarbeitung gibt es weitere vereinzelte archäologische Hinweise auf handwerkliche Tätigkeiten: Eisenverarbeitung und Töpferei sind nachgewiesen. Spezialisiertes Handwerkertum, das sorgfältig vom Hauswerk für den täglichen Bedarf zu trennen ist, konnte allerdings im dörflichen Milieu nicht festgestellt werden. Es ist, soweit wir wissen, an hervorgehobene Plätze, z. T. befestigte Höhensiedlungen wie den seit 1967 erforsch-
190 ten Runden Berg bei Bad Urach sowie den Zähringer Burgberg bei Freiburg, gebunden. Auf dem Zähringer Burgberg erbrachten Begehungen signifikante Konzentrationen von angeschmolzenen Metallresten, Gußtiegeln und Werkzeugen, die als Handwerksplätze interpretiert werden. Archäologische Untersuchungen werden vermutlich ein ähnliches Befundbild wie auf dem Runden
92 Berg erbringen. Dort wirkten zwischen dem 5. und frühen 6. Jahrhundert in der »Siedlung eines Edlen und seiner Gefolgschaft« (Ursula Koch) zahlreiche hochspezialisierte Handwerker, darunter auch Goldschmiede. Diesen gelang es offenbar nicht immer, vor dem großen Angriff, der im frühen 6. Jahrhundert die Höhensiedlung völlig zerstörte, ihren Besitz an sich zu nehmen oder zu verstecken. Werkzeug und Rohmaterialien – Silberbarren, Almandinplättchen, Eisengeräte und eine noch unfertige Reiterfibel – blieben daher vor Ort im Boden erhalten.

Diese spezialisierte Produktion ist untrennbar mit Handel und Fernbeziehungen verbunden, so daß wir gerade auf solchen Höhensiedlungen einen großen Anteil fremder Güter, so z. B. fränkische Gläser, beobachten können.

Zugleich ist der Runde Berg ein guter Beleg für das Weiterbestehen und den Gestaltwandel derartiger Anlagen von der ausgehenden Merowingerzeit bis ins 11. Jahrhundert. Nach der großen Zerstörung wird der Berg erst in der Mitte des 7. Jahrhunderts wieder besiedelt. Auf der Hochfläche entsteht eine unbefestigte Siedlung aus Holzgebäuden, in deren Zentrum sich die große repräsentative Halle, ein dreischiffiger Pfostenbau von 20 m Länge und rund 9 m Breite befand. Um die Mitte des 8. Jahrhunderts, wird wohl als Folge des Blutgerichtes von

Abb. 92 Der Runde Berg bei Bad Urach (Kr. Reutlingen) im 5. Jahrhundert mit einer unbefestigten Siedlung eines alamannischen Edlen auf der gesamten Hochfläche. Auch die Terrasse am Hang war besiedelt.

Abb. 93 Der Runde Berg im 9. und 10. Jahrhundert. Jetzt bestand hier eine Burg mit steinerner Wehrmauer, bewohnt von einer mächtigen Adelsfamilie.

Cannstatt 746, dieser Sitz des alamannischen Adels erneut zerstört. Im späten 9. Jahrhundert entsteht auf dem
93 Berg eine karolingisch-ottonische Befestigung mit Wehrmauer und zugehörigen mächtigen, turmartigen Steingebäuden.

Häuser mit Kachelöfen und verglasten Fenstern dokumentieren höchsten Komfort. Es liegt nahe, auch für diese Zeit auf dem Runden Berg den Sitz einer mächtigen Familie anzunehmen. Urkundlich dokumentiert ist sie nicht; um 1000 dürfte sie nach Ausweis der Funde den Berg verlassen haben und wahrscheinlich nach Hohenurach gezogen sein. Dort jedenfalls nahm das bedeutende Geschlecht der Grafen von Hohenurach seinen Ausgang.

Ohne die archäologischen Zeugnisse, allein auf die Schriftquellen verwiesen, bliebe das frühe Mittelalter, ja verblieben selbst bedeutende Orte der Landesgeschichte auf weite Strecken im Dunkel der »Geschichtslosigkeit«.

Die Bedeutung der archäologischen Zeugnisse wird am Beispiel eines weiteren, das Bild des Landes Baden-Württemberg entscheidend prägenden historischen Vorganges deutlich. Es ist die Urbanisierung des Landes, die im Spätmittelalter mit zahlreichen Stadtgründungen ihren Höhepunkt erreichte, so daß Baden-Württemberg heute mit über 300 mittelalterlichen Städten zu einer dicht besiedelten, nordalpinen Stadtlandschaft gehört.

Mittelalterliche Städte

Exemplarisch mögen den Beitrag der archäologischen Zeugnisse zur Kenntnis der Urbanisierung zwei Städte –
Breisach und Konstanz – verdeutlichen. Ihre historischen 94
Biographien haben sich durch die archäologischen Ausgrabungen wesentlich verdichtet und scheinen teilweise in gänzlich neuem Licht auf.

Um 600 wird in Konstanz ein merowingerzeitlicher Bischofssitz – vermutlich aus Windisch/Vindonissa verlegt – eingerichtet. Aus diesen Wurzeln des frühen Mittelalters, bislang nur schwach konturiert durch die frühmittelalterliche Bischofskirche St. Marien und die bereits »extra oppidum« gelegene Kirche St. Stefan wächst dann im

Abb. 94 Konstanz heute

95 10. Jahrhundert die »Felix mater Constantia«. Wohlbekannt war dank der historischen Forschungen die kirchliche Topographie von Konstanz: Die Stadt prägte eine im 10. Jahrhundert konzipierte und gebaute Kirchenfamilie, die nach stadtrömischem Vorbild angelegt war: Nördlich des Rheines vertrat die Stelle von S. Pietro in Vaticano das ottonische Kloster Petershausen; südlich des Rheines reihten sich wie Perlen entlang einer Schnur das Marienmünster, St. Johann, St. Stefan, St. Lorenz, St. Paul, die, wiewohl z. T. älteren Ursprungs, die Stelle der stadtrömischen Patriarchalkirchen vertreten. Dieses stark von der Kirchentopographie bestimmte Bild von Konstanz vermochte die Archäologie durch eine wichtige »profane« Komponente zu ergänzen. Östlich unterhalb des Hochmoräne, auf der sich die hochmittelalterliche Stadt erstreckt, fanden sich bei Grabungen hervorragend erhaltene Holzkonstruktionen, die sich über dendrochronologische Untersuchungen einer ottonischen Hafenanlage zuordnen ließen. Nach Ausweis dieser Daten fällt die Errichtung dieser Landestege in die Zeit der Konstanzer Bischöfe Konrad (934–975) und Gebhard (979–995), die sich damit eben nicht nur als Bauherren des kirchlichen, sondern auch des profanen Konstanz erweisen.

Das »klassische Bild« der mittelalterlichen Stadt war in Konstanz wie in anderen mittelalterlichen Städten des Landes bestimmt von Bildquellen, d. h. von Ansichten, die seit dem ausgehenden Mittelalter gefertigt wurden. Diese Ansichten komplett »gefügter« Städte lassen jedoch nicht mehr ahnen, welche Dynamik, welch tiefgreifender Umbau des Stadtgefüges eine Frühstadt des 10. Jahrhundert zur festgefügten Stadt des späten Mittelalters wandelte.

Wiederum Konstanz bot hier dank exzellenter archäologischer Erhaltungsbedingen – der feuchte Boden hatte auch organische Gegenstände und hölzerne Baubefunde hervorragend bewahrt – einen guten Einblick in den Stadtumbau der Zeit zwischen dem späten 12. Jahrhundert und der Zeit um 1300. Es sind hier, trotz immer dichter werdender schriftlicher Überlieferung, vornehmlich die archäologischen Quellen, die diesen entscheidenden Abschnitt der Urbanisierung Südwestdeutschlands erkennen lassen, die Epoche, in der sich diese Stadtlandschaft in ihrer heutigen Dichte konfiguriert und herausbildet.

Die Bischofsstadt Konstanz und auch die ottonische

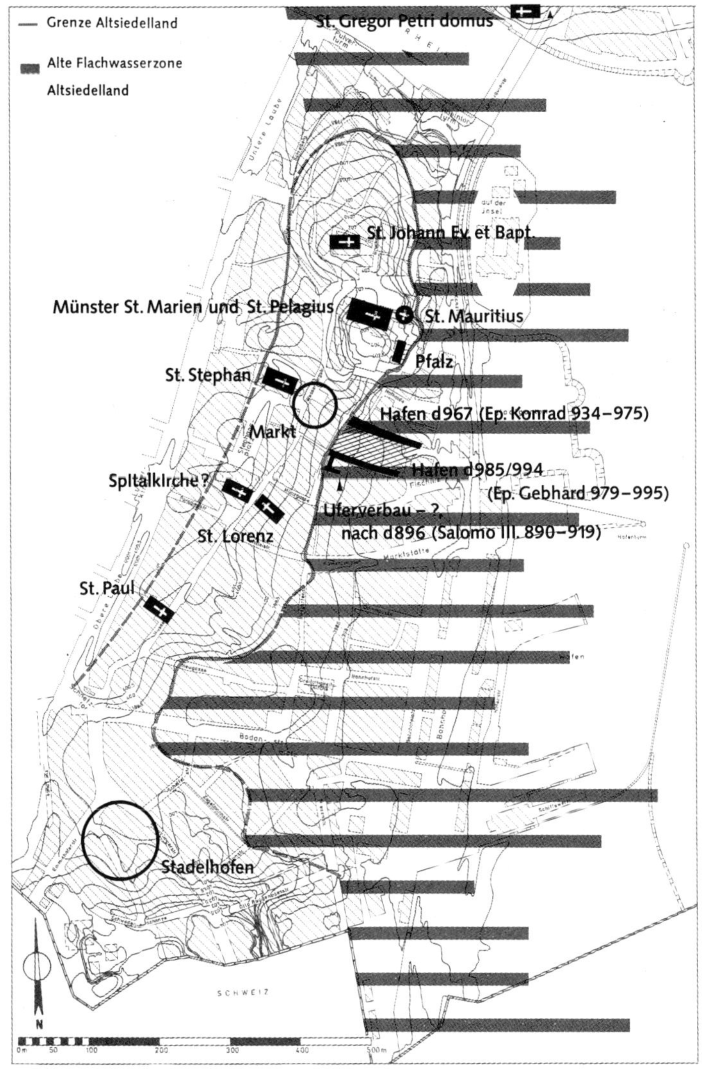

Abb. 95 Konstanz, die Bischofsstadt, im 10. Jahrhundert

Stadt hatten sich noch im 11. Jahrhundert auf die hochwassersicheren Lagen der Moräne beschränkt, auf der Konstanz liegt. Erst mit dem ausgehenden 12. Jahrhundert setzt der weiträumige Ausgriff in bislang nicht besiedelte Zonen, vornehmlich in die Flachwasserzone des Bodensees an der Ostseite der Stadt ein. Zu Füßen der Bischofsstadt entsteht eine zweite Stadt, die Bürgerstadt, 96
die sich nicht zufällig zum See hin, zu den wichtigen Verkehrswegen orientierte. Der alte, noch bischöfliche Hafen wurde flächig verfüllt und nur knapp 500 m weiter südlich ein neuer »steinerner« Hafen errichtet. Ihn be-

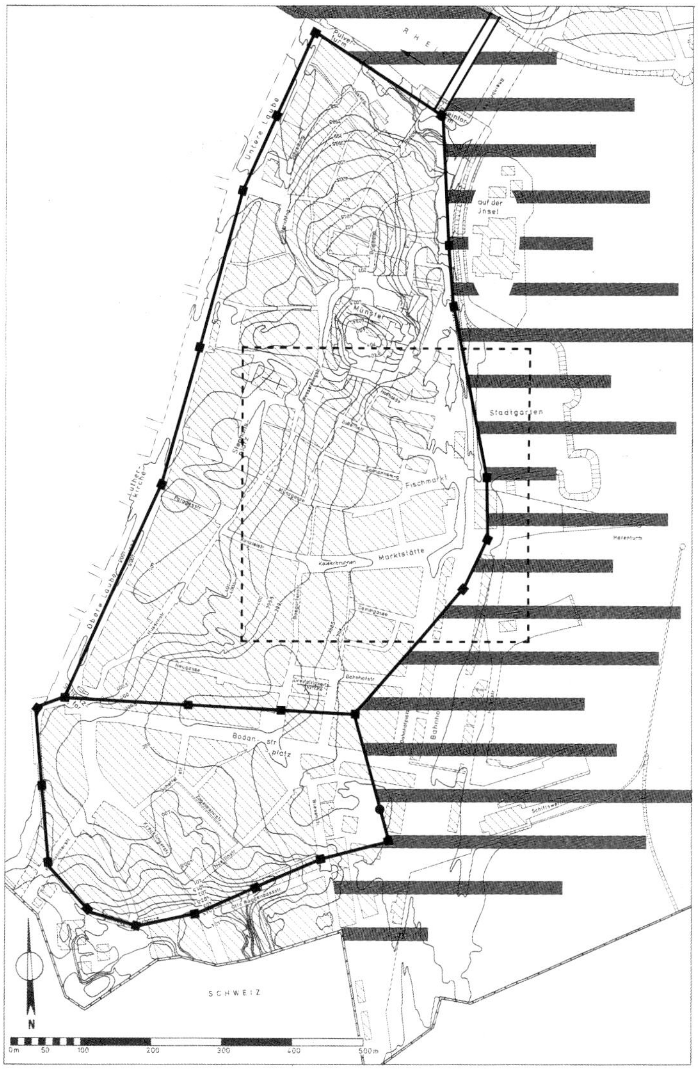

Abb. 96 Konstanz. Die Flachwasserzone im Osten der Stadt wird bis zum Ende des 14. Jahrhunderts besiedelt, es entsteht quasi eine zweite Stadt, die Bürgerstadt.

stimmt eine mächtige Kaimauer zum Anlegen und Entladen der Schiffe. Gleichzeitig setzt im Umfeld eine intensive Bautätigkeit in den neu gewonnenen Auffüllgebieten ein, die dann im frühen 14. Jahrhundert weitgehend abgeschlossen ist. Vielfach sind die aus Stein gefügten Liegenschaften wegen des wenig tragfähigen Untergrundes auf mächtigen Pfahlrosten errichtet – auch dies ist als Beleg dafür zu werten, welche Mühen man bereit war auf sich zu nehmen, um attraktive Grundstücke zu gewinnen und zu bebauen.

Exemplarisch spiegelt sich dieser Prozeß urbaner Verdichtung und städtebaulicher Neukonzeption auch in einem Quartier westlich der Bischofskirche »Unserer Lieben Frau«. Die baugeschichtlichen Untersuchungen und archäologischen Grabungen zeigten, wie zwischen ca. 1200 und dem 14. Jahrhundert ein Stadtquartier mit Steinhäusern dicht an dicht bebaut wird. Sie lösen ältere Holzbauten schrittweise ab; gleichzeitig treten steinerne Grundstücksgrenzen an die Stelle der hölzernen Zäune. Diese Verfestigung der Grundstücksgrenzen, die »Versteinerung« städtischer Häuser, sind ein wesentlicher Ausdruck des Stadtumbaues des beginnenden Spätmittelalters, der sich in seiner materiellen Dichte und Vielfalt erst im Zusammenwirken von archäologischen, schriftlichen und bildlichen Quellen erschließt.

Gleiches gilt für das »Alltagsleben« in der Stadt. Zwar vermögen die spätmittelalterlichen Schriftzeugnisse immer wieder Fingerzeige auf das alltägliche Leben der Stadtbürger und -bürgerinnen zu geben. Dabei werden diese Nachrichten durchweg zufällig notiert, im Vordergrund standen habhafte gerichtliche Auseinandersetzungen, z. B. Streitigkeiten in der Latrinenpflege, deren regelmäßige Entleerung und Reinigung. Gerade diese
»schissgruoben« sind aber eine höchst ergiebige Quelle 97
für die Alltagsgeschichte, da sie neben der Fäkalentsorgung zugleich als Müllschlucker dienten. Alltagsgerät

Abb. 97 Konstanz. Die große spätmittelalterliche Latrine in der Katzgasse 3. Latrinen sind die ergiebigsten Quellen der Alltagsgeschichte.

Abb. 98 Konstanz. Pokal aus Birkenholz

Abb. 100 Konstanz. Farbloser Becher mit blauem Fadendekor aus der Katzgasse

Abb. 99 Konstanz. Anthropomorphes Gefäß aus der oberen Augustinergasse, spätes 13. Jahrhundert. Es diente zur Destillation.

jeglicher Art wanderte dorthin, nachdem es zerbrochen und unbrauchbar geworden war: Nur im Boden hat sich derart Gewöhnliches erhalten, da man es des Aufbewahrens nicht für wert hielt. Küchengerät, schlichtes, aber auch kostbarstes Tisch- und Tafelgeschirr liegt in den Abtritten. Vom Holznapf bis zur Keramikschüssel, vom *98*
kostbaren Lavabo bis zum fragilen Nuppenbecher oder *99*
polychrom bemalten Emailglas reicht das Spektrum. *100*
Darüber hinaus liefern die naturwissenschaftlichen Untersuchungen, vor allem die botanischen Analysen der humosen Latrinenschichten, einen verblüffenden Einblick in städtische Ernährungsgewohnheiten. Schon die Vielfalt des Obstes ist beeindruckend: Die Kerne und Samenkörner von Süß- und Sauerkirschen, Pfirsich, Zwetschgen, Pflaumen, Erbeeren, Himbeeren, Brombeeren, Feigen, Äpfel, Maulbeeren, Birnen, Schlehen, Hagebutten, Johannisbeeren, Holunder, Weintrauben ließen sich unter dem Mikroskop des Botanikers identifizieren. Unter Einschluß aller Getreide, Gewürze, Gemüse, Ackerunkräuter etc. erbrachte die Analyse einer einzigen Konstanzer Latrine über 120 verschiedene Arten.

Breisach, die zweite Stadt, die hier exemplarisch vorgestellt werden soll, liegt an der Westgrenze des ehemaligen Bistums Konstanz. Mit der Bischofsstadt verbindet sie die Funktion eines alten zentralen Ortes, gemeinsam sind den Städten spätantike Wurzeln. Es unterscheidet sie jedoch der Weg zur Stadt, der in Konstanz über den Bischofssitz, in Breisach aber über die Bergfeste, als pfalzähnlicher königlicher Aufenthaltsort und Vorort des Herzogs von Schwaben, führte.
Der Münsterberg, auf dem sich die heutige Stadt erstreckt, war noch im frühen Mittelalter im Westen und Osten von Rheinarmen umgeben und erhob sich rund 30–40 m über den Rhein. Die ältesten prähistorischen Siedlungsspuren führen bis in das späte Neolithikum zurück; bereits in der Hallstattzeit dürfen wir hier mit einem Fürstensitz rechnen; für die Spätlatènezeit gibt es Hinweise auf ein keltisches Oppidum. Die erste Nennung des Mons Brisiaco erfolgt um die Wende des 3. zum 4. Jahrhundert; 369 urkundete der spätrömische Kaiser Valentinian I. auf dem Berg, wobei ihm ein wesentlicher Beitrag am Ausbau zur spätantiken Befestigung zugeschrieben wird. Die urkundlichen Nachrichten schweigen dann lange Zeit: Eine kurze Nennung wird dem Geographen von Ravenna verdankt (8./9. Jh.), erst ab dem zweiten Drittel des 10. Jahrhunderts fließen die Nachrichten dann dichter. Besonders bedeutsam ist dabei die Einnahme des »castellum« Breisach durch Otto I. im Jahr 939; der topographisch begünstigte und leicht zu befestigende Inselberg diente zugleich den Herzögen von Schwaben bis um die Jahrtausendwende als »Vorort«. Herzogliche Münzprägung unterstreicht die Bedeutung des Ortes als Wirtschaftszentrum. Nicht gesichert und mit Hilfe der Schriftquellen nicht abschließend zu klären war jedoch bis vor kurzem, wo eigentlich auf dem Berg der Aufenthaltsort der Könige bzw. der Herzöge von Schwaben zu suchen sei. Die archäologischen Untersuchungen auf dem Berg haben hier weiterführende Hinweise erbracht. Die steinerne spätantike Befestigung des Berges ebenso wie die Innenbebauung des Kastells bestanden bis ins 13. Jahrhundert weiter. Ausbesserungsmaßnahmen, vermutlich in karolingischer Zeit, dokumentieren die früh- und hochmittelalterliche Nutzung dieser steinernen Gehäuse. Damit verdichten sich die Hinweise darauf, daß die Südhälfte des Berges als der gesuchte historische Ort des Königsaufenthaltes und der herzoglichen Pfalz anzusprechen ist. Weitere Befunde, vor allem Grubenhäuser, die ab dem beginnenden 12. Jahrhundert angelegt wurden, befinden sich in der Nordhälfte des Spornes. Die Vermutung, daß es sich hier um eine Handwerkersiedlung handelt, die der Versorgung der Niederlassung auf der Südspitze des Berges diente, hat viel für sich. Möglicherweise geben diese Befunde einen Hinweis darauf, wo der frühe Markt des 10. Jahrhunderts zu suchen ist: »extra muros«, auf der Nordhälfte des Burgberges und nicht – wie ebenfalls vermutet – zu Füßen des Berges an der späteren Rheinbrücke.
1185 ist ein weiteres, für die Entwicklung einschneidendes Datum: Bischof Heinrich von Basel, mittlerweile Stadtherr, gab König Heinrich VI. die curtis Brysach, die Hälfte des mons Brysach und die Hälfte des benachbarten mons Eggehartsberg zu Lehen unter der Bedingung, daß sie das Lehen gemeinsam befestigen und besitzen sollten. Diese urkundliche Nachricht nahm man als den Akt der Stadtgründung und verband damit den Beginn der Errichtung der mittelalterlichen Stadtanlage. Wiederum den archäologischen Grabungen auf dem Breisacher Burgberg ist die Einsicht zu verdanken, daß offensichtlich nicht dieser formale Rechtsakt von 1185 zur Gestaltwerdung der mittelalterlichen Stadt führte. Dies geschah wesentlich später: In der zweiten Hälfte des 13. Jahrhunderts erfolgte eine grundlegende städtebauliche Neuordnung, ein neues, bis heute erhaltenes Straßenra- *101*
ster entstand, und zugleich setzte die systematische Parzellierung und Bebauung ein. Damit fügt sich dieser Stadtumbau Breisachs chronologisch ein in vergleichbare Vorgänge des Stadtumbaus in Konstanz und dem überregional beobachtbaren Vorgang der Stadtgründungen. Mit keiner Zeile berichten die Schriftquellen über diesen entscheidenden »realen Akt« des Stadtumbaus, des Wandels hin zur mittelalterlichen Stadt, wie wir sie kennen. Der formale Akt der »Stadtgründung« hingegen, archäologisch-materiell nicht nachweisbar, findet angemessene urkundliche Erwähnung.
Zweifelsohne schwindet das Gewicht der archäologischen Zeugnisse im Verhältnis zur bildlichen und schriftlichen Überlieferung, je näher wir der Gegenwart rükken. Dennoch gibt es immer wieder verblüffende Beiträge, die die Archäologen auch für die Geschichte der Neuzeit zu leisten vermögen.
Exemplarisch belegt dies der sachkundig untersuchte Inhalt einer Spanschachtel, die man 1988 bei der Renovierung der katholischen Pfarrkirche St. Heinrich in Dur-

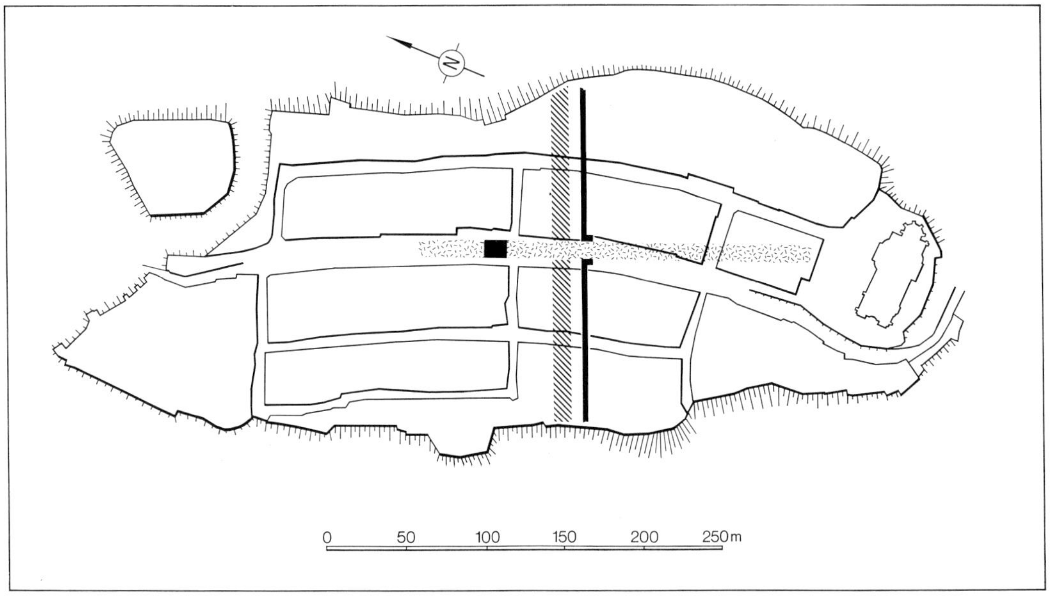

Abb. 101 Breisach (Kr. Breisgau-Hochschwarzwald). Straßenraster nach dem 13. Jahrhundert mit Einzeichnung der rekonstruierten Nordbefestigung und der via principalis (Hauptlagerstraße) des römischen Kastells

bach (Ortenaukreis) hinter einem Grabstein in einem Mauerloch fand. Der sekundär vermauerte Epitaph erwies sich als Gedenkstein für den Freiherrn Wilhelm Hermann von Orcelar, der 1666 in der Durbacher Pfarrkirche, seiner Gründung, beigesetzt worden war. Die
102 hinter dem Epitaph aufgefundene Spanschachtel trug jedoch die Aufschrift »Herr Sible aus Renchen«. Eine detaillierte »Ausgrabung« des Spanschachtelinhaltes und eine interdiziplinäre Erforschung löste dieses Rätsel. Die Schachtel barg neben einigen wenigen Skeletteilen zahlreiche Textilfragmente – offensichtlich Überreste einer Bestattung, die man bei der Aufgabe eines Grabes sorgfältig barg und auflas. Besonders auffällig sind dabei ins-
103 gesamt 58 seidene Bandschluppen. Diese Bandschlup-
104 pen sind ein wichtiges Zierelement der sog. »Rheingrafenhosen«, weit geschnittener, hosenrockartiger Beinkleider, die sie am Bund, an den Seiten und auch am unteren Saum umrandeten. Zu einer Jacke dürften hingegen die aus Seidengarn geschürzten Knopflöcher und die insgesamt 82 posamentierten Knöpfe gehören, die unter die Bandschluppen gemischt in der Spanschachtel lagen. Diese Teile gehörten zu einer kurzen Jacke und waren dort auf den geschlitzten Ärmeln und dem vorderen Verschluß angebracht. Im Vergleich mit den Bildquellen, z. B. einem 1668 in Straßburg gestochenen Modekupfer, wird deutlich: Der Tote war ursprünglich im Rheingrafenkostüm beigesetzt worden; kostümkundlich paßt das Gewand exakt in die Zeit des Todes des Freiherrn von Orcelar 1666. Letzte Gewißheit hinsichtlich der Identität der aufgefundenen Überreste erbrachte die anthropologische Untersuchung: Die Gebeine gehören zu ein und derselben Person männlichen Geschlechtes, vermutlich gehobener sozialer Stellung, die im Alter von 40 bis 50 Jahren gestorben war – Freiherr von Orcelar war 38 Jahre alt geworden.

Im Zusammenwirken sozialgeschichtlicher, kostümkundlicher wie anthropologischer Fragestellungen ließ sich der Inhalt einer Spanschachtel wieder identifizieren: die letzten erhaltenen Spuren des Gründers der Durbacher Pfarrkirche. Mit Sicherheit ausschließen ließ sich zugleich, daß Überreste des Herrn Sible in der Spanschachtel bewahrt wurden: Dieser Name ist in den Durbacher Kirchenbüchern erst ab dem ausgehenden 18. Jahrhundert nachzuweisen und damit zu jung für den kostümkundlichen Befund. Zugleich fügt sich der Durbacher Befund trefflich in die zeitgenössischen Bestattungssitten des 17. Jahrhunderts, die durch die Beisetzung im zu Lebzeiten getragenen Kostüm charakterisiert sind. Dabei führt kein Kontinuitätsstrang zu den beigabenführenden Gräbern des frühen Mittelalters. Vielmehr scheint die Sitte, Tote im Kostüm beizusetzen, ein charakteristisches Phänomen des 16. und 17. Jahrhunderts zu sein. Seine Ursache dürfte darin zu suchen sein, daß der Aufbahrung der Toten, ihrer Schaustellung in den häuslichen

Gemächern eine gewichtige Rolle im Totenritual zukam. Der eigentlichen Beisetzung, der Versenkung ins Grab, kam kaum Bedeutung zu. Ein Wandel, der zum heutigen Totenritual bei Körperbestattungen führt, markiert dann das 18. Jahrhundert, als Kaiser Joseph II. Nacktbestattungen anordnete.

Von der Flächengrabung auf dem Runden Berg bis hin zur Ausgrabung einer kleinen Spanschachtel, von der Luftbildarchäologie bis hin zur naturwissenschaftlichen Untersuchung eines Latrineninhaltes spannt sich der Bogen der modernen Mittelalterarchäologie. Der Zuwachs an Wissen um unsere eigene Herkunft ist nur in diesem komplexen Wissenschaftsverbund möglich und sinnvoll, denn jede Einzeldisziplin stellt andere Fragen an den Befund und öffnet neue Deutungsperspektiven.

Abb. 102 Durbach (Ortenaukreis). Die Spanschachtel aus der Maueröffnung in der kath. Pfarrkirche in geschlossenem und geöffnetem Zustand

Abb. 103 Durbach. Eine der Bandschluppen aus der Spanschachtel

Abb. 104 So sahen die sog. Rheingrafenhosen mit den Bandschluppen aus.

Das archäologische Luftbild

von Otto Braasch

Seit langem dient das Luftbild Archäologen und Historikern zur Dokumentation bekannter Denkmäler und Stätten – vornehmlich zur Darstellung von Lage und Ausdehnung. Mit der Wahl von Aufnahmezeit, Richtung und Perspektive bietet sich jedoch dem fliegenden Fotografen, besser als es ein senkrechtes Vermessungsluftbild vermag, die Möglichkeit, sein Ziel aus variabler Schrägsicht in ein ganz bestimmtes Licht zu stellen und Bildinhalte ihrer nächsten oder entfernteren Nachbarschaft zuzuordnen. Das Foto aus der Höhenperspektive wird für ihn subjektiv gestaltbar, es gewinnt in dem Maße an Aussage und Atmosphäre, wie er historische und landschaftliche Bezüge aus der Vogelschau zu einem Rückblick auf die Geschichte verknüpft und wie ihm die Gunst der Stunde geneigt ist, die das richtige und stimmungsvolle Licht verteilt.

Der hohe Anteil von Luftbildern in diesem Buch mit begreifbarem, obertägigem Inhalt könnte über die Rolle der Fotografie in der Archäologie täuschen, wo sie neben anderen Aufgaben, etwa zur Vorbereitung und Dokumentation von Ausgrabungen, bei der Flugprospektion die Hauptlast der eigentlichen Informationsaufzeichnung trägt. Dort hat sie der keineswegs modernen Prospektionsmethode, deren Entdeckungen in Deutschland fast ausschließlich auf der visuellen Erfassung und ersten Deutung von Bodenspuren während thematischer Arbeitsflüge gründen, die leider so bequeme Bezeichnung »Luftbildarchäologie« eingebracht; was zu der vorschnellen Annahme verführt, archäologische Spuren würden unter Vernachlässigung des fliegerischen Anteils in erster Linie »im« oder »durch« das Luftbild entdeckt. Grundlage der Methode ist jedoch die visuelle Beobachtung aus dem Flugzeug – nicht etwa, wie es der Name eher annehmen läßt, die Suche nach zufälligen archäologischen Spuren in Senkrechtaufnahmen, die meist für fremde Auftraggeber zu Vermessungszwecken hergestellt werden. Gleichwohl tut die archäologische Inventarisierung gut daran, auch diese Quellen, soweit sie dafür nach Maßstab und Aufnahmezeitpunkt überhaupt geeignet sind, für ihre Zwecke auszuwerten, um keine Hinweise zu vergeuden. Die meisten Fundstellen aber werden durch die Augen des fliegenden Beobachters aus dem Gesicht der Erde aufgelesen – und weil die Methode sich rechnen muß, stehen ihm für die einzelne Fundstelle jeweils nur wenige Minuten zur Verfügung.

Weil sich das Gros der archäologischen Spuren in Feldpflanzen, im gepflügten Acker, im Schnee oder in einer Flut nur kurzfristig zeigt, ist für den Erfolg der Methode eine möglichst hohe Beobachtungsdichte der Fluren erforderlich. Das wird durch zahlreiche Flüge in kostengünstigen Kleinflugzeugen erreicht, mit denen zu allen Jahreszeiten gestartet wird. Die Verteilung der Flugtage *105*
des Autors im Jahreslauf zeigt die Grafik in Abbildung 105. In ihr sind als Reaktion auf das schwankende archäologische Beobachtungsangebot 1672 Flugtage aus den Jahren 1977 bis 1992 auf die Monate aufgegliedert. In pragmatischer Beschränkung auf Realisierbares wird

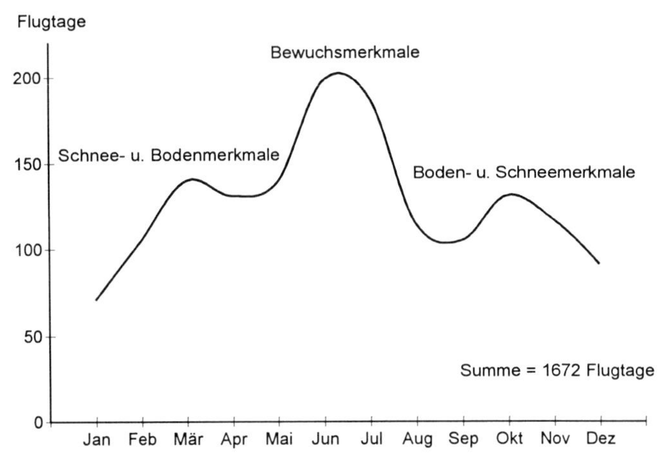

Abb. 105 Monatliche Verteilung der archäologischen Flugtage in den Jahren 1977 bis einschließlich 1992

unter Verzicht auf das Mittelformat und spezielle großformatige Luftbildkameras dem wirtschaftlichen Kleinbild (24 x 36 mm) die fotografische Dokumentation der Entdeckungen und aller »verdächtigen« Beobachtungen, die eine weitere Befliegung erfordern, aufgebürdet. Der Pilot ist als »Einhandflieger« als Beobachter, Fotograf und Navigator in seinem kleinen Flugzeug unterwegs und hat vor allem in den Monaten Mai bis Juli Hochsaison, wie das die Kurve ausweist. Abhängig von wechselnder Flugsicht bewegt er sich dabei meist in Höhen zwischen 300 und 1000 m über Grund, die noch das Erkennen archäologischer Merkmale am Boden mit dem unbewaffneten Auge erlauben.

Zur Geschichte

Im Sommer 1953 – das über Deutschland verhängte Flugverbot sollte erst zwei Jahre später aufgehoben werden – ging in Württemberg ein junger, neugieriger Archäologe in die Luft, um die vermuteten römischen Kastellplätze an der oberen Donau zu erkunden. Vorerst war das nur mit einem Fesselballon möglich, der eine 9 x 12 cm Plattenkamera trug. Zusammen mit Philipp Hefner hatte Philipp Filtzinger einen mit Wasserstoff gefüllten Wetterballon, der ja nicht unter das Flugverbot fiel, umkonstruiert und mittels Seiltrommel auf einem Fahrradanhänger verankert. Zum Ballon führte neben den Halteseilen auch ein Klingeldraht, über den der findige Wissenschaftler mittels Stromstoß und Relais den Kameraverschluß auslöste. Nach jeder Aufnahme mußte der Ballon zum Plattenwechsel an den Boden zurückgekurbelt werden. Das hoffnungsvolle Unternehmen fand jedoch ein frühes Ende, als der Ballon platzte, und mit der Luftbildarchäologie war es für die nächsten Jahre erst einmal wieder vorbei.
Die luftige Prospektionsmethode war indes längst bekannt. Filtzinger war in seiner Not nur zum ältesten Werkzeug der Methode, dem Ballon, zurückgekehrt – gelangen doch bereits 1906 Lieut. P. H. Sharpe aus dem Ballon Aufnahmen von Stonehenge, die in der Zeitschrift Archaeologia veröffentlicht wurden. In Hessen entdeckte 1912 der Fabrikant Kurt May aus seinem Ballon einen römischen Gutshof.
Nach dem Ersten Weltkrieg hatten vor allem englische Archäologen und Flieger, Major G. W. Allen, O. G. S. Crawford und A. Keiller, die Methode entwickelt. Crawford hielt bereits am 12. März 1923 vor der Royal Geographical Society seinen Schlüsselvortrag mit dem Thema »Air Survey and Archaeology«, der 1924 in einem gleichnamigen Buch gedruckt wurde, das neben Luftaufnahmen auch erstmals Landkarten mit umgezeichneten archäologischen Luftbildbefunden enthielt. Die Pionierarbeiten der Engländer begleiteten in den zwanziger und dreißiger Jahren in Syrien und Nordafrika die Franzosen Père A. Poidebard und J. Baradez mit erfolgreichen Flügen und mit Veröffentlichungen über den römischen Limes. In diesen Jahren blieb in Deutschland die Nutzung des Luftbildes für Archäologie und Denkmalpflege hinter den hoffnungsvollen Ansätzen von Schuchardt und Wiegand zurück. Nur vereinzelt fertigten Luftbildfirmen für Archäologen Fotos von oberirdischen Geländedenkmälern und von Ausgrabungen an. In Baden-Württemberg wurden die Bilder der Firma Luftverkehr Strähle, Schorndorf, vom Limes beim Haghof, Gde. Alfdorf, und vom Ipf bei Bopfingen im Ries sowie von den Ausgrabungen bei Buchau am Federsee aus den Jahren 1926 und 1928 publiziert. Nach 1935 kam es vereinzelt zur Zusammenarbeit zwischen Archäologen und Einheiten der neuen Luftwaffe, an denen sich auch die Mannheimer Aufklärerschule beteiligte. Die Bildergebnisse von der Kaiserpfalz Werla aus dem Jahr 1937 mit Boden-, Feuchte- und Bewuchsmerkmalen galten damals als richtungsweisend. Das steigende Interesse der Archäologen an Luftbildern führte zu einer denkwürdigen Fachbesprechung am 21. und 22. März 1938 in Berlin über das Thema Luftbild und Archäologie. Dazu hatte die damalige Lilienthalgesellschaft für Luftfahrtforschung » ... die maßgebendsten Vertreter der vor- und frühgeschichtlichen Forschung Deutschlands sowie eine große Zahl von Fliegern ...« eingeladen. Die Ergebnisse faßte der damalige Ministerialrat im Reichsluftfahrtministerium, Dr.-Ing. E. Ewald, in einem beachtenswert modernen Papier zusammen, das in dem Heft »Luftbild und Vorgeschichte. Luftbild und Luftbildmessung 16« (Berlin 1939) abgedruckt wurde. Auf der Veranstaltung wurden eingehend die Fragen des Einsatzes des Luftbildes für die Vorgeschichtsforschung, die Wünsche der Archäologen, die technische Durchführung und weitere Verwertung der Luftaufnahmen behandelt, wozu O. G. S. Crawford, als Pionier der Luftbildarchäologie und damaliger Präsident der Prähistorischen Gesellschaft von England, durch

einen Vortrag, eine Ausstellung und durch persönliche Beratung beitrug. Crawford war auf Vermittlung des deutschen Archäologen G. Bersu, dem Ausgräber der Siedlung auf dem Goldberg, eingeladen worden und hatte 100 Luftbilder aus England für die Ausstellung mitgebracht. Das Ergebnis der Besprechung sah Flüge von Archäologen in Luftwaffenflugzeugen vor und regelte Freigabe und Verbleib der archäologischen Luftbilder. Die weitere Geschichte ist bekannt: Als Crawford zur Abreise aus Berlin die Tür hinter sich schloß, begann die Luftwaffe sich auf den Krieg vorzubereiten, und das Unternehmen blieb bis auf wenige Ausnahmen in den Anfängen stecken. Nur vereinzelt beschäftigten sich Luftwaffenoffiziere noch bis 1943 mit dem Projekt, was wenige Fotos der Bildfliegerschule Großenhain von Burgställen aus Sachsen zeigen, die heute noch im Dresdner Archiv der Bodendenkmalpflege verwahrt werden.

Nach 1945 waren im Ausland die ersten Luftbildarchäologen ihren deutschen Kollegen endgültig davongeflogen und hatten aus der Luft ganze vorgeschichtliche Landschaften entdeckt, dokumentiert und damit erstmals deren Schutz und spätere Erforschung ermöglicht.

Nachdem 1955 die Bundesrepublik die Lufthoheit wiedererlangt hatte, setzte Philipp Filtzinger 1958 seine Flugforschungen fort – diesmal jedoch mit Hilfe der jungen Bundesluftwaffe. Während es bereits 1960 im Rheinland mit I. Scollar zur festen Einrichtung der Luftbildarchäologie in der Bodendenkmalpflege kam, sollte es noch volle 20 Jahre dauern, bis es den nächsten Landesarchäologen gelang, die Luftbildarchäologie in weiteren Ämtern fest zu verankern: Rainer Christlein in Bayern 1980, Dieter Planck in Baden-Württemberg 1982. Inzwischen hatte Filtzinger mit einer Reihe von Neuentdekkungen am Alb- und Donaulimes Aufsehen erregt; damals kamen neben verschiedenen Straßenstationen und Gutshöfen die Kastelle Donnstetten und Gomadingen (durch K. und H. Besch) ans Licht. In Emerkingen konnten die Kenntnisse über den Aufbau des Kastells in den Jahren 1958–1962 durch Luftbilder erweitert werden. Der bekannte Luftbildfotograf Albrecht Brugger meldete schließlich 1966 die Entdeckung des Kohortenka-
156 stells Eislingen, 1976 gelangen ihm unter der Teck aufschlußreiche Bilder der Sibyllenspur samt Kleinkastell, die seit langem die Gemüter bewegt hatte und 1982 schließlich in einer Grabung als Bindeglied zwischen Neckar- und Alblimes bestätigt wurde. Im Regierungsbezirk Freiburg wurde vor allem der Kaiserstuhlbereich von dem ehrenamtlichen Mitarbeiter Peter Rokosch beflogen, dem wertvolle Neuentdeckungen, u.a. zu den Burganlagen Vörstetten und Urloffen, gelangen. Im Regierungsbezirk Stuttgart waren W. Lämmle und R. Landauer mit Erfolg als Flieger und ehrenamtliche Helfer für die Landesarchäologie unterwegs. Von 1982 bis 1989 war Rolf Gensheimer im Rahmen eines Schwerpunktprogramms landesweit mit der Flugprospektion in Baden-Württemberg beauftragt, auf sein Konto gehen zahlreiche Neuentdeckungen, u.a. die Nekropole Mühlhausen-Ehingen. Er erarbeitete auch den zahlenmäßigen Grundstock des Luftbildarchivs, das heute mit über 190 000 Aufnahmen in der Stuttgarter Zentrale der Archäologischen Denkmalpflege eingerichtet ist. Der Autor hat seit den siebziger Jahren Flüge über Baden-Württemberg unternommen und trat 1989 die Nachfolge von R. Gensheimer an.

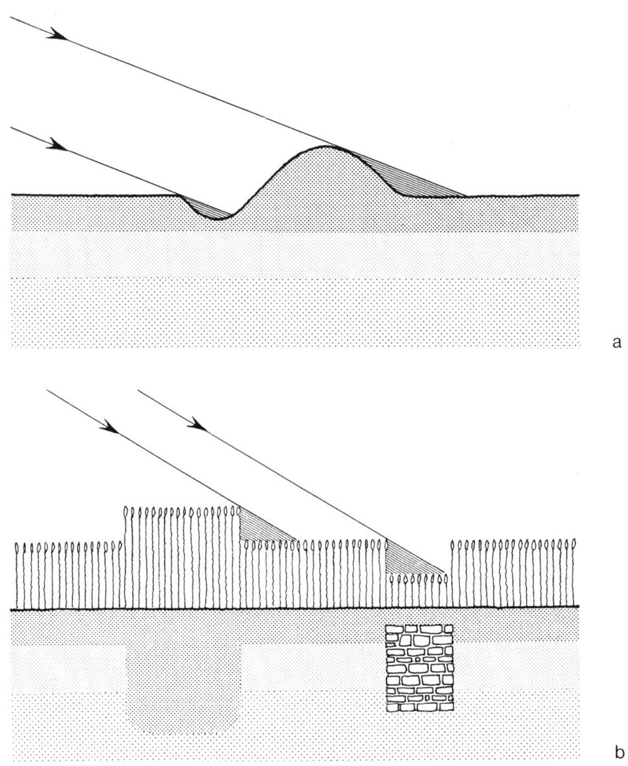

Abb. 106 Schnitt durch Wall und Graben einer Befestigung (a), bei (b) durch positive und negative Bewuchsmerkmale. Von links fällt Schräglicht ein und modelliert das Relief im Gelände und in der Getreideoberfläche.

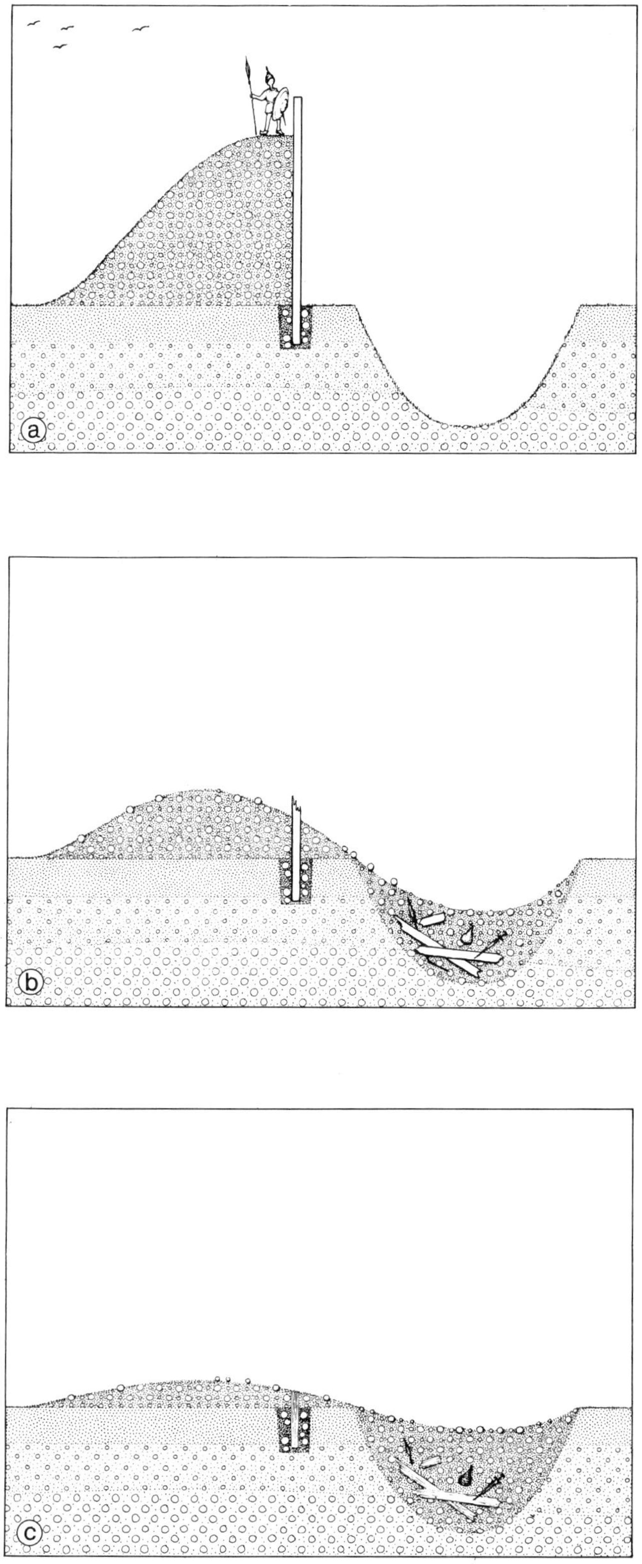

Aus den Spuren lesen

Oberirdisches und Schattenmerkmale

Denkmäler wie Grab- oder Burghügel, Wälle und Gräben von Straßen oder Befestigungen, die über dem Boden noch in Resten erhalten sind, bleiben im freien Gelände aus der Luft so lange durch Licht und Schatten, angewehten Schnee oder gar eine Überschwemmung sichtbar, bis sie vollends eingeebnet werden und ihr Relief verlischt.
Wo einfallende Sonnenstrahlen noch den geringsten Schatten werfen und klares Schräglicht am flachsten Hang eine Spur von Reflexion erzeugt, bekommt das Relief der Erdoberfläche ein Gesicht. Glatte Oberflächen wie kurzes Gras oder eine geschlossene ruhige Schneedecke, die störende Texturen unterdrückt, prägen besonders scharfe Grenzen zwischen Licht und Schatten und heben so auch schwächste Details hervor. Für das Aufspüren und Fotografieren dieser Merkmale sind Blick- und Aufnahmerichtung sowie der Höhenwinkel entscheidend. Einige Phänomene lassen sich überhaupt nur im Gegenlicht ausmachen (siehe dazu auch Flutmerkmale S. 84). Gräben und Wälle im Gelände, die in unterschiedliche Richtungen führen, verlangen in der Regel

Abb. 107 Die Zerfallsstufen einer vorgeschichtlichen Befestigungsanlage (a) über den Zustand (b) kurz nach der Zerstörung und der Befund als oberirdisch gerade noch sichtbares Bodendenkmal (c) bis zur völligen Verflachung (d). Nunmehr sind der Palisadengraben und der große Sperrgraben nur noch durch das Luftbild zu erfassen. Reste der Wallschüttung sind im günstigsten Fall als Farbspuren im Acker zu erkennen.

mehrere Anflüge und Fototermine zu verschiedenen Jahres- und Tageszeiten, damit für die Erkennbarkeit einzelner Strecken die jeweils beste Beleuchtung abgepaßt wird. Beispiele für schwächste Schattenmerkmale, die zuweilen unseren Gesichtssinn arg strapazieren und bis an die Grenzen der Erkennbarkeit führen, sind u. a.
128 in der Schneeaufnahme von Bitz enthalten.

Unterirdisches

Wie die Spitze eines Eisberges ragt die Zahl der uns bekannten, obertägigen Bodendenkmäler aus dem weiten Meer der Spuren und Hinweise hervor, die in der Erde verborgene archäologische Quellen anzeigen. Die Masse aller bislang bekannten Spuren verdankt die Landesarchäologie dem jahrzehntelangen unverzichtbaren Wirken der Sammler und ehrenamtlichen Helfer auf den Feldern. Dort aber, noch innerhalb deren oberster Schicht einsetzend, hinterläßt der mit der Anlage von Siedlungen, Befestigungen, Gräben und anderem Menschenwerk verbundene Eingriff beständige physikalische und chemische Spuren, die unter günstigen Bedingungen für unser Auge lesbar werden und der Luftbildarchäologie ihren eigentlichen Reiz und ihre Bedeutung verleihen.

Das vereinfachte Schicksal einer Befestigung soll in der Zeichnung auf Seite 80 die wichtigsten Voraussetzungen für die Entstehung der weiteren Merkmale erklären hel-
106 fen. Mit dem Ausheben des Befestigungsgrabens stört der Mensch erstmals das natürliche Bodenprofil, das eine ausgeprägte Schichtenfolge aufweist. Die später vom Wall herabfließende humose Einfüllung mit erhöhtem Anteil an dunkler Feinsubstanz bringt das ursprüngliche Bodengefüge vollends durcheinander. Die Grabenfüllung verfügt nun über eine höhere Speicherkapazität für Wasser und über mehr Nährstoffe als der grobkörnige, helle Kies des umgebenden Modellbodens, der zudem das Wurzelwachstum durch verfestigte Schichten bremst.

Die physikalischen und chemischen Kontraste können noch stärker werden, wenn der Graben ein solides Mauerfundament, etwa von einem römischen Gutshof, aufnimmt, das den Wurzeln schon in Pflugtiefe im Wege steht und einen noch schlechteren Wasserspeicher darstellt als der Kies. Wie massiv solches Mauerwerk unter
166 der Erdoberfläche die Zeiten überdauern kann, ist auf
168 den Ausgrabungsfotos von Sontheim/Brenz sichtbar.

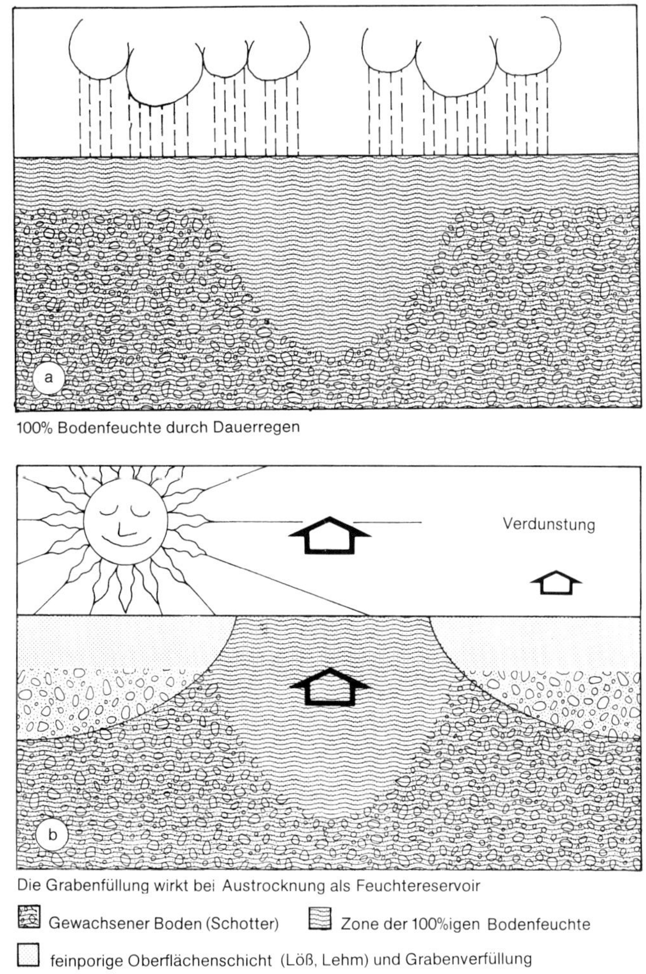

Abb. 108 Ein verfüllter Graben als Feuchtemerkmal. Er wird nach dem Ende eines längeren Regens (a) in der nachfolgenden Austrocknungsphase für kurze Zeit als dunkler, feuchter Streifen an der Ackeroberfläche sichtbar (b).

Feuchtemerkmale

Nach der Schneeschmelze oder nach einem starken Regenguß begegnet dem Flieger auf flachgründigen und feinporigen Ackerböden mit hohem Feuchtespeichervermögen (Löß und Lehm) zuweilen ein seltsames Phänomen, das die archäologischen Störungen aus der Tiefe für kurze Zeit an die Oberfläche projiziert. Die Spuren treten vermehrt auf, wenn an klarem Frühjahrshimmel die kräftig strahlende Sonne von einem trockenen Ostwind begleitet wird, und beide die Verdunstungswerte plötz-

Abb. 109 Grabhügel im Hochwasser der Donau bei Riedlingen (Kr. Biberach)

lich in die Höhe treiben. Untertägige archäologische Bodeneinfüllungen verraten in dieser Phase etwas über das Material (und damit ihr unterschiedliches Vermögen, Feuchte zu speichern) und ihre Abmessungen durch die Abgabe von zusätzlicher Feuchte oder durch ein besonders frühes Abschneiden des Feuchtestroms an die Ackeroberfläche. Dort werden für wenige Stunden, selten für einen vollen Tag, dunkle Bänder oder helle Strei-
108 fen als Boten verborgener Gräben oder Mauern sichtbar. Liegen dunkle Humuseinfüllungen oder helle Mörtelspuren an der Oberfläche offen, kommt es im Zusammenspiel beider Faktoren zu einer Farbintensivierung und zu besonders deutlichen Spuren. Weil sie ihren Ursprung in physikalischen Kontrasten zwischen Einfüllung und umgebendem gewachsenem Boden haben, sind die Feuchtemerkmale Verwandte der positiven und negativen Schneemerkmale und können deshalb mit diesen im Wechsel den archäologischen Befund im Jahreslauf markieren.

Flutmerkmale

Noch ist es den Wasserbauingenieuren nicht gelungen, in allen Flußtälern und Niederungen die Gefahr von Überschwemmungen völlig einzudämmen. Dort bietet sich dann, meist im Frühjahr oder Herbst, die seltene Gelegenheit, im blanken Spiegel der Flut nach Reliefmerkmalen zu suchen, die, abhängig vom aktuellen Pegelstand,
109 aus dem messerscharfen Silberwasser herausschauen. Die Aussichten, dabei auf trockene archäologische Spuren zu stoßen, sind um so besser, je feuchter und hochwassergefährdeter die Fluren sind – scheut doch meist der mit einem Langzeitgedächtnis begabte Landwirt wegen früher erlittener Ernteverluste und häufig auch saurer Böden, seine risikoreichen Grundstücke mit dem Pflug zu bearbeiten. Das wiederum verlangsamt dort die Einebnung obertägiger Merkmale. Für den Beobachter wird die Erkennbarkeit von Flutmerkmalen verbessert, indem er gegen das einfallende Sonnenlicht fliegt und in der reflektierenden Wasseroberfläche nach Auffälligem sucht. Die fotografische Dokumentation gestaltet sich dabei wegen der starken Kontraste schwierig und der besonders steile Farbdiafilm erreicht dabei oft die Grenze seiner Darstellungsfähigkeit für Hell und Dunkel. Lösungen bieten hier Punktbelichtungsmessungen und Belichtungsreihen auf für solche Aufnahmen besser geeigneten Schwarzweißfilmen. In der ernsthaften Flugprospektion sollten die Kameras diese Verfahren anbieten. Der ideale Blick- und Aufnahmewinkel ist dabei meist sehr viel enger als bei Gegenlichtaufnahmen von anderen Merkmalen. Um den optimalen Sichtwinkel zu erreichen, wird eine genaue Fixierung nach Richtung und Höhe verlangt, die wiederum ein mehrfaches Umkreisen der Fundstelle erfordert, bis der ideale Beobachtungs- und Auslösepunkt erreicht ist. Die Arbeit mit Flutmerkmalen kann deshalb besonders zeitaufwendig sein, und die Aufnahmereihen erfordern entsprechende höhere Bilderzahlen. Ähnlich genaues Fliegen und Positionieren wie über der Flut erfordern die Suche und das Fotografieren von Spuren in reflektierenden, wassergesättigten Ackeroberflächen, meist im Löß, während und unmittelbar nach der Schneeschmelze.

Zuweilen schwemmt eine Flut auch Spreu und Stroh heran und bekränzt, womit sie zugleich ihren Höchststand markiert, fotogen und verräterisch geduckte Grabhügelköpfe.

Schneemerkmale

Der Wind trägt im freien Feld von erhöhten Stellen wie Grabhügelkuppen den Schnee ab, um ihn in Luv und Lee *110*
auf flachsten Erhebungen wieder anzulagern. Zugleich füllt er in der Ebene die Senken, etwa seichte Grabenzüge, auf. Das Ergebnis solch prospektionsfreundlichen Transports vermittelt die Farbtafel vom Neuhauser **130**
Grabhügelfeld. So markiert der Wind das antike Relief in oft graphisch reizvoller Weise und trägt zur Sichtbarkeit und Entdeckung obertägiger Denkmäler bei, auch wenn diese sich im Niveau nur noch um wenige Dezimeter von ihrer Umgebung abheben und für den Beobachter am Boden meist unerkannt bleiben.

Ähnlich wirken Sonnenstrahlen, die zuweilen noch vor Beginn des echten Tauwetters Schnee an den ihnen zugewandten Hängen oder Grabenböschungen aufzehren. Die Deutlichkeit dieser Spuren wächst dabei mit dem steigenden Kontrast, der sich zwischen einem dunklen, freigewehten oder abgetauten Erdreich und dem Restschnee aufbaut. Die Luftbilder von Bezgenriet, Wald- **234**
hausen und Roßfeld belegen diesen Effekt auf eindrucks- **162**
volle Weise.

Wirken Wind und Sonne in der geschilderten Weise gemeinsam auf eine Schneedecke ein, so können sie auf den

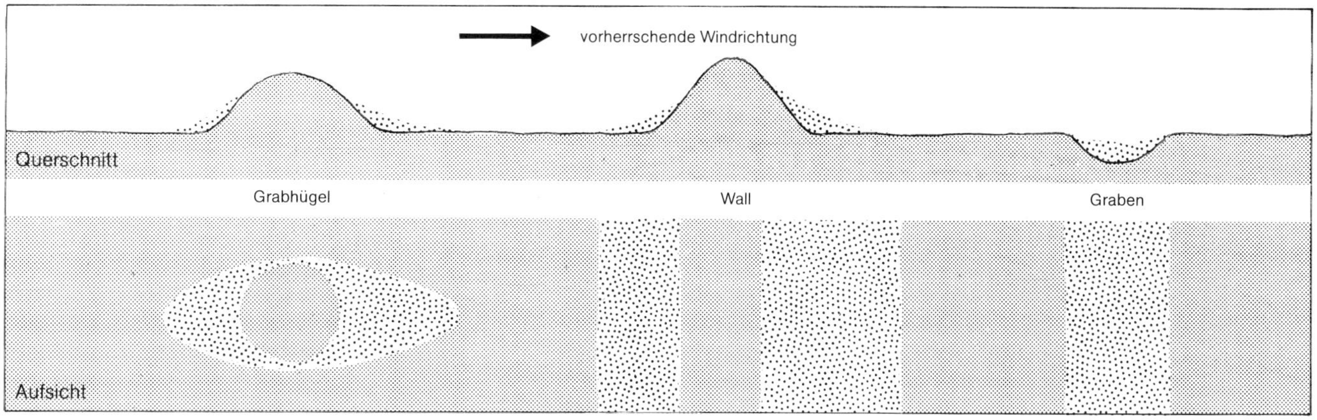

Abb. 110 Schneeverfrachtung durch den Wind und seine Ablagerung an obertägigen Denkmälern

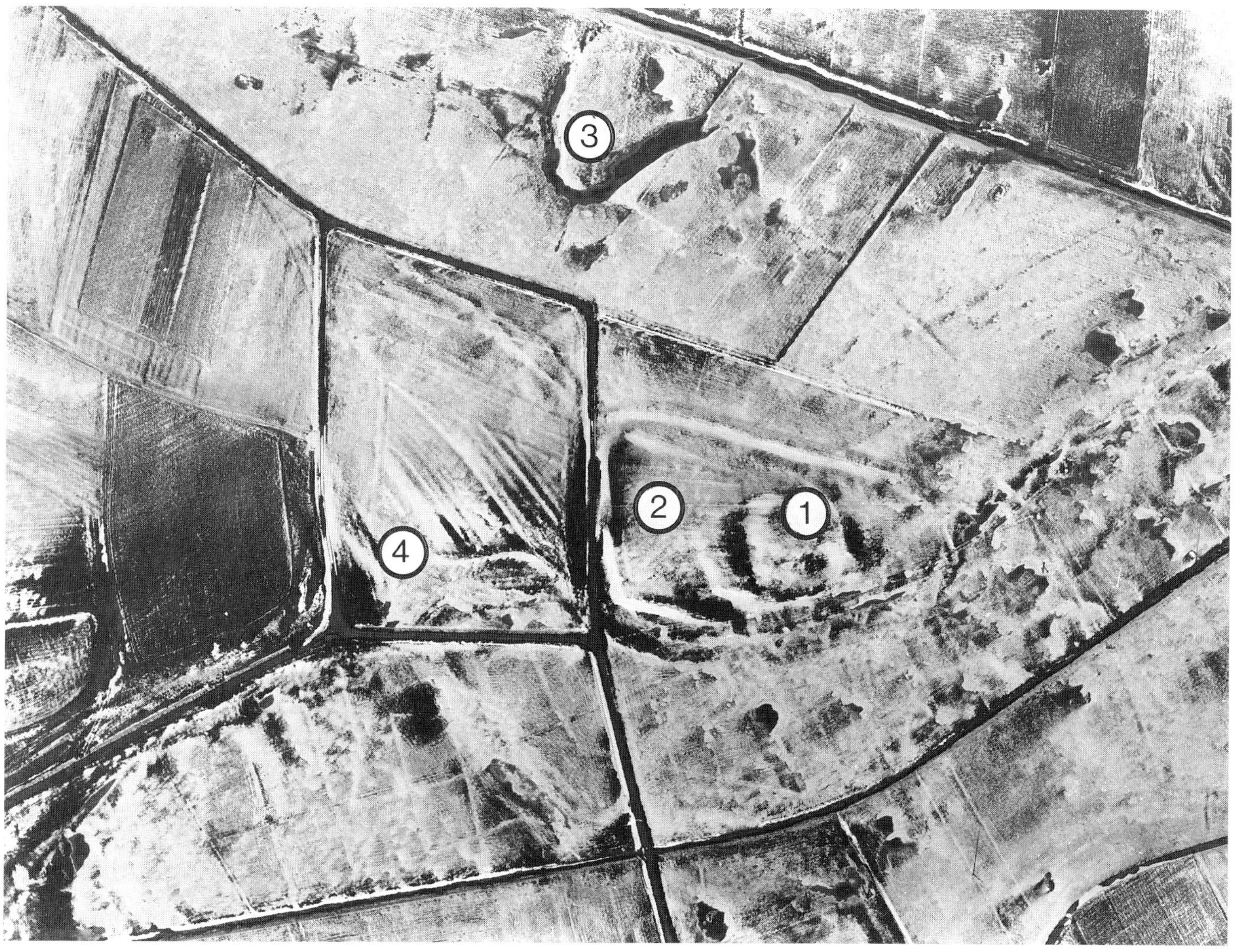

Abb. 111 Oberspeltach (Gde. Frankenhardt, Kr. Schwäbisch Hall). Der Burgstall »Schloßbuck« und sein Umfeld am 8. März 1987

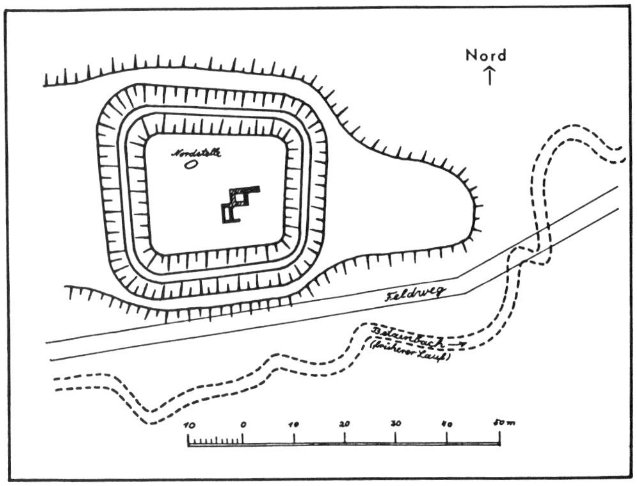

Abb. 112 Plan des »Schloßbuck« (nach I. Fischer, Crailsheim)

ersten Blick sehr verquickte Strukturen erzeugen, die jedoch weitere Entdeckungen erlauben. Ein Beispiel dafür bietet die Schneeaufnahme vom 6. März 1987, die mit
111 graphischem Reiz den bekannten Burgstall »Schloßbuck« bei Oberspeltach, Gde. Frankenhardt, darstellt. Die Wasserburg ist mit Hauptburg (1) und dem durch einen Graben abgesicherten Wirtschaftsteil (2) aufgrund ihrer geschlossenen Form zu erkennen. Oben füllt sich die Schleife an abgetrenntem Bogen (3) der einst frei mäandrierenden Speltach nach dem Frost schon wieder mit Wasser. Wölbäcker konnten schließlich bei (4) überdauern, weil der feuchte Talgrund den Bauern mit Überschwemmungen die Freude an dem Acker verdarb. Sie nutzten ihn dann als Wiese, wodurch er dem nivellierenden Zugriff ihrer Pflüge entzogen blieb. Das Bild gibt einen kurzen Märztag lang für Historiker mit unterschiedlichen Interessen etwas her: Der Wasserbauer kommt zu einem Stück alten Bachlaufs, der Agrarhistoriker findet seine Wölbäcker, und für den Burgenforscher
112 bietet sich die Gelegenheit, den Plan von I. Fischer aus dem Jahre 1936 mit dem heutigen Bild zu vergleichen. Das Luftbild entstand an einem jener Tage, an denen der Winter sich noch für Stunden in der Landschaft festkrallt, bis er den letzten Schnee zögernd preisgibt – für die Flugprospektion eine Quelle schier unerschöpflicher Überraschungen. Das Foto verdeutlicht, wie breit die in einer einzigen Aufnahme enthaltenen Informationen thematisch gestreut sein können – Anlaß, eine verbundene Nutzung historisch-archäologischer Bildarchive und der fliegenden Komponente zu überdenken, nicht zuletzt, um die Einrichtung auch für Zeiten knapper Haushaltsmittel auf sichere Füße zu stellen und zumindest den Bestand eines für die Auswertung und Informationsverteilung unverzichtbaren Schwarzweißlabors, das jüngst geschlossen werden mußte, zu gewährleisten.

Unterschiedliche Bodenoberflächen, etwa ein tiefschwarzer Meilerplatz auf hellem Sandboden, führen bei einer dünnen Schneedecke, die noch einen Teil der Sonnenstrahlung passieren läßt, aufgrund unterschiedlicher Wärmeaufnahme und Rückstrahlung des Bodens zu differenziertem Abtauen der Schneedecke. Ein Vorgang, den wir als Kinder ähnlich an den dunklen, nach wenigen

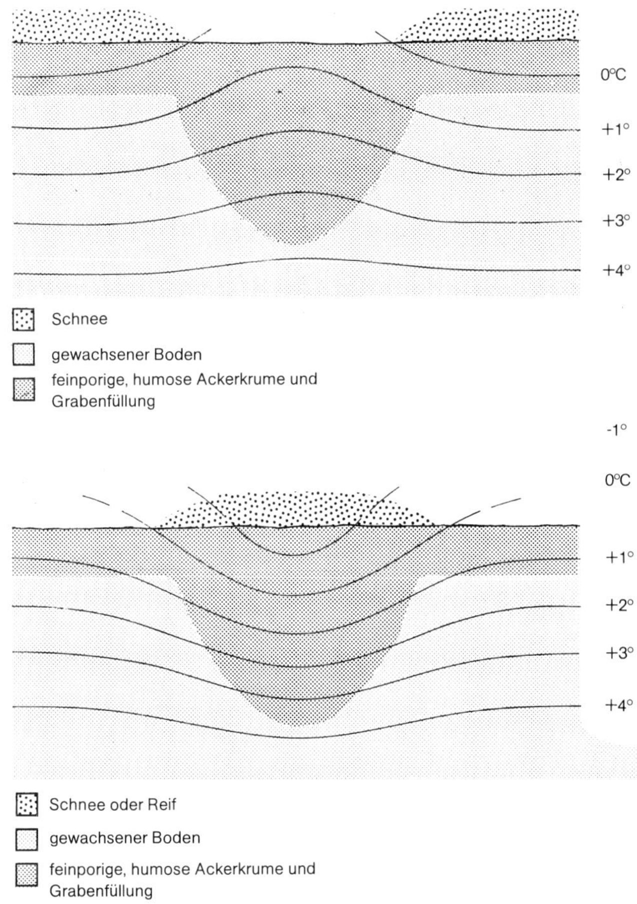

Abb. 113 Die im verfüllten, feuchten Graben gespeicherte Bodenwärme läßt im Spätherbst ein Schneemerkmal durch Abtauen erscheinen. Die vermutete Temperaturverteilung im Boden ist durch Isolinien dargestellt.

Abb. 114 Flur »Weiherwiesen« bei Essingen (Ostalbkreis). Umriß des römischen Lagers am 2. Dezember 1987 als positives Schneemerkmal

Tagen eingesunkenen Kohleaugen unserer Schneemänner beobachten konnten, wenn diese zu lange in eine wärmende Märzsonne blinzelten.

Ähnliche Merkmale begegnen uns, wenn die im feuchteren Material einer feinporigen Einfüllung stärker gespei-
113 cherte Bodenwärme, etwa im Spätherbst, den ersten Schnee über verfüllten, unterirdischen Gräben als negative Merkmale schneller abtauen läßt als über dem benachbarten ungestörten Boden, der im Extremfall als grobkörniger Kies über ein sehr viel geringeres Wasserspeichervermögen verfügen kann.

Der umgekehrte Fall tritt ein, wenn die höhere Wärmestrahlung einer dicht unter der Oberfläche verborgenen römischen Fundamentmauer zu einer stärkeren Auskühlung der bedeckenden, dünnen Bodenschicht führt oder wenn die satte Bodenfeuchte in einer Grabenverfüllung nach längerem tiefgreifenden Frost als unterirdisches Kältereservoir vereist ist und im Tauwetter die weißen Spuren bei bereits positiven Tagestemperaturen noch zäh an der Oberfläche festhält.

Ein solcher Vorgang, der dem Piloten den Eindruck vermittelt, als flöge er über geröntgte Felder, führte am 2.
Dezember 1987 in der stillen Flur »Weiherwiesen« bei *114*
Essingen auf die Spuren des römischen Militärs. Auf dem Albuch kam dort dicht vor dem Albtrauf ein exakt ausgerichteter Graben als positives Schneemerkmal in das Bild, der mit zwei abgerundeten Ecken und einem als Erdbrücke ausgebildeten Eingang den halben Umriß eines Truppenlagers verriet.

Längst eingeebnete Erdwerke, Grabhügel und Gruben können in den Äckern ihre Lage noch lange durch auffällige Farbkontraste verraten, die von Resten einst ausgeschachteter oder herangeschaffter Erde und von ausgepflügten humusreichen Einfüllungen herrühren, wenn diese sich vom anstehenden Boden abheben. Die Farbunterschiede werden besonders deutlich, wenn die
115 Denkmäler erstmals unter den modernen Pflug geraten, oder wenn dieser besonders tief geführt wird und aus den unteren Schichten fremdfarbiges Material an die Oberfläche bringt. Die Spuren erscheinen mit jedem Pflügen wieder, werden aber auf einem ebenen Acker im Laufe der Jahre immer schwächer, bis sich durch die wiederholten Feldbestellungen die Farben völlig vermischt haben. Erst ein erneutes, noch tieferes Pflügen läßt dann auch hier die Spuren wieder erscheinen. Auf einem welligen oder geneigten Feld aber, wo die Erosion kontinuierlich, oft durch Flurbereinigung und Tiefpflügen zusätzlich vorangetrieben, die Ackerkrume fortschafft, verschwinden die Spuren erst dann, wenn der Boden endlich bis zu den tiefsten Wurzeln der Denkmäler abgetragen ist. Diese verbreitete schleichende Zerstörung archäologi-

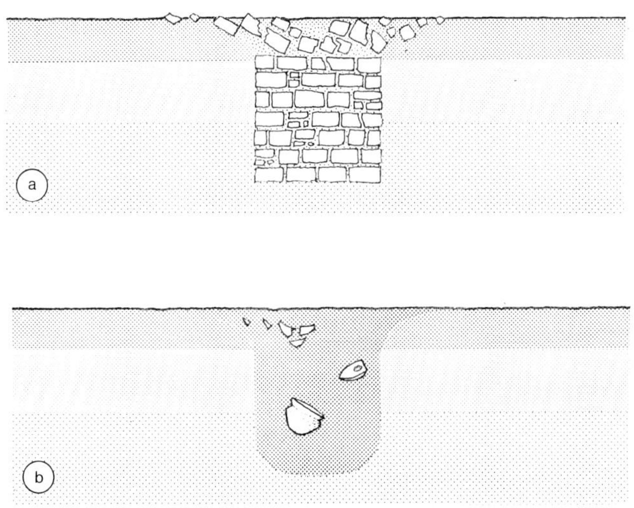

Abb. 115 Bodenmerkmale. a: ein Mauerzug wird vom Pflug erfaßt. Helle Mörtelreste und Ziegelbruch gelangen an die Ackeroberfläche. b: eine Grube mit organischen Resten und Fundstücken gibt sich in der oberen Ackerschicht als dunkle Verfärbung zu erkennen.

Abb. 116 Meimsheim (Gde. Brackenheim, Kr. Heilbronn). Ausgepflügte archäologische Spuren im Löß am 4. Januar 1991

scher Quellen ist vor allem in den Lößlandschaften Süddeutschlands zu beobachten. Das Luftbild ist in einzigartiger Weise in der Lage, den derartigen Untergang von Denkmälern nachzuweisen und festzuhalten. Die Merkmale zeigen sich am deutlichsten auf Löß-, Kalk- und Schotterböden, deren tiefere Schichten aus hellem Material bestehen. In frisch gepflügten Äckern wie im Gäu bei
Meimsheim, oder wenn Grabhügelschüttungen aus hel- 116
lem Schotter von dunklen Sedimenten umflossen wer- 117
den, sind ihre Farben am intensivsten und ihre Konturen am deutlichsten. Mit jeder nachfolgenden mechanischen Bearbeitung der Oberfläche verwischen die Farben jedoch rasch wieder, und die Konturen von Flecken und

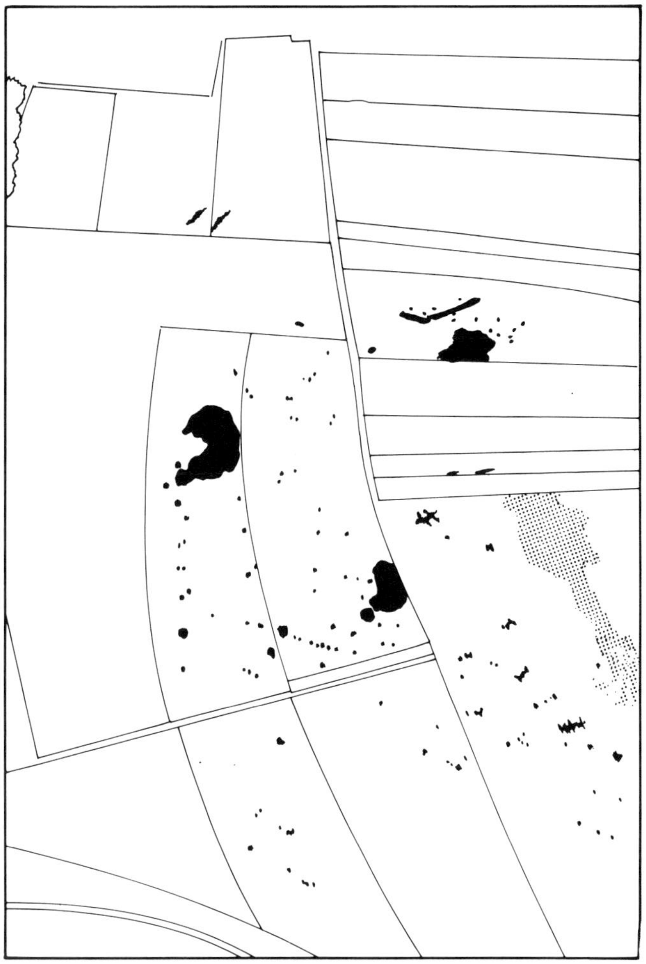

Abb. 117 Kennzeichnung der angepflügten archäologischen Befunde von Meimsheim in zeichnerischer Interpretation

Bändern verlieren sich. Äcker, die umgepflügt im Frost überwintern sollen, werden heute nach der Ernte so rasch gewendet und frisch bestellt, daß man zusammen mit den Möwen dem Bauern hinter dem Pflug nachfliegen muß, will man dort nicht die Spuren verpassen.
Für die Prospektion auf Bodenmerkmale ist ein hoher milchiger Cirrusschirm am Himmel ideal, der mit weichem hellem Streulicht von allen Seiten gleichmäßig gute Sicht auf die Fundstellen erlaubt. Gefördert wird die Erkennbarkeit von Verfärbungen auch durch eine homogene Oberflächennässe unmittelbar nach der Schneeschmelze, die eine dunklere, intensivere Tönung aller Farben bewirkt.

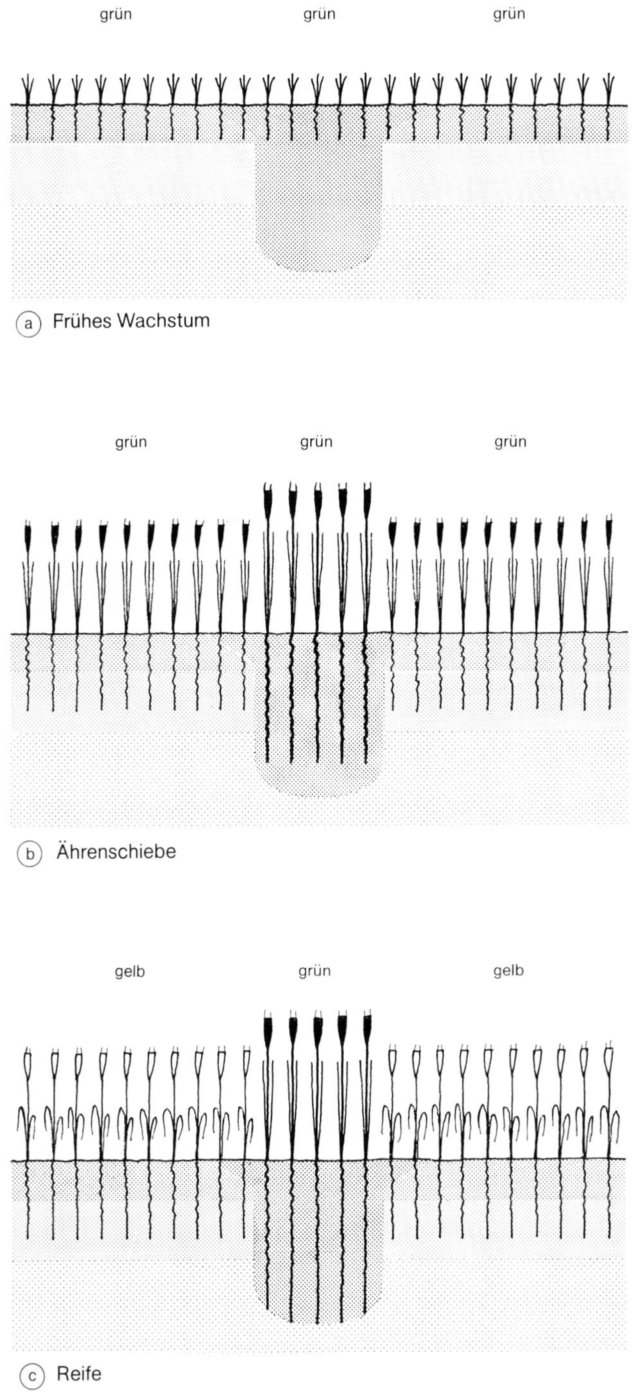

Abb. 118 Das Wuchsverhalten von Getreide im Bereich einer eingetieften Störung während des frühen Wachstums (a), der Ährenschiebe (b) und der Reife (c). Vergleiche Abb. 120

Bewuchsmerkmale

Die unter der Ackeroberfläche verborgenen Eintiefungen und Mauerzüge beeinflussen das Wachstum der großflächig und in heutiger Zeit besonders dicht angebauten Feldfrüchte und prägen im engen Raster des Pflanzenteppichs auffällige Muster in Farbe und Höhe. Ursache dafür sind Veränderungen des Feuchte- und Nährstoffhaushaltes im sonst gleichmäßigen Erdreich durch die Einfüllung oder Einschwemmung von beson-
118 ders feinkörnigem Fremd- und Oberflächenmaterial, das mehr Feuchte und zuweilen auch Nährstoffe speichern kann, als der umgebende gröbere Boden.

Aber auch eine bloße mechanische Auflockerung von besonders festen Schichten, in älteren Schotterbänken etwa durch das Ausheben eines Grabens, kann das spätere Wurzelwachstum fördern und damit zugleich die oberirdische Pflanze größer und kräftiger wachsen lassen. Im umgekehrten Fall, wenn die Wurzeln schon in geringer
120 Tiefe auf einen massiven, für sie undurchdringlichen Mauerzug stoßen, bleibt auch die oberirdische Pflanze rasch im Wachstum zurück. Während die auslösenden Störungen nur als Bodenmerkmale sichtbar werden, wenn ihre andersfarbigen Einfüllungen unmittelbar an die heutige Oberfläche geraten, so sind sie als Bewuchsmerkmale durch das tiefreichende, sensible Wurzelwerk aufgespürt, im allgemeinen häufiger, bei günstigen Bedingungen sogar regelmäßig auszumachen. Die Bewuchsmerkmale, die sich am deutlichsten im Getreide ausbilden, sind deshalb in Gebieten mit intensivem Ackerbau wie bei uns in Mitteleuropa die wichtigsten und häufigsten Merkmale, die dem Flieger Hinweise auf unterirdische Spuren liefern. Deshalb haben auch die englischen Pioniere der Methode, Crawford und Riley, der Beschreibung dieser wichtigsten Merkmale breiten Raum gewidmet. Riley prägte 1946 die Bezeichnung »positive crop-marks« für Pflanzen, die über Störungen höher und üppiger wachsen und »negative crop-marks« für solche, die über Mauerzügen nur kümmerlich gedeihen.

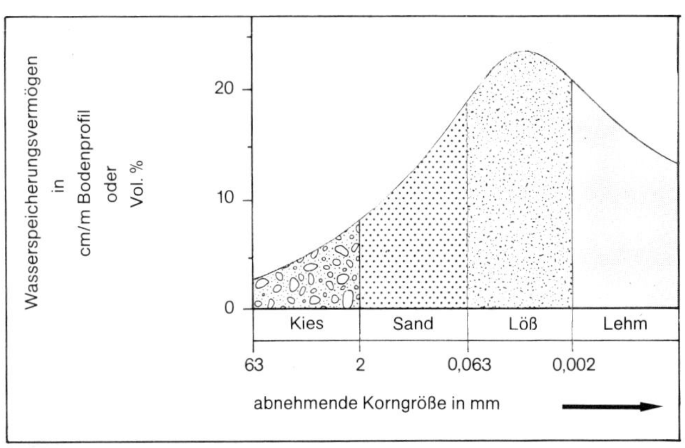

Abb. 119 Schematische Darstellung des Speichervermögens für Wasser in verschiedenen Böden mit deren Korngrößen

Positive Bewuchsmerkmale

Positive Bewuchsmerkmale bevorzugen feste Schotterböden oder grobe Sande, in denen es bei feinporigen Einfüllungen zu den erforderlichen Feuchteunterschieden
kommt. Tiefgründige, homogene Lehm- und Lößböden *119*
mit ihrem hohen Gehalt an Feinsubstanz sind insgesamt ideale Feuchtespeicher und lassen deshalb die positiven Bewuchsmerkmale nur bei ausgeprägter Trockenheit oder Dürre während der Wachstumsperiode erscheinen. Sie tragen dafür die Mehrzahl der Bodenmerkmale.

Das unterschiedliche Höhenwachstum, im Getreide werden bis zu 50 cm Differenz beobachtet, fördert besonders bei den positiven Merkmalen das hilfreiche Auftreten von zusätzlichen Schattenmerkmalen, die das Höhenrelief in noch jungen, gleichmäßig grünen oder vollreifen, gleichmäßig gelben Kornfeldern plastisch herausarbeiten (Abb. 106). Die Auflösungsgrenzen für das Auge in Flughöhen zwischen 300 und 400 m liegen bei Pfostengruben als verstärkte, positive Getreidebüschel, etwa im Bereich von 20–30 cm Durchmesser, bei Abstieg auf die zulässige Mindestflughöhe von 150 m über freiem Gelände lassen sich mit hochwertigen Objektiven bei ausreichendem Kontrast noch Objektdurchmesser von 3–5 cm dokumentieren.

Negative Bewuchsmerkmale

Ein wahrhaft armseliges Dasein führen die schon wegen
ihrer Bezeichnung benachteiligten negativen Bewuchs- *120*
merkmale. Sie fristen ihr Leben nahezu unabhängig von der jeweiligen Bodenart ebenso über verschütteten Feldgleisen, über dem Beton von Flugplätzen aus dem letzten Krieg wie über versenkten mittelalterlichen Klostermauern und den soliden Fußbodenheizungen römischer Wohnstuben und Bäder.

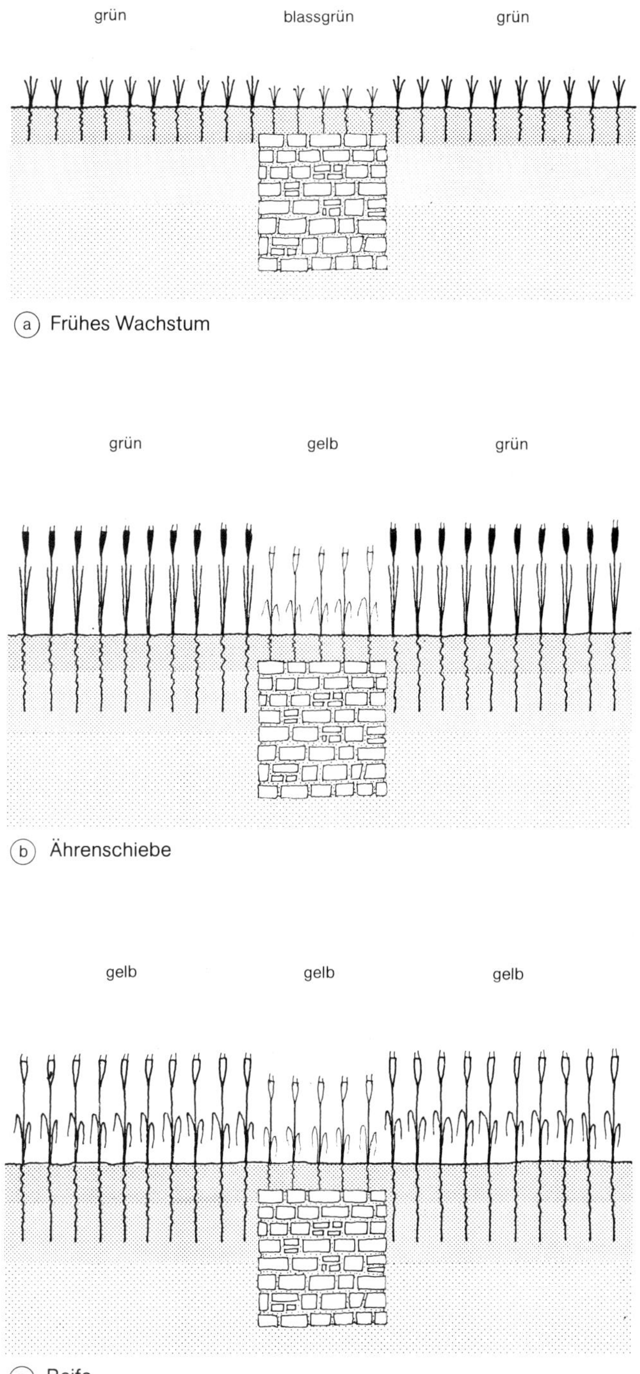

Abb. 120 Der Verlauf des Getreidewachstums über einem unterirdischen Mauerrest. Nach dem Aufgehen der Saat (a), nach der Ährenschiebe (b) und in der Reife (c)

Hinweise für die unterschiedliche Ausbildung von Bewuchsmerkmalen in Nutzpflanzen liefern deren artentypische Verdunstungsmengen. Mit Hilfe dieser individuellen Werte und der aktuellen Temperatur- und Luftfeuchtezahlen führt der Deutsche Wetterdienst agrarmeteorologische Beratungen durch, in denen er Landwirten u.a. Empfehlungen für Berieselungsmengen gibt. Die Grafik (Abb. 121) zeigt monatlich unterschiedliche Koeffizienten (mm/hPa) die nach Pflanzenart und Wachstumsphase variieren. *121* Pflanzen mit hohem Wasserverbrauch sind dabei die besten Lieferanten von archäologischen Spuren. Winterweizen und Wintergerste halten repräsentativ für die meisten Getreidepflanzen die Verbrauchsspitze mit einem Maximum im Juni, ihnen folgt an dritter Stelle die Zuckerrübe, deren höchster Wert um einen Monat versetzt im Juli erreicht wird. Die Kurven für Gras (Maxima im April und Mai) und Mais (Maximum im Juli) haben einen jeweils flacheren Verlauf und verraten damit die größere Unempfindlichkeit dieser Pflanzen gegenüber Feuchtemangel. So treten denn auch Merkmale im robusten Gras erst nach längeren Trockenperioden auf. Da die Zuckerrübe im Gegensatz zum Getreide ihr Blattwerk bis zur Ernte für die Nährstoffspeicherung nutzt, wird sie im Spätsommer nach der Getreideernte häufig zum einzigen und letzten Wirt von Bewuchsmerkmalen und liefert so neben Zucker auch noch auf dem absteigenden Ast ihrer Verdunstungskurve archäologische und geologische Informationen. Nicht sel-

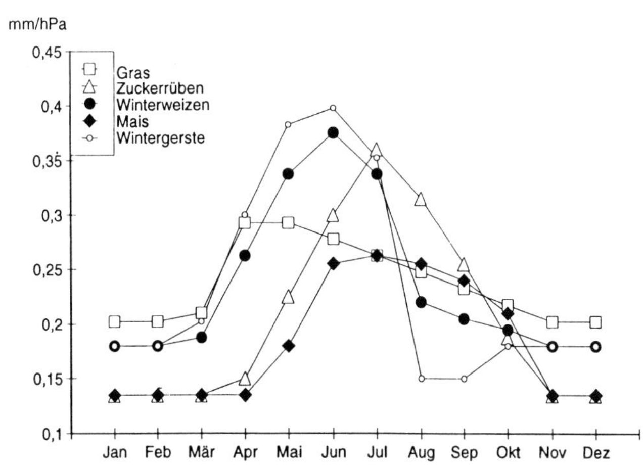

Abb. 121 Verdunstungskoeffizienten als Indikatoren für das Auftreten von Bewuchsmerkmalen

Abb. 122 Rheinsheim (Stadt Philippsburg, Kr. Karlsruhe), 17. Mai 1990. Positive Bewuchsmerkmale im Getreide

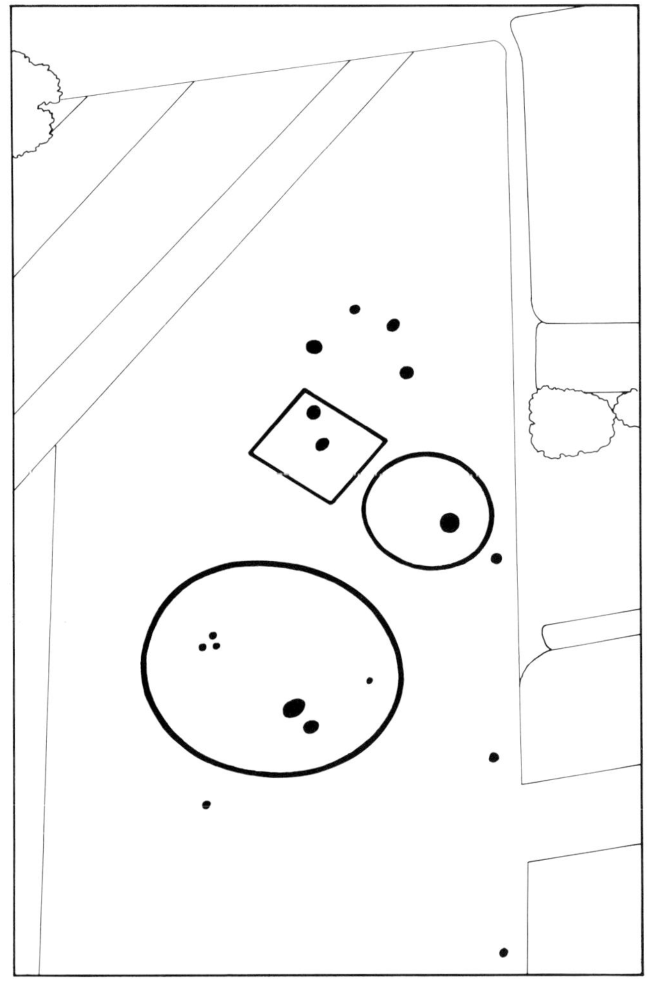

Abb. 123 Rheinsheim. Zeichnerische Interpretation der Bewuchsmerkmale vom 17. Mai 1990. Die archäologischen Spuren sind dunkel verstärkt.

ten ermöglichen die in Deutschland häufig wetterstabilen und trockenen Monate August und September nach einem mäßig erfolgreichen oder verregneten Frühsommer im Verein mit der Rübe noch gute Beobachtungsbedingungen.

Formerkennung

Das Auge erkennt archäologische Spuren indem es im Gedächtnis gespeicherte Formen mit dem aktuellen Befund vergleicht. Als Beispiel dient die Aufnahme von
122 Rheinsheim vom 17. Mai 1990, die in der Bildmitte als
dunkle positive Merkmale zwei Kreise und ein Quadrat *123*
im Getreide vorführt, denen sich dunkle rundliche Flekken zugesellen. Die Einfriedungen entsprechen dem von Ausgrabungen bekannten Formenschatz eisenzeitlicher Nekropolen in Süddeutschland, während die abgerundeten Gruben nicht eindeutig als Gräber anzusprechen sind, sie könnten auch als Vorrats- oder Abfallgruben in einer zeitlich weniger einzugrenzenden Siedlung gedient haben. An diesem Beispiel wird deutlich, daß die Interpretation der Spuren nur mit abgestufter Wahrscheinlichkeit erfolgen kann. Dabei können sich auch Fehler, etwa durch mißverstandene Agrarspuren, einstellen, wie

Abb. 124 Schloß Willenbach (Gde. Oedheim, Kr. Heilbronn). Luftbild vom 30. Mai 1990 mit Bodenmerkmalen und positiven Bewuchsmerkmalen

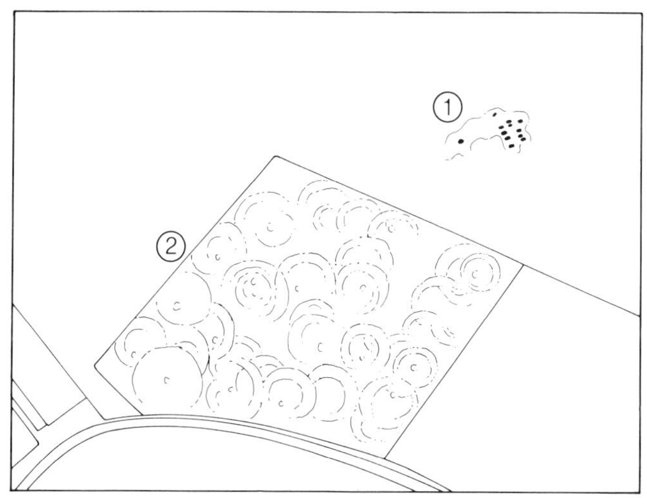

Abb. 125 Umzeichnung des Befundes von Schloß Willenbach vom 30. Mai 1990. Während sich bei (1) geostete Körpergräber im Getreide abzeichnen, täuschen bei (2) auf einem hellen Acker die Spuren versetzter Berieselungsanlagen Kreisgräben und Hügelgräber vor. Die Spuren landwirtschaftlicher Tätigkeit tragen am häufigsten zur Fehlinterpretation von Lufbildbefunden bei.

124 es die Aufnahme von Schloß Willenbach vorführt. Weil
125 sich Tausende von Fundstellen, deren erster und zugleich letzter Nachweis immer häufiger allein das Luftbild wird, nicht durch konventionelle, gezielte Ausgrabungen bestätigen lassen, nach dem Gesetz aber denkmalpflegerischen Schutz und Fürsorge verlangen, bewegen die Fragen der Datierung und Interpretation von Luftbildspuren zunehmend den Archäologen. Hier kommt ihm die Technik entgegen, die es mit Hilfe von Computern und speziellen Programmen, an deren Entwicklung in Deutschland I. Scollar, I. Herzog (Bonn) und H. Becker (München) großen Anteil haben, gestattet, aus mehreren Luftbildern, auch aus verschiedenen Jahren, interpretierte Archäologie in senkrechte Pläne, notfalls unter Hinzufügung geophysikalischer Meßergebnisse, umzuzeichnen. Erst derartige Pläne lassen sich wissenschaftlich auswerten, sie erlauben den grenzübergreifenden Vergleich von Prospektionsergebnissen; schließlich sind sie für denkmalpflegerische Gutachten nützlich und für Verfahren der Unterschutzstellung unerläßlich. Die Archäologische Denkmalpflege richtet deshalb Arbeitsplätze für die archäologische Planerstellung ein. Aus den ersten Ergebnissen wird der von R. Schwarz mit dem
128 Programm AERIAL (J. Haigh) erstellte Plan der Ehin-
129 ger Nekropole vorgestellt.

122 Das Rheinsheimer Foto macht aber auch die Zufälligkeit der Entdeckung deutlich: Die kleine Fundstelle grenzt an 10 Nachbargrundstücke, die jeweils mit andersartigen Feldfrüchten bestellt sind und in denen sich die Spuren zum Aufnahmezeitpunkt mit größter Wahrscheinlichkeit nicht gezeigt hätten. In kleinparzellierten Feldern können deshalb viele Flugjahre bis zur Entdeckung erster Fundstellen vergehen; zusammenhängende Fundkomplexe, die sich über mehrere Grundstücke erstrecken, brauchen ähnlich lange, bis sie sich unter geeigneten Bedingungen Stück für Stück offenbaren.

Abb. 126 Sontheim an der Brenz (Kr. Heidenheim). Aufnahme vom 18. Juni 1986. Römischer Gutshof in der Flur »Steinige Queil«. Die bekannte villa rustica zeichnet sich nur in den Grundstücken A und B durch negative Bewuchsmerkmale ab. Im Grundstück C ist das Getreide durch Wind und Regen umgeworfen und hat die Spuren bereits ausgelöscht. ►

Abb. 127 Sontheim an der Brenz. Aufnahme vom 21. Juli 1992. In der Flur »Steinige Queil« sind die Bewuchsmerkmale in den Grundstücken A und C zu erkennen, der Windbruch hat diesmal das Getreide in B niedergeworfen. ►

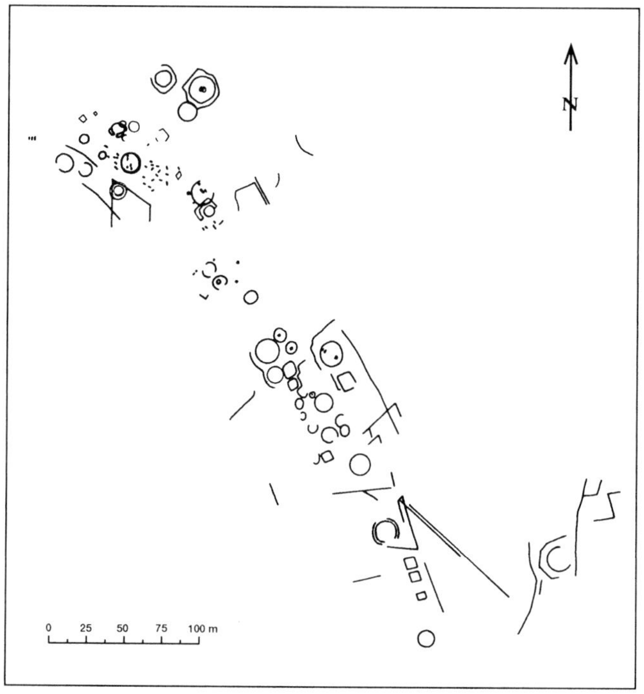

Abb. 128 Plan der archäologischen Befunde von Mühlhausen-Ehingen, erstellt aus mehreren entzerrten Luftbildern mit dem Rechnerprogramm AERIAL 4.2. Der digitalisierte Plan erlaubt die laufende Fortschreibung durch neue Aufnahmen oder durch Ergebnisse geophysikalischer Prospektion.

Abb. 129 Luftbild der eisenzeitlichen Nekropole bei Mühlhausen-Ehingen (Kr. Konstanz) vom 27. 5. 1992 mit verschiedenen Kreis- und Grabenanlagen. Aufnahmerichtung Nord-Süd. ▶

Deshalb erfordert diese Prospektion in manchen Landschaften sehr viel Geduld. Schnelle Erfolge »auf Bestellung« dürfen besonders für kleine Befliegungsgebiete nicht erwartet werden. Wie lange es dauern kann, bis sich der Umriß eines römischen Gutshofes, der auf Schotter als idealem Untergrund für die Entwicklung von Bewuchsmerkmalen gründet, in Gänze fassen läßt, zeigen
126 uns die beiden Aufnahmen aus der Flur »Steinige Queil«
127 bei Sontheim/Brenz aus den Jahren 1986 und 1992.
Bei ausreichender Landesgröße mit wechselnden Böden, die auch klimatische Unterschiede beinhaltet, erbringt eine ganzjährige Prospektion, durchschnittlich wird an 110–150 Kalendertagen geflogen, einen kontinuierlichen Zuwachs an neuen archäologischen Fundstellen, der sich in Süddeutschland linear an der Zahl der Flugtage messen läßt. Die Auswertung von 1672 Flugtagen
105 des Autors mit über 7000 archäologischen Flugstunden (Abb. 105) ergibt für den Zeitraum von 1977 bis 1992 folgende Richtwerte: Angesteuerte und dokumentierte Objekte je Flugstunde 6,0, davon 2,5 Neuentdeckungen. Aufnahmen insgesamt, Farbdia und Schwarzweiß pro Stunde 72, die einzelne Fundstelle wird durchschnittlich mit insgesamt 12 Aufnahmen dokumentiert.
Die Tatsache, daß der bekannte Denkmälerbestand mit jeder Flugstunde um durchschnittlich 2,5 Objekte zunimmt – was auch für Landschaften gilt, die bereits seit über 10 Jahren regelmäßig beflogen werden – bedeutet für die Archäologische Denkmalpflege schlicht die Forderung nach hohen Flugstundenzahlen. Läßt sich doch nur vor Zerstörung bewahren und für die Nachwelt und Forschung erhalten, was rechtzeitig bekannt ist. Zu den stündlich 6 dokumentierten Objekten tragen auch die Nachbefliegungen bereits erkundeter Fundstellen bei, bei denen sich häufig neue Erkenntnisse einstellen. Diese

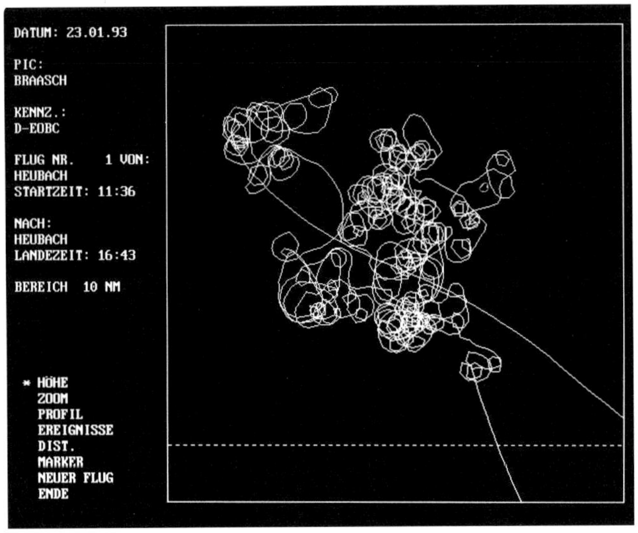

Abb. 130 Aufzeichnung eines Arbeitsfluges am 23. Januar 1993 im Satellitennavigationsprogramm »Flightware Aerial DOC«. Die Grafik zeigt, wie das Gelände kreisend abgesucht wird und läßt für jede Fundstelle, die sich jeweils im Zentrum der Kreisbahnen befindet, eine detaillierte Auswertung zu.

zusätzlichen Informationsgewinne sind in der Aufstellung jedoch nicht enthalten. Dagegen bewegen sich die stündlichen 2,5 Neuentdeckungen im eher gewohnten Formenspektrum der Grabenwerke, Hausgrundrisse, Siedlungsgruben oder ähnlich bekannter Strukturen. In der Auswertung bleibt auch unberücksichtigt, ob es sich bei einer Fundstelle um ein einzelnes Objekt oder etwa um ein Gräberfeld mit 5 oder mit 300 Gräbern handelt. Die Forderung nach möglichst vielen Jahresflugstunden bedingt, daß auf kostspielige Aufnahmetechnik überall dort verzichtet wird, wo sie den Stundenetat beschneiden würde. Das fällt jedoch nicht schwer, weil ja das Auge die eigentliche Entdeckung vor der Fotodokumentation vollziehen muß. Die Auffindung ist deshalb nicht von der fotografischen Qualität belichteter Filme oder von der technischen Raffinesse einer Kamera abhängig. Keinesfalls wird jedoch auf eine ausreichende Aufzeichnung der Befunde verzichtet – so läßt sich an der Zahl der Aufnahmen für das einzelne Objekt auch die Auseinandersetzung des Fotografen mit den Tücken seiner Entdeckungen ablesen, die ihre Details oft sorgsam verbergen. Das mag die digitale, ausschnittsweise Aufzeichnung des Ar-
130 beitsfluges vom 23. Januar 1993 mittels GPS und Laptop belegen, der sich mehrere Stunden über der fundstellenreichen Lößlandschaft bei Heilbronn bewegte.

Ausblick

Die Erfahrung lehrt, daß die sofortige Zugriffsmöglichkeit auf geologische, archäologische oder historische Informationen während der umkreisenden Auseinandersetzung mit einem neuen ungewohnten Befund die Erfolgsrate der Luftarbeit um etwa 50–100 % verbessern kann. Auch deshalb ist ein Technikverzicht, wie man ihn vorschnell aus der Bevorzugung einer pragmatischen Kleinbildlösung folgern könnte, keinesfalls angesagt. Mit dem Einzug digitalisierter thematischer Karten (Urkataster, Klima- und Bodenkarten usw.) in das Flugzeug, die als geographische Informationssysteme (GIS) von einer Datenbank mit Texten und Plänen begleitet werden, läßt sich die Effektivität der Methode noch steigern. Dann nämlich wird es leichter fallen, auch unscheinbarsten Merkmalen, denen man bisher nach kritischem Abwägen schließlich ohne zu dokumentieren doch das Flugzeugheck zukehrte, mit Geduld im Gelände nachzufliegen und diese, sobald sie mit anderen Quellen wie etwa
mit Archivalien beim Insultheimer Hof in Gleichklang **224**
kommen, als neue Mosaiksteinchen einzusammeln. Gründet doch der Identifizierungsprozeß auf eine komplexe Mustererkennung, auf eine Suche nach charakteristischen analogen Formen, die sich in Grabungsplänen und Abbildungen der archäologischen Fachliteratur finden oder als Relikte untergegangener Landschaften in historischen Karten verborgen halten.

Weil es unmöglich ist, die Flut schriftlicher Quellen und Pläne für weite Befliegungsgebiete und archäologische Landschaften ständig zu sichten und sich ihrer auf Abruf zu erinnern, bietet sich der Ausweg, zum kritischen Zeitpunkt der Fragestellung auf ein entsprechend vorbereitetes Informationspaket, das als archäologische Datenbank (ADAB) zur Zeit entsteht, zurückzugreifen – und die entscheidenden Fragen stellen sich nun einmal in der Luft. Der erste Schritt dazu ist mit dem Einzug der Satellitennavigation (GPS) in das Cockpit bereits vollzogen. Mit ihrer Hilfe lassen sich schon eine digitalisierte Karte auf dem Bildschirm eines Kleinrechners nachführen, die genaue Position des Flugzeugs im Kartenbild anzeigen, Koordinaten und Typen neuer Fundstellen per Knopfdruck speichern und schließlich der gesamte Flugweg über Stunden lückenlos aufzeichnen.

Tafelteil

Ein Jagdplatz des Urmenschen im Cannstatter Travertin

Stuttgart-Bad Cannstatt

Die warmen Mineralquellen des Cannstatter Neckartales, die während des Eiszeitalters bereits an verschiedenen Stellen zutage traten, führten zur Bildung ausgedehnter Travertinbänke. Hier rieselte das saure Wasser über zahlreiche Sinterbecken zur Talaue, seine Kalkabscheidungen verkrusteten sich zu mächtigen Ablagerungen, pflanzliche und tierische Reste eingeschlossen. Die Travertinbrüche zählen so seit Jahrzehnten zu den bekannten Fossilfundstätten des Landes. Die Sauerwasserkalke lagerten sich vor allem in den Warmzeiten zwischen den Vereisungsphasen ab. Wichtige Fragen zur Klimageschichte der Eiszeit können hier geklärt werden. Der Steinbruchbetrieb geht indessen weiter, die Repräsentativbauten Stuttgarts blenden gerne mit der porösen Struktur des schönen, lokalen Bausteins.

1980 kam es zur sensationellen Entdeckung menschlicher Spuren, eingelagert in Sand und Lehmbändern der Kalkterrassen, teilweise mit dem Fels verbacken. Seitdem wird der Travertinabbau von Ausgrabungen des Landesdenkmalamtes begleitet. Unser Bild zeigt die Grabungsmannschaft im Sommer 1991 auf einer Felsplatte des Steinbruches Lauster inmitten des Steinbruchbetriebes. Hier liegen Lagerplatzbereiche vorzeitlicher Jäger und Sammler, in denen Feuersteine und Kalke in großer Zahl zu Geräten verarbeitet und Tiere zerlegt wurden. Die meisten Geräte sind einfach zugeschlagene Gerölle mit Spitzen oder schabenden und schneidenden Kanten (1, 2), daneben gibt es Protofaustkeile (3), Schlag- und Schleudersteine. Die damalige Tierwelt ist durch Zähne und Schädel des Waldelefanten, Knochen- und Gebißreste von Nashorn, Bison, Wildpferd, Hirsch und Wildschwein belegt. Vereinzelt kommen auch Reste vom Panzer der Sumpfschildkröte vor.

Die Fundstelle wird in die Holsteinwarmzeit um 250 000 v. Chr. datiert, sie ist so alt wie der Schädel des Steinheimer Urmenschen, der im Jahre 1933 bei Steinheim aus dem Schotter der Murr geborgen wurde. Dessen Körpergestalt unterschied sich noch deutlich vom Jetztmenschen. Zusammen mit der ähnlichen Fundstelle Bilzingsleben in Thüringen sind die Befunde von Bad Cannstatt die ältesten Belege urmenschlicher Lebensweise in Europa.

H. Schlichtherle

Literatur: E. Wagner, Jäger und Sammler im Cannstatter Travertingebiet. Fundberichte aus Baden-Württemberg 11, 1986, 62 ff.

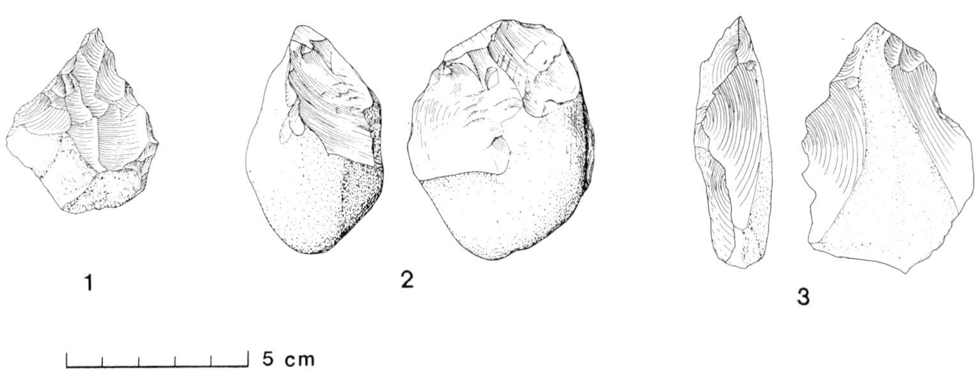

Der Vogelherd, eine Wohnhöhle der Altsteinzeit im Lonetal

Stadt Niederstotzingen, Kreis Heidenheim

Die Entdeckung von Steinwerkzeugen in einem Dachsbau wies 1930 erstmals auf einen verschütteten Hohlraum in der Kalksteinkuppe des Vogelherds hin. Die folgenden Ausgrabungen brachten eine Höhle mit drei Eingängen zum Vorschein, die durch ihren Fundreichtum und altsteinzeitliche Figurenfunde besondere Berühmtheit erlangte. Sie liegt am Ostrand des Lonetales auf der stark verkarsteten niederen Flächenalb, an der Straße zwischen Stetten und Bissingen. Weiter talaufwärts befinden sich der Hohlenstein und die Bocksteinhöhle, zwei weitere, bedeutende Fundstätten der Alt- und Mittelsteinzeit. Gustav Riek legte die Höhle am Vogelherd 1931 frei und ergrub in ihrem Inneren neun Kulturschichten mit Funden von der Mittleren Altsteinzeit bis zur Jungsteinzeit:

Schicht I	Bandkeramik	Jungsteinzeit (5400–4900 v. Chr.)
Schicht II	Magdalénien	Jüngere Altsteinzeit
Schicht III	Magdalénien	(30000–11000 v. Chr.)
Schicht IV	Aurignacien	
Schicht V	Aurignacien	
Schicht VI	Mittelpaläolithikum	Mittlere Altsteinzeit
Schicht VII	Mittelpaläolithikum	(70000–50000 v. Chr.)
Schicht VIII	Micoquien	
Schicht IX	Mittelpaläolithikum	

Die reichsten Fundhorizonte gehören dem Aurignacien an. Hier hatten im Verlauf der letzten Eiszeit größere Jägergruppen im Sommer und Herbst die Höhlen besiedelt. Sie hinterließen Feuerstellen und Ansammlungen von Steinwerkzeugen, Knochen- und Geweihgeräten. Von besonderer Bedeutung sind kleine, aus Mammutelfenbein geschnitzte Tierfiguren, die sich im Höhleninnern an einer Stelle zusammen mit einem Lochstab und anderen durchbohrten Gegenständen fanden. Die Kleinplastiken von Mammut, Wildpferd, Höhlenlöwe, Wollnashorn und Rentier oder Hirsch sind von erstaunlicher künstlerischer Qualität und gehören zu den ältesten Kunstwerken der Welt. In der ausgehenden Eiszeit, dem Magdalénien, wurde die schon stark verschüttete Höhle nur noch kurzfristig in Sommermonaten von kleineren Jägergruppen aufgesucht. Auch die Ackerbau treibenden, in festen Siedlungen ansässigen Bandkeramiker nutzten die Höhle wohl nur für zeitweilige Aufenthalte, darüber hinaus als Grablege und vielleicht auch zu kultischen Zwecken. Für die jungsteinzeitlichen Schichten des nahe gelegenen Hohlenstein sind mit Kannibalismus verbundene Rituale belegt. *H. Schlichtherle*

Literatur: J. Hahn, H. Müller-Beck u. W. Taute, Eiszeithöhlen im Lonetal, Führer zu archäologischen Denkmälern in Baden-Württemberg 3, Stuttgart,[2] 1985.

Die Jägerhaushöhle und weitere Fundstellen im Donautal bei Beuron

Kreis Sigmaringen

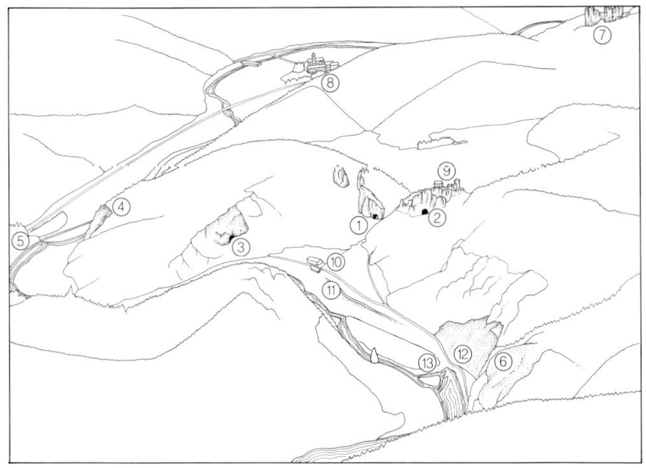

Die obere Donau hat sich über Jahrmillionen in den Boden der Albhochfläche eingegraben. So schuf sie zwischen Fridingen und Sigmaringen einen bizarren Taldurchbruch, dessen Sohle sich heute 150 m tief zwischen den Felsriffen des Weißen Jura dahinwindet. Zahlreiche Höhlen, Felsüberhänge und Bergsporne tragen hier vorgeschichtliche Siedlungsspuren. Inmitten des Bildausschnittes liegt die Jägerhaushöhle (1), mit einer bedeutenden, in ihrer Vollständigkeit für Mitteleuropa einmaligen Schichtabfolge der mittleren Steinzeit. Sie beherrscht die engste Stelle eines schmalen Taleinschnittes, durch den man gut von der Donau auf die Hochfläche aufsteigen kann. Eine Quelle in unmittelbarer Nähe der südexponierten, wie ein Hochsitz über dem Tal liegenden Höhle steigerte wahrscheinlich ihre Attraktivität für jägerische Gruppen.

Diese besiedelten sie nicht ununterbrochen, zwischen 8000 und 5000 v. Chr. suchten sie den Platz eher sporadisch, über die Jahrtausende betrachtet aber mit großer Kontinuität auf. In zehn übereinanderliegenden, durch Kalktuff eingeschlossenen Kulturschichten kamen bei archäologischen Ausgrabungen in den Jahren 1964–1967 ihre Feuersteingeräte zutage. Die Veränderung der kleinen, geometrisch geformten »Mikrolithen« im Laufe der Zeit erlaubt es, in der Jägerhaushöhle fünf Stufen der Entwicklung von der ausgehenden Altsteinzeit bis in die späte Mittelsteinzeit zu unterscheiden. Deutliche Belege für sammlerischen Nahrungserwerb sind in mehreren Schichten vorkommende Schalen von Flußmuscheln und oft nestartig angehäufte, verkohlte Haselnußschalen. Tierknochen belegen die Jagd auf Rotwild, Pelztiere und Vögel. Das Luftbild eröffnet einen großartigen Ausblick auf das Jagdgebiet, das damals auch in der Talaue völlig waldbedeckt war.

Weitere Höhlenfundplätze liegen in der Nähe, mit altsteinzeitlichen und eisenzeitlichen Funden am Probstfelsen (4), mit eisenzeitlichen Funden in der Bronnenhöhle (2), in der Franzosenhöhle (3) und gegenüber am linken Donauufer in einer Höhle im Knopfmacherfelsen (5). Auf der steilen Kuppe des »Rockenbusch« (6) befinden sich Höhensiedlungen der ausgehenden Jungsteinzeit, Bronzezeit und Eisenzeit, zudem Reste einer hochmittelalterlichen Burg. Auch auf dem »Altstadtfelsen« (7) fanden sich vorgeschichtliche Siedlungsspuren. Im Hintergrund die Benediktiner-Erzabtei Beuron (8); im Mittelgrund das Schloß Bronnen (9), zu seinen Füßen das Jägerhaus, wo historisch ein wassergetriebener Eisenhammer belegt ist (10) mit den Spuren des wohl zugehörigen Mühlekanals im Schnee (11); im Vordergrund die Abbruchstelle des tragischen Bergrutsches von 1960 (12), der die weiter donauaufwärts gelegene Bronner Mühle verschüttete. Das zugehörige Wehr und ihr Kanal (13) sind noch erhalten *H. Schlichtherle*

Literatur: W. Taute, Funde aus der Steinzeit in der Jägerhaushöhle bei Bronnen. In: Fridingen – Lebenskreise einer Stadt an der oberen Donau (Sigmaringen 1972) 21 ff.

Hausgrundrisse der Bandkeramik bei Schwetzingen

Rhein-Neckar-Kreis

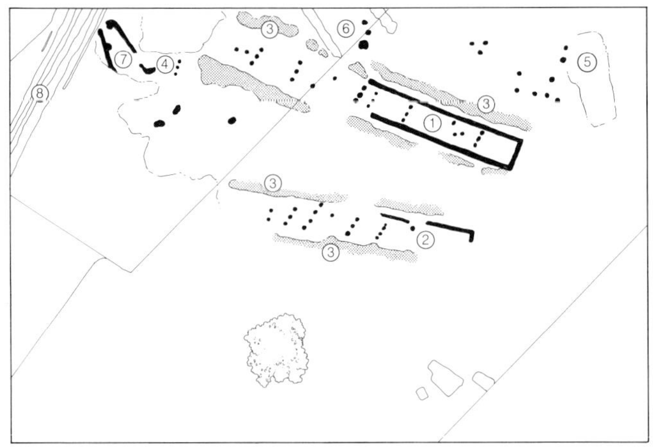

Nordwestlich des Ortsrandes von Schwetzingen in einem Bereich, in dem die Lößlehmbedeckung dünn wird und in die Sanddünen und Schotter der Rheinebene übergeht, gelang der Luftbildarchäologie vor kurzem eine überraschende Entdeckung. Bewuchsmerkmale im Getreide gaben frühneolithische Siedlungsspuren in derart großer Deutlichkeit zu erkennen, daß sogar einzelne Pfostenlöcher und Wandgräbchen von Häusern sichtbar sind. Unser Bildausschnitt zeigt zwei Langhäuser der Bandkeramischen Kultur (1–2), die von den Spuren großer Längsgruben (3) begleitet werden und sich damit hell von der Umgebung absetzen. Aus den Längsgruben war Baulehm zum Verputzen der Wände entnommen worden. Im Umfeld streuen zahlreiche Siedlungsgruben und Bauspuren anders orientierter Häuser (4–6). Ein weiterer Befund mit Wandgräbchen (7) könnte Teil eines trapezförmigen, mittelneolithischen Gebäudes sein. Sicher ist dies aufgrund des Luftbildes allein jedoch nicht.

Unklar bleibt vorerst auch die Datierung mehrerer parallel laufender Gräben (8). Somit ist – wie so oft in frühen jungsteinzeitlichen Siedlungen – eine länger anhaltende Bautätigkeit am Ort zu vermuten, in deren Verlauf es zur Überschneidung der Grundrisse kam. In benachbarten Grundstücken waren bei Neubauarbeiten in den letzten Jahren bereits einzelne Gruben zu beobachten, in denen bandkeramisches Scherbenmaterial lag. Hausbefunde waren dort jedoch nicht zum Vorschein gekommen. Die entdeckte Siedlung liegt etwa zwei Kilometer entfernt vom größten bandkeramischen Gräberfeld Südwestdeutschlands. Dort sind südlich des Schwetzinger Schloßgartens 1988–1990 etwa 200 Gräber, teilweise mit Beigaben von Tongefäßen, Waffen und Geräten, ergraben worden. Die relativ große Distanz läßt es jedoch fraglich erscheinen, daß Friedhof und Siedlung zusammengehören.

H. Schlichtherle

Moorsiedlungen am Federsee

Kreis Biberach

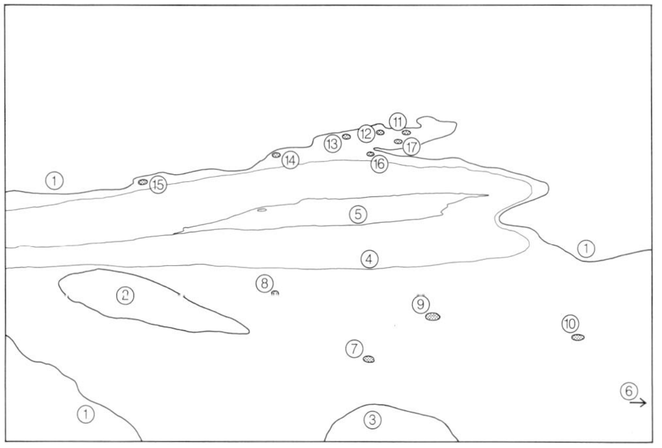

Wie die meisten Seen des Alpenvorlandes verdankt auch der Federsee seine Entstehung den landschaftsprägenden Ereignissen der Eiszeit. Moränenzüge hatten sein Becken abgeriegelt, in ihm sammelten sich zunächst Schmelzwässer einer gewaltigen Gletscherzunge, die hier während der letzten Vereisung in direkter Richtung aus dem Alpenrheintal über das Schussental am weitesten nach Norden vorstieß. Der Federsee war vor 10 000 Jahren, am Ende der Eiszeit, etwa 10 km lang. Seine alten Ufer sind im Luftbild erkennbar (1), im Vordergrund reichen sie weit aus dem Bildausschnitt heraus. Die Stadt Bad Buchau liegt auf einer ehemaligen Insel (2), der Hügel des Henauhofs (3) bildete den Kopf einer Halbinsel im nacheiszeitlichen See. Mit der Klimaverbesserung begann die rasche Verlandung seiner flachen Arme, im Mittelalter war nur noch der zentrale Bereich unter Wasser. Die Vegetation zeichnet die Ufer dieses Sees nach (4), dessen Spiegel das Stift Buchau ab 1787 absenken und regulieren ließ, um dem Moor neue landwirtschaftliche Nutzflächen und Brenntorf abzugewinnen. Der heutige Restsee (5) ist das Ergebnis der Veränderung des Seespiegels und eines fortlaufenden Ausbaus des Entwässerungssystems, das vor allem im südlichen Moor der Torfgewinnung große Flächen erschloß.

1875 kamen hier beim staatlichen Torfabbau die ersten jungsteinzeitlichen Moorsiedlungen zum Vorschein (6). Nach ihnen sind die Schussenrieder und Aichbühler Kultur benannt. Das Urgeschichtliche Forschungsinstitut der Universität Tübingen nahm unter der Leitung von R. R. Schmidt 1919 die Untersuchung an dieser Stelle wieder auf und entdeckte drei weitere Stationen, die bis 1937 unter der Leitung von H. Reinerth vollständig ausgegraben wurden: die Siedlung Taubried (7), die jungneolithische Siedlung Dullenried (8) und die spätbronzezeitliche Wasserburg Buchau (9). Ab 1983 knüpfte ein groß angelegtes Ausgrabungsprojekt in der früh- und mittelbronzezeitlichen Siedlung Forschner (10) an die Tradition der Ausgrabungen im südlichen Moor an. Erstmals wurden im nördlichen Moor weitere Siedlungen entdeckt, drei Stationen des Jungneolithikums (ca. 4200–2700 v. Chr.): Ahlen-Ahwiesen (11), Alleshausen-Ödenahlen (12) und Alleshausen-Hartöschle (13); vier Stationen des Endneolithikums (ca. 2900–2500 vor Chr.): Alleshausen-Grundwiesen (14), Alleshausen-Täschenwiesen (15), Seekirch-Achwiesen (16) und Seekirch-Stockwiesen (17). Einschließlich mehrerer Bohlenwege, etwa 40 entdeckter Einbäume und zahlreicher Einzelfunde kann der Federsee heute als fundreichstes Moor in Mitteleuropa gelten. Die Siedlungen und Funde sind in die Niedermoorflächen eingebettet und überstanden – unter Grundwasser konserviert – die Jahrtausende in hervorragendem Erhaltungszustand. Mehr als 125 Häuser mit Holzfußböden, teilweise mit erhaltenen Feuerstellen, Backöfen und Wandteilen, sind hier bereits ausgegraben worden. Schätzungsweise 200 weitere Gebäude sind insbesondere im nördlichen Moor noch nicht erforscht. Hier sollen, in Verbindung mit einer Ausweitung des Naturschutzgebietes, archäologische Reservate gebildet werden.

H. Schlichtherle

Literatur: W. Zimmermann (Hrsg.), Der Federsee. Stuttgart 1961. – H. Schlichtherle, B. Wahlster, Archäologie in Seen und Mooren. Den Pfahlbauten auf der Spur. Stuttgart 1986.

Ein Erdwerk der Michelsberger Kultur auf dem Hetzenberg

Neckarsulm-Obereisesheim, Landkreis Heilbronn

Der Hetzenberg zählt zu den seit langem bekannten Fundstellen der Michelsberger Kultur. Bereits 1809 kamen hier Funde zutage, aber erst ein Jahrhundert später bemerkte man eine ovale Grabenanlage auf dieser Lößkuppe. Als der Autobahnbau zwischen Weinsberg und Wiesloch 1966 das Siedlungsgelände durchschnitt, erfolgte eine Rettungsgrabung im Bereich der Straßentrasse. Es kamen drei parallel verlaufende Gräben der früheren Michelsberger Kultur zutage. Vor allem in der Füllung des inneren Grabens fanden sich Teilskelette von Tieren und menschliche Knochen.

Ab 1980 gelangte das Erdwerk ins Blickfeld der Luftbildarchäologie, erst jetzt wurde sein Verlauf vollständig sichtbar. Die drei bogenförmig geführten Gräben (1–3) mit ihren zahlreichen, für diese Anlagen charakteristischen Durchlässen umfassen eine Fläche von 20 ha und riegeln sie zwischen dem Steilufer des Neckars und einem Seitentälchen ab. Die Lößböden sind hier stark erodiert, der Pflug greift bereits in den Unterboden. Oberflächenbegehungen im Innern der Anlage brachten deshalb nur wenige, verwitterungsresistente Steingeräte zutage. Einige dunklere Flecken im Luftbild (4) dürften letzte Reste von Siedlungsgruben darstellen.

Die starke Erosion veranlaßte weitere Ausgrabungen 1989/90. Sie erfaßten wiederum das Erdwerk sowie einen Kreisgraben (5), der direkt an den äußersten Graben anschließt. Der rätselhafte Kreis erwies sich als jüngere, metallzeitliche Struktur; hier fanden sich Bronzesplitter, möglicherweise Reste eines Brandgrabes. Die Erdbrükken dienten wohl vorwiegend als Barriere, um bei anhaltenden Niederschlägen einen zerstörenden Wasserfluß in den Gräben zu verhindern. Die Grabungen konnten jedoch auch zwei echte Tordurchlässe mit entsprechenden Einbauten feststellen, die etwa 50 m voneinander entfernt liegen. Zudem fanden sich Hinweise auf einen holzverschalten Erdwall mit Aussparungen in den Torbereichen hinter den Gräben.

Solche gewaltigen Wallanlagen mit vorgelagerten Gräben, mit Torbauten und auf dazwischenliegenden Erdbrücken wohl auch mit Bastionen versehen, dienten vermutlich als Befestigung großer Siedlungen mit zentralörtlicher Funktion. So betrachtet spiegeln sie eine für die Jungsteinzeit Mitteleuropas erstaunlich frühe, stadtähnliche Konzentration von Einwohnern auf engem Raum wider.

H. Schlichtherle

Literatur: R. Koch, Zwei Erdwerke der Michelsberger Kultur aus dem Kreis Heilbronn. Fundberichte aus Schwaben NF 19, 1971, 51, ff. – J. Biel, Neue Untersuchungen in dem Michelsberger Erdwerk auf dem Hetzenberg von Neckarsulm-Obereisesheim, Kreis Heilbronn. Archäologische Ausgrabungen in Baden-Württemberg 1990, 39 ff.

Ein Erdwerk der Michelsberger Kultur bei Heilbronn-Klingenberg

Die Luftbildarchäologie entdeckte 1980 auf dem Schloßberg bei Klingenberg zwei Abschnittsgräben und zahlreiche Siedlungsgruben, die sich als dunklere Spuren im Bewuchs abzeichnen. Der Sporn mit steilem Abhang zum Neckartal trägt auf der Ostspitze eine mittelalterliche Burganlage, im Westen geht er ungeschützt in die umgebende Landschaft über. Da hier eine Ausweitung der benachbarten Wohnsiedlung geplant war, untersuchte das Landesdenkmalamt Baden-Württemberg 1986/87 das gesamte Areal, um die archäologischen Reste vor den Bauarbeiten sicherzustellen. Unser Foto zeigt den Zustand vor Grabungsbeginn, die Zeichnung den Grabungsplan. Insgesamt wurden 4 ha mit der Baggerschaufel freigelegt und die Erdspuren in mühsamer Handarbeit ausgegraben und dokumentiert. Es kamen zahlreiche jungsteinzeitliche Funde zutage, mehr als fünf Tonnen Keramik, etwa 30 000 Tierknochen und viele Kleinfunde.

Der Bergsporn war bereits von bandkeramischen Bauern besiedelt worden und wies zudem ein Hockergrab der Glockenbecherleute sowie wenige endneolithische Siedlungsgruben auf. Auch in der Späthallstatt- und Frühlatènezeit war er bewohnt. Im wesentlichen konnte jedoch eine mehrphasige Siedlungsanlage der späten Michelsberger Kultur aufgedeckt werden. Hierzu gehören die beiden bogenförmigen Gräben, die die Spornspitze während der jüngsten Siedlungsphase abriegelten und 270 Gruben. Die Sohlgräben sind bis zu 5 m Tiefe eingegraben und haben zahlreiche Unterbrechungen.

Einige dieser Erdbrücken bilden regelrechte Tordurchlässe. Zwei Torbereiche (2, 3) sind asymmetrisch zu einem aufwendiger gestalteten Mitteltor (1) angelegt. In den Grabenköpfen fanden sich hier heruntergebrochene Steinplattenlagen, wahrscheinlich Reste einer Verblendung der Torwangen. Der östliche Graben war mit Schutt eines von innen heruntergestürzten Erdwalles mit hölzerner Vorderfront gefüllt. Der Aushub der Gräben war also zu mächtigen Wällen aufgeschüttet, von der Grabensohle zur Wallkrone dürften 10 m Höhenunterschied bestanden haben.

Leider kamen – wie in nahezu allen Siedlungen der Michelsberger Kultur – keine Hausgrundrisse, sondern nur Gruben zutage, vor allem runde Kellergruben mit senkrechten Wänden. Die Erosion hat wenig eingetiefte Strukturen bereits beseitigt, teilweise waren selbst Gruben von ursprünglich 2 m Tiefe verschwunden. Das Luftbild zeigt die erodierten Gebiete in heller Färbung, mit Lößlehm abgedeckte, besser erhaltene Zonen erscheinen in dunklerem Grün. Aufgrund der Kellergruben besteht kein Zweifel, daß der Bergsporn dicht besiedelt war. Die älteren Siedelphasen der Anlage reichten dabei weit nach Westen über die Grabungsgrenze hinaus. Dort sind weitere Grabenanlagen zu vermuten.

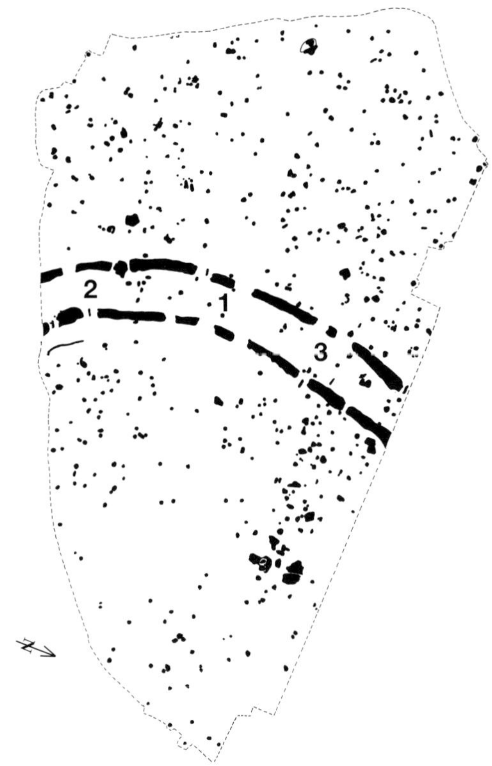

H. Schlichtherle

Literatur: J. Biel, Abschließende Untersuchungen eines Michelsberger Erdwerkes bei Heilbronn-Klingenberg. Archäologische Ausgrabungen in Baden-Württemberg 1987, 50 ff.

Der Goldberg im Nördlinger Ries

Gemeinde Riesbürg-Goldburghausen, Ostalbkreis

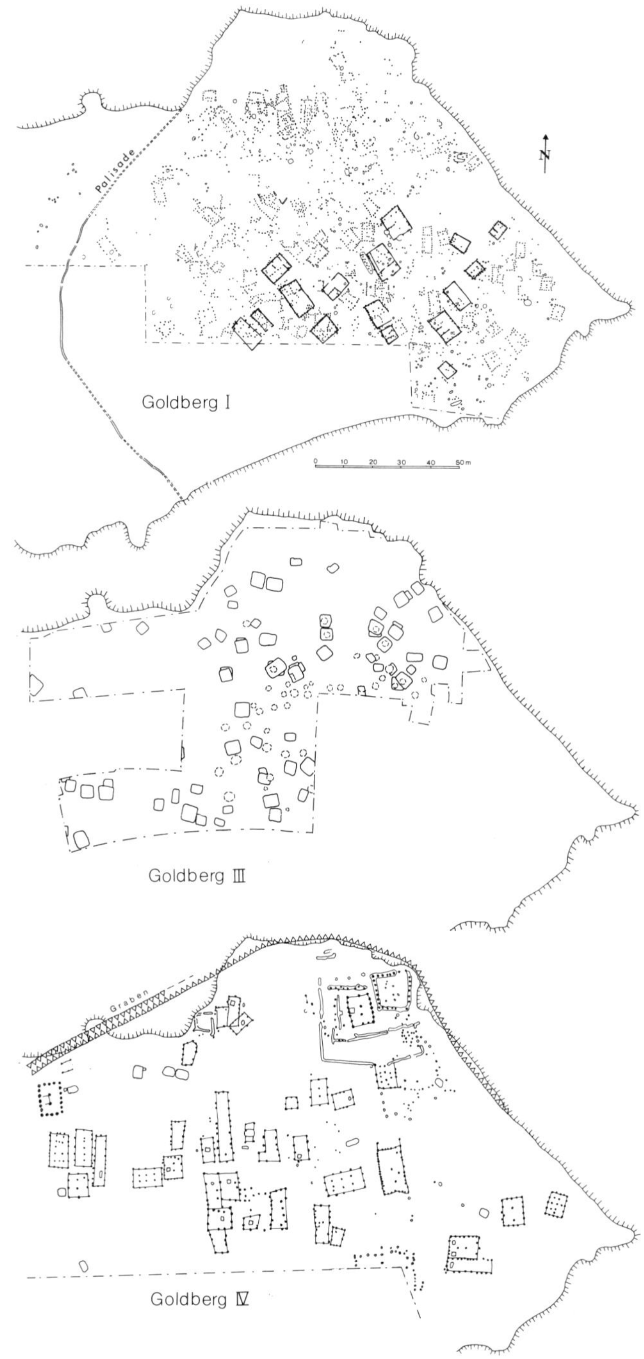

Viele Randhöhen um die fruchtbare Ebene des Nördlinger Rieses tragen vorgeschichtliche Siedlungen, in einigen Fällen auch Brandopferplätze. Unter ihnen verdient der im Westen gelegene Goldberg besondere Aufmerksamkeit. Er erhielt herausragende Bedeutung für die archäologische Forschung durch großflächige Ausgrabungen, die G. Bersu 1911–1929 auf dem Bergplateau durchführte. Der gelbe, heute von Steinbrüchen angefressene Kalkstotzen hat von Westen einen natürlichen Zugang, hier mußte er immer wieder befestigt werden. Im wesentlichen sind fünf Siedlungsperioden nachzuweisen. Sie umfassen die mittelneolithische Rössener Kultur und die verwandte »Goldbergfacies« an der Wende zum Jungneolithikum mit mehrräumigen Pfostenbauten im Schutze einer Palisade (Goldberg I), die jungneolithische Michelsberger Kultur mit etwas kleineren Pfostenbauten und einer Abschnittsbefestigung mit Sohlgraben (Goldberg II) und eine spätneolithische Siedlung mit kleinen, in den Grund eingetieften Stangenbauten (Goldberg III). Spärliche Funde der Frühbronzezeit und Urnenfelderzeit belegen weiterhin die Anwesenheit von Menschen, doch lassen sich für diesen Zeitraum keine Bebauungsspuren nachweisen.

Eine erneute, intensive Besiedlung setzte an der Wende von der frühen zur späten Hallstattzeit ein (Goldberg IV). Hinter einer Holz-Erde-Mauer mit Graben – an der West- und Nordseite nachgewiesen und wahrscheinlich die ganze Anlage umgebend – konnte eine dichte Innenbebauung festgestellt werden. Am Nordostrand lag auf dem höchsten Punkt des Plateaus ein umzäunter Gebäudekomplex, der als »Herrensitz« zu interpretieren ist. In der fortgeschrittenen Frühlatènezeit wurde erneut gesiedelt (Goldberg V), die als Fluchtburg zu deutende Anlage aber bald wieder aufgegeben. Aus römischer und alamannischer Zeit liegen nur vereinzelt Funde vor, in fränkischer Zeit bestand hier wohl zum letztenmal ein Herrschaftsmittelpunkt. Die Grabungsflächen sind eingeebnet, die Spuren der archäologischen Aktivität durch die landwirtschaftliche Nutzung verwischt. Der Berg ist heute Naturschutz- und Grabungsschutzgebiet.

H. Schlichtherle

Literatur: P. Schröter, Zur Besiedlung des Goldberges im Nördlinger Ries. Ausgrabungen in Deutschland, gefördert von der Deutschen Forschungsgemeinschaft 1950–1975. Teil 1 (Mainz 1975) 98 ff. – R. Krause, Vom Ipf zum Goldberg, Führer zu archäologischen Denkmälern in Baden-Württemberg 16 (Stuttgart 1992) 96 ff.

Jungsteinzeitliche Siedlungen auf einer Insel im Schreckensee

Gemeinde Wolpertswende, Kreis Ravensburg

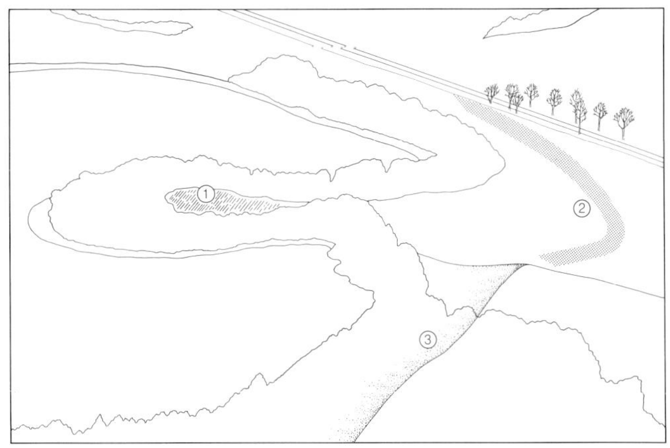

Das oberschwäbische Hügelland birgt in seinen Senken und Mulden zahlreiche Seen und Moore. Allein im Landkreis Ravensburg gibt es heute noch mehr als 100 natürliche Kleinseen und eine unübersehbare Zahl inzwischen verlandeter Gewässer. Hier fanden die jungsteinzeitlichen Siedler des Alpenvorlandes mit ihrer merkwürdigen Vorliebe für Feuchtgebiete und geschützte Lagen auf Landzungen und Inseln ideale Möglichkeiten zur Errichtung ihrer Dörfer. Der Schreckensee bei Wolpertswende ist ein eindrucksvolles Beispiel.

Auf dem Kopf einer Halbinsel, weit in die Wasserfläche vorgeschoben, liegen die Reste von drei Siedlungen (1). Pfähle, Hausgrundrisse, Feuerstellen und zahlreiche Kulturabfälle sind hier in die Seekreide- und Torfschichten eingebettet, aus denen der Untergrund des Eilandes aufgebaut ist. Der Biberacher Amateurarchäologe Heinrich Forschner legte 1921 erste Funde frei, das Landesdenkmalamt Baden-Württemberg führte 1979 Probegrabungen durch. Drei verschiedene Gruppen errichteten hier ihre Dörfer, zwischenzeitlich war der Platz jeweils für Jahrhunderte verlassen. Dendrochronologische Untersuchungen und Radiokarbondatierungen aus den geborgenen Holzproben stecken die Zeiträume der Besiedlung ab. Um 3650 v. Chr. bestand hier ein Dorf der »Pfyn-Altheimer Gruppe Oberschwabens«, um 3260 v. Chr. eine Siedlung der »Horgener Kultur«, irgendwann zwischen 2900 und 2500 v. Chr. eine Siedlung der »Goldberg III-Gruppe«. Zudem gehören einzelne Funde der Früh- bis Mittelbronzezeit an. Bohrungen ergaben, daß der Siedlungsplatz damals noch eine echte, vom Land abgekoppelte Insel war. Das Luftbild zeigt einen Strandwall (2) im heute verlandeten Bereich, der sich nach Süden in einer Kliffkante (3) fortsetzt. Dies dürfte der Rand des späteiszeitlichen Sees gewesen sein. Nicht weit davon, im Verlandungsgürtel zur heutigen Wasserlinie, lassen sich die jungsteinzeitlichen Ufer vermuten. Wahrscheinlich war es die Suche nach besonders geschützten Lagen, die zur Auswahl derart extremer Siedlungsstandorte führte. In ähnlicher Weise liegen auch im Illmensee, Olzreuter See, Steegersee und am Blinden See bei Ruprechtsbruck die Steinzeitsiedlungen auf Halbinseln. Im Musbacher Ried und im Schorrenried von Reute bei Bad Waldsee befinden sie sich auf flachen Erhebungen und Landbrücken zwischen Wasser- und Feuchtgebieten.

H. Schlichtherle

Literatur: H. Schlichtherle, Neolithische Ufersiedlungen auf der Halbinsel im Schreckensee, Wolpertswende, Kreis Ravensburg. Fundberichte aus Baden-Württemberg 6 (1981) 73 ff.

Pfahlbausiedlungen am Bodensee

Bodenseekreis und Kreis Konstanz

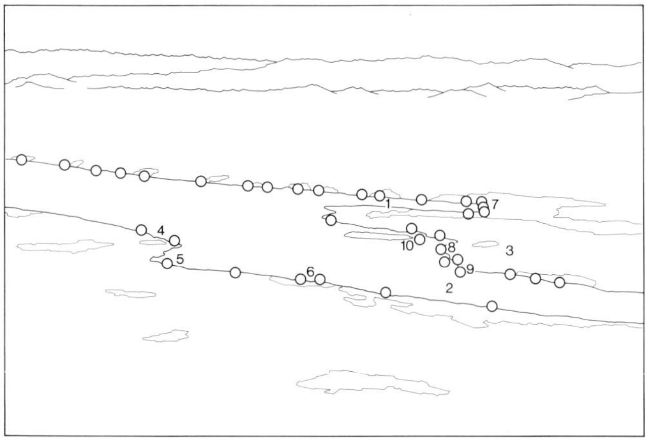

An Föhntagen erscheint die Alpenkette klar hinter dem Bodenseebecken. Der Blick reicht bis zum Säntis und in die Bündner und Glarner Alpen. Dort liegen die Quellen des Rheins, der im Sommer die Schmelzwässer von den Bergen bringt und den Wasserspiegel des Sees alljährlich um zwei Meter ansteigen läßt. Seine Ufer sind also nicht stabil, häufig fallen weite Flachwasserpartien in den Wintermonaten trocken, werden flache Ufergebiete im Sommer überflutet. Entlang einer höheren Uferlinie war der vor 10 000 Jahren noch größere See bereits von mittelsteinzeitlichen Jägern umlagert, ihre Rastplätze liegen heute in trockenem Ackerland. Bis zur Jungsteinzeit hatte der See seinen Wasserspiegel gesenkt, nun siedelten bäuerliche Gemeinschaften in der neuen Strandzone, die in etwa der heutigen Uferlinie entspricht. Ihre Siedlungsreste stecken in großer Zahl als sog. Pfahlbauten in der Flachwasserzone, immer wieder auftretende Seespiegelschwankungen überdeckten ihre Kulturschichten und Holzbaureste mit Seekreide und Sand.

Mehr als 100 Pfahlbaustationen sind am deutschen und schweizerischen Bodenseeufer nachgewiesen. Die meisten von ihnen haben jeweils mehrere Siedlungsphasen. Ihre Belegdauer reicht von ca. 4000 v. Chr. bis in die ausgehende Spätbronzezeit (ca. 850 v. Chr.). Unser Bildausschnitt zeigt den westlichen Bereich des Obersees mit dem Konstanzer Trichter (1) und den Arm des Überlinger Sees (2), der von der Halbinsel Bodanrück (3) abgetrennt wird. Die Ufer sind im Gegensatz zum östlichen Bodensee dicht gesäumt mit Pfahlbausiedlungen. Unter anderem liegen hier die wichtigen Fundstellen von Unteruhldingen (4), Maurach (5), Nußdorf (6) und Konstanz (7). Eine besondere topographische Lage nehmen die Stationen an der Landzunge des Klausenhorns bei Litzelstetten (8), an der Landzunge des Fließhorns bei Dingelsdorf (9) und in der Furt zur Insel Mainau (10) ein. Ebenfalls dicht besiedelt war das Becken des Untersees, der rechts außerhalb des Bildschnittes ein vielverzweigtes Auslaufbecken bildet. Die Pfahlbausiedlungen des Bodensees wurden 1856 entdeckt, blieben aber bis in unsere Tage weitgehend unerforscht. Für moderne siedlungsarchäologische Untersuchungen stellen sie ein äußerst wertvolles, weil unter Wasser hervorragend konserviertes Reservoir an Kulturhinterlassenschaften dar. Hier sind vor allem auch organische Materialien wie Holzbauteile, Holzgeräte, Textilien und Nahrungsreste in großer Zahl erhalten. *H. Schlichtherle*

Literatur: H. Schlichtherle, B. Wahlster, Archäologie in Seen und Mooren. Den Pfahlbauten auf der Spur. Stuttgart 1986

Jungsteinzeitliche und bronzezeitliche Ufersiedlungen um den Frauenpfahl bei Konstanz

Der Bodensee bildet bei Konstanz eine Bucht, den sog. Konstanzer Trichter, durch ihn verläßt der Seerhein den Obersee. Im Auslauf haben sich unter Wasser Untiefen aus tuffartigen Kalkausfällungen gebildet, die im Mittelalter hölzerne Strömungsleitungen und Bauwerke der »Rheinmühlen« trugen. Auf der südlichsten, dem Hafen der Stadt am nächsten liegenden Tuffbank stak als Schifffahrtszeichen der Frauenpfahl, hier wurden Missetäterinnen ertränkt. Noch heute nimmt ein besonderes Seezeichen dieses Namens (1) den Platz ein. Bereits 1882 entdeckte man in seinem Umfeld eine Pfahlbausiedlung und stellte einen Lageplan her, 1892 zog man Pfähle zur Säuberung der Schiffahrtsrinne. Da die Siedlung niemals trockenen Fußes begangen werden kann und auch bei niedrigsten Seeständen mehr als einen Meter unter Wasser liegt, fanden nie Ausgrabungen und nur gelegentliche Fundaufsammlungen vom Boot aus statt. Einige Steinbeile und Keramikfunde der Jungsteinzeit sowie Metallfunde der Bronzezeit vom Frauenpfahl liegen im Rosgartenmuseum in Konstanz.

Erst das Luftbild zeigte die Struktur und die gesamte Ausdehnung des Pfahlfeldes. Zahlreiche Pfostenreihen laufen parallel ausgerichtet über die inselartige Erhebung des Seebodens. Die Überschneidung von Pfahlreihen weist auf mehrere Siedlungen hin, deren Holzbaustrukturen sich überlagern. Einzelne Hausgrundrisse und Häuserzeilen glaubt man bereits mit bloßem Auge ausmachen zu können. Ein Algenteppich deckt das Zentrum der Anlage (2) zu, die bodengleichen Pfahlköpfe sind hier nur schwer zu sehen. Randlich stehen die Pfähle bis zu 2,5 m vom Boden ab, werden teilweise nur noch etwa 10 cm im Boden gehalten und beginnen herauszukippen. Der Hauptausfluß des Rheins (3) und die Schiffahrtslinien laufen unmittelbar vorbei. Die Peripherie des Pfahlfeldes ist bereits von der Erosion beschnitten, umfassende Palisaden sind deshalb nicht mehr feststellbar. Die Station ist durch die moderne Taucharchäologie noch kaum erforscht. Erste Pfahlproben erbrachten ein Dendrodatum von 939 v. Chr. Die Siedlung teilt ihr Schicksal einer unkontrollierten Zerstörung durch Wellenreflektion, Strömungsänderung und Schiffsverkehr mit zahlreichen anderen Pfahlbausiedlungen des Bodensees.

H. Schlichtherle

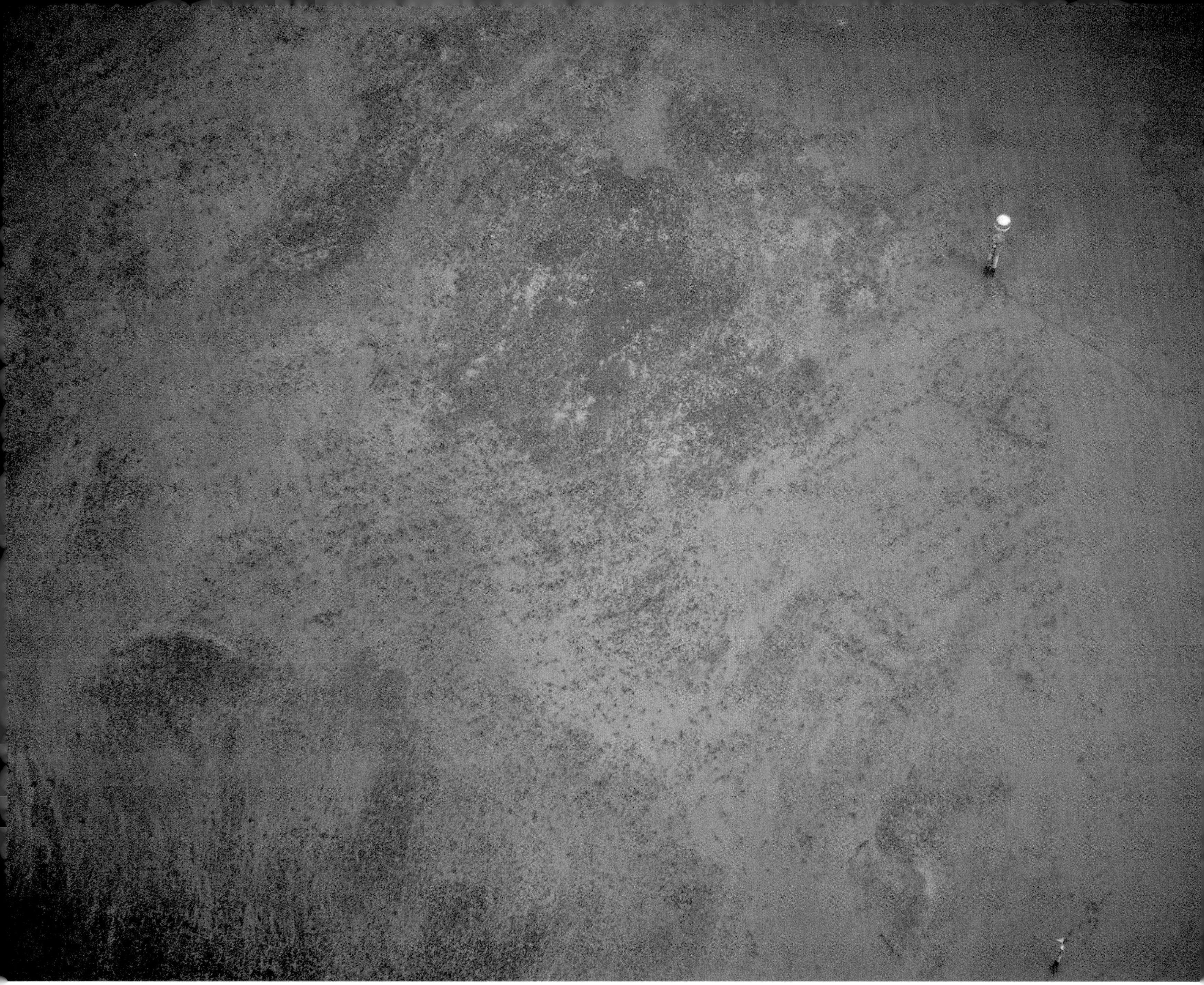

Pfahlbausiedlungen der Urnenfelderkultur bei Unteruhldingen

Gemeinde Uhldingen-Mühlhofen, Bodenseekreis

Bei winterlichem Niedrigwasser bietet sich dem Piloten vor Unteruhldingen ein faszinierendes Bild. Pfahl für Pfahl wird hier eine Ufersiedlung der spätbronzezeitlichen Urnenfelderkultur sichtbar. Über 160 m Uferlänge sind Palisadensysteme und Pfahlfelder im Flachwasser verfolgbar. Die nahegelegene Landestelle für Kursschiffe, ein Jachthafen und Wellenreflektionen an Ufermauern sind die Ursache für eine flächengreifende Erosion. Sie hat seit der Jahrhundertwende bereits 70 cm des Seebodens abgetragen; die Pfähle ragen seitdem frei ins Wasser. Ehemals zugehörige Kulturschichten sind bis auf wenige Reste abgespült, ein »Fundschleier« von zerscherbten Tongefäßen und Bronzegegenständen blieb am Seegrund zurück. Die Pioniere der Pfahlbauforschung fischten bereits mehr als 500 Bronzen, vor allem Schmucknadeln, unter anderem auch Messer, Beile, Lanzenspitzen und Angelhaken aus dem Pfahlfeld.
Taucharchäologische Untersuchungen des Landesdenkmalamtes, die 1982–1986 jeweils bei klaren Sichtverhältnissen in den Wintermonaten durchgeführt wurden, galten vor allem der Entnahme von Pfahlproben. Unser Bildausschnitt aus dem mittleren Siedlungsbereich zeigt einen solchen Streifen systematischer Holzverprobung (6), die Pfähle wurden eingemessen und abgesägt. Die dendrochronologische Untersuchung der Holzscheiben ergab drei verschiedene Siedlungen, deren Pfahlfelder sich überlagern. Eine große erste Siedlung 975–967 v. Chr. nahm die gesamte Fläche des Pfahlfeldes ein. Sie hatte eine umfassende Mischholzpalisade (1). Eine zweite Siedlung, deren Hölzer zwischen 930 und 917 v. Chr. datieren, ist um die Hälfte kleiner; die abgerundeten Ecken ihrer doppelreihigen Eichenpalisade (2) überschneiden sich mit den älteren Strukturen. Zuletzt wurde 863–850 v. Chr. wiederum eine große Siedlung mit einer Doppelpalisade aus Eiche (3) umgeben, der eine Mischholzpalisade (4) vorgelagert ist. Im Innenbereich überlagern sich die Pfähle der Hausgrundrisse (5). Sie gehören zu zwei- und dreischiffigen Pfostenbauten, die sich in dichten uferparallelen Häuserzeilen reihten. Luftbild- und Taucharchäologie erbrachten so im Zusammenwirken mit der Dendrochronologie den Beleg für Neubau und Verlagerung von Siedlungen der Spätbronzezeit in kurzen Zeitabständen von 30 bis 60 Jahren.

H. Schlichtherle

Literatur: G. Schöbel, Die Spätbronzezeit am nordwestlichen Bodensee. Taucharchäologische Untersuchungen in Hagnau und Unteruhldingen. Siedlungsarchäologie im Alpenvorland 4. Forschungen und Berichte zur Vor- und Frühgeschichte in Baden-Württemberg (1993), im Druck.

Der Bussen im oberschwäbischen Hügelland

Gemeinde Uttenweiler-Offingen, Kreis Biberach

Föhnhimmel über den Alpen. Die Hügelketten des Alpenvorlandes liegen im morgendlichen Nebel eines Herbsttages, überragt vom Bussen, dem »Heiligen Berg Oberschwabens«. Auf seinem Gipfel liegt die Wallfahrtskirche zur schmerzhaften Muttergottes, deren Gnadenbild schon von so vielen im Oberland um Kindersegen angerufen wurde – ein altes Fruchtbarkeitsheiligtum. Die Kirche, einige Mauern und ein Bergfried sind die letzten Baureste eines hochmittelalterlichen Adelssitzes des mächtigen alamannischen Geschlechts der Alaholfinger. Zudem ist der Berggipfel durch tiefe Gräben künstlich in drei Teile getrennt, umgeben von einem Graben mit vorgelagertem Wall. Ackerterrassen und Wallreste im Berghang deuten auf weitere, eingeebnete Befestigungen hin. Die vorgeschichtliche Besiedlung ist im Gegensatz zur nahen Heuneburg kaum erforscht. Scherbenfunde belegen die Besiedlung des Bussen in der jungsteinzeitlichen Rössener Kultur (1), in der Früh- und Mittelbronzezeit (2–4), in der spätbronzezeitlichen Urnenfelderkultur (5) sowie in der Hallstatt- und Latènezeit. Viel früher, in der Eiszeit, ragte der Bussen stets aus den Gletschern hervor, die an ihm vorbei bis über die Donau vorstießen und seine Konturen herausmodellierten. Als weithin sichtbare Landmarke beherrscht er seitdem den Übergangsbereich von Schwäbischer Alb und Alpenvorland im Donaubogen zwischen Herbertingen und Ehingen, das Federseebecken und das Donaubecken bei Riedlingen liegen zu seinen Füßen. Es ist möglich, daß die vorgeschichtlichen Siedlungen auf dem Bussen eine zentrale Funktion hatten, die der geographischen Bedeutung entsprach. So könnten weite Gebiete Oberschwabens einschließlich der bekannten bronzezeitlichen Siedlungen des Federsees, »Wasserburg Buchau« und »Siedlung Forschner«, unter seiner Herrschaft gelegen haben.

H. Schlichtherle

Literatur: J. Biel, Vorgeschichtliche Höhensiedlungen in Südwürttemberg-Hohenzollern, Forschungen und Berichte zur Vor- und Frühgeschichte in Baden-Württemberg 24, (Stuttgart 1987) 308 ff.

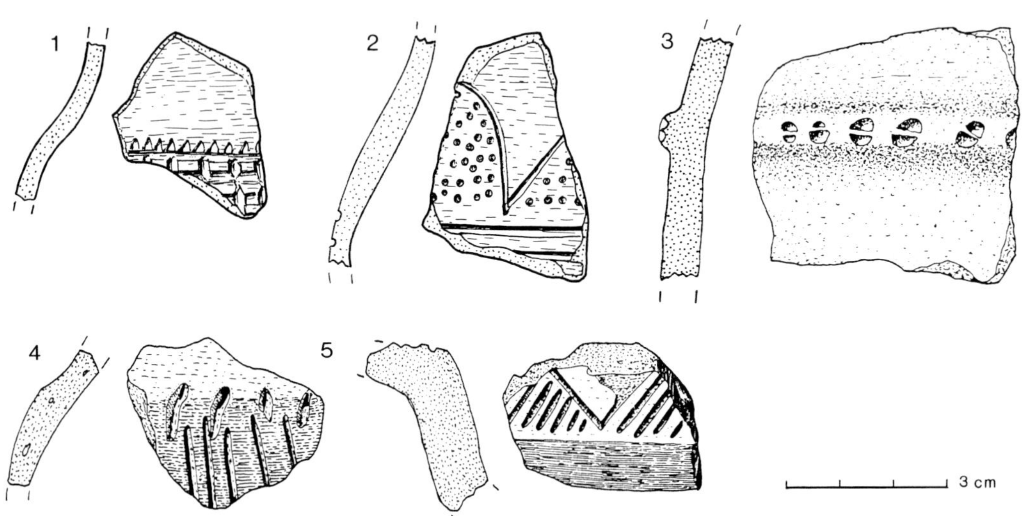

Vor- und frühgeschichtliche Höhensiedlungen auf dem Lochenstein

Gemeinde Hausen am Tann, Zollernalbkreis

Der Lochenstein, ein isolierter Weißjura-Tafelberg, überragt den Rand der »Balinger Alb« und markiert eine wichtige Verkehrsverbindung vom Neckar zur Donau. Hier steigt die von Balingen kommende Landstraße in engen Serpentinen aus dem Vorland auf und führt über die Paßhöhe in das Schlichem- und Bäratal. Funde von ortsfremdem Gestein auf dem Bergplateau – Gneis, Granit, Sandstein, Lettenkohle und alpine Gerölle – hatten die Aufmerksamkeit des Geologen O. Fraas erregt und führten 1880 zu ersten Schürfungen. Zahlreiche ornamentierte Gefäßscherben, darunter auch römische Terra sigillata und alamannische Metallfunde, verwob er mit Sagen und alljährlichen, auf dem Gipfel stattfindenden Sonnwendfeuern zum Bild einer altheidnischen Opferstätte.

G. Bersu unternahm 1923 systematische Ausgrabungen, verteilte mehrere schmale Grabungsschnitte über die Bergfläche und erbrachte den Beweis, daß hier verschiedene vor- und frühgeschichtliche Siedlungen bestanden hatten. Die ältesten Funde, einige Steinbeile und Keramikreste, gehören in die Jungsteinzeit. Weitaus umfangreicher ist das Fundmaterial der mittleren Bronzezeit. Über den gesamten Berg sind dann mehrere übereinanderliegende Schichten der spätbronzezeitlichen Urnenfelderkultur nachgewiesen, Belege einer regen Bautätigkeit, der unter anderem Herdstellen und eine Zisterne zuzuweisen sind. Danach erlosch die Besiedlung, eine stark verschwemmte Geröllschicht breitete sich aus. In der jüngeren Hallstattzeit setzte neues Leben ein. Nun scheint auf dem Südhang eine dorfähnliche Anlage mit Pfostenhäusern, deren Grundrisse teilweise in den Fels eingetieft waren, bestanden zu haben. Die Besiedlung geht dann ohne Unterbrechung bis in die mittlere Latènezeit weiter. Ab dem Beginn der Latènezeit war offenbar nur noch eine schmale, heute bewaldete Terrasse im steilen Talhang bewohnt. Hier konnte der Grundriß einer Hütte freigelegt werden. In die gleiche Zeit gehört eine Trockenmauer, die den oberen Teil des Plateaus abriegelte. Aus der spätrömischen Zeit liegen zahlreiche Keramikbruchstücke und Ziegel vor, aus der Völkerwanderungszeit Gürtelbeschläge aus Bronze und Gefäßfragmente. Die Besiedlung endete im frühen Mittelalter. Der Lochenstein gehört zur großen Zahl von etwa 50 vor- und frühgeschichtlichen Höhensiedlungen im Bereich des »Albtrauf«, wie der Steilabfall der Schwäbischen Alb genannt wird.

H. Schlichtherle

Literatur: J. Biel, Vorgeschichtliche Höhensiedlungen in Südwürttemberg-Hohenzollern. Forschungen und Berichte zur Vor- und Frühgeschichte in Baden-Württemberg 24 (Stuttgart 1987) 255 ff.

Der Ipf bei Bopfingen

Ostalbkreis

Der imposante Ipf ist als Einzelberg dem nahen Albtrauf, mit dem er ursprünglich eine Einheit bildete, vorgelagert. Er überragt die Talsohle um 210 m, von seinem Gipfel blickt man weit in das Albvorland und ins benachbarte Nördlinger Ries. Dieses fruchtbare, aus einem Meteoritenkrater entstandene Becken zählt einschließlich seiner Randgebiete zu den wichtigsten Altsiedellandschaften Süddeutschlands. Zahlreiche Bodenfunde belegen eine große Siedlungsdichte von den Anfängen der Jungsteinzeit bis zur Bronze- und Eisenzeit. Der Ipf ist in hervorragender verkehrsgeographischer Lage an einer Straßenverbindung vom Ries über das Egertal nach Westen und am Aufstieg zum »Härtsfeld« der Ostalb gelegen, also wie geschaffen als Station im Handelsnetz auch vorgeschichtlicher Kulturen. Von daher ist nur zu verständlich, daß immer wieder Siedler den dominierenden Bergkegel aufsuchten, vor allem dann, wenn man einen beherrschenden Blick über das Siedelgebiet und den Verkehrsweg für erforderlich hielt, wenn man Schutz suchte oder politische Macht weithin sichtbar zur Schau stellen wollte. Die Planierung des Gipfelplateaus und mächtige Wallanlagen veränderten die natürliche Gestalt des Berges.

Auf seiner nach Osten geneigten, flacheren Flanke liegt der antike wie heutige Aufstieg, kenntlich an der Baumreihe. Durch eine vermutete Toranlage im untersten Wall betritt man den Innenraum der Befestigung (5), eine kleine Torgasse führt unterhalb des Plateaus in eine weitere umwallte Fläche (4). Den Kern der Anlage bilden zwei Ringwälle (1, 2), in die als Zwischenwall (3) eine zusätzliche Sicherung nach Osten eingeschoben ist. Archäologische Ausgrabungen um die Jahrhundertwende brachten stichprobenartige Kenntnisse über verschiedene Steinmauern mit Holzeinbauten, die heute noch in den Wällen stecken. Eine sichere zeitliche Zuordnung einzelner Befestigungsabschnitte zu den hauptsächlichen Besiedlungsphasen in der Urnenfelder-, Hallstatt- und Latènezeit ist aber noch nicht möglich. Scherben und Steingeräte belegen zudem eine Begehung und Besiedlung des Berges in der Jungsteinzeit, in der Früh- und Mittelbronzezeit. Auch die Organisation und Innenbebauung der Anlage ist kaum erforscht. So bleibt es eine Vermutung, daß hier ein späthallstattzeitlicher Fürstensitz und ein spätkeltisches Oppidum lagen. Römische Funde verweisen auf eine mögliche Bedeutung als Beobachtungsposten im Zusammenhang mit dem Kastell Oberdorf. Seit dem Mittelalter ist auf dem Berg der »Ipftanz«, eine Mischung aus religiösem und weltlichem Fest, belegt. Von 1812 an wird die »Ipfmesse« abgehalten – seit 1829 in der Stadt –, die noch heute alljährlich stattfindet, eine lebendige Erinnerung an die einstige Bedeutung des Berges.

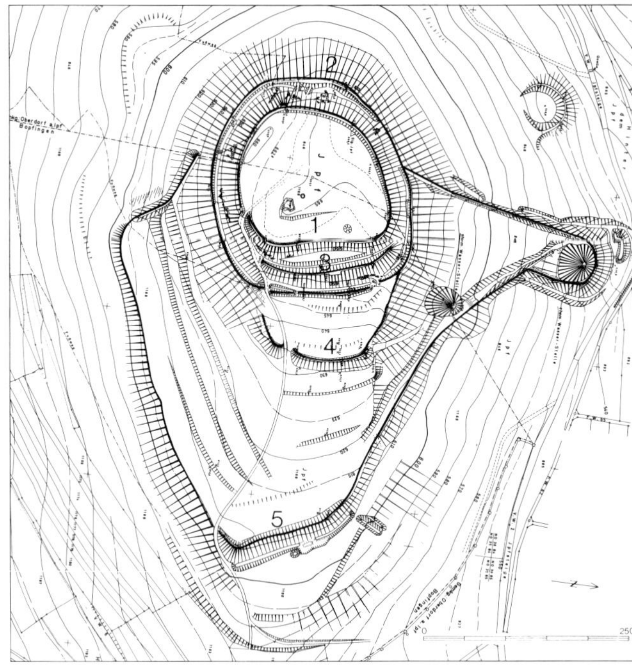

H. Schlichtherle

Literatur: R. Krause, Vom Ipf zum Goldberg. Führer zu archäologischen Denkmälern in Baden-Württemberg 16 (Stuttgart 1992) 50 ff.

Grabhügel bei Bitz

Zollernalbkreis

Am oberen Ende des Harthauser Tales, das infolge der völligen Verkarstung der Flächenalb trockenfiel, liegen im Umfeld der Gemeinde Bitz zahlreiche Grabhügel. Am eindrucksvollsten ist eine Gruppe von mehr als 20 Hügeln in der Flur Schwantel, auf freiem Acker im Grenzbereich zur benachbarten Gemeinde Freudenweiler. Insbesondere aus dieser Nekropole dürften die Altfunde stammen, die 1920 im Bereich der Markung Bitz völlig unkontrolliert in Hügeln ergraben wurden. Darunter befinden sich bronzene Nadeln, Armringe und eine Lanzenspitze der Hügelgräber-Bronzezeit. Hallstattzeitlich sind hingegen Teile von Radreifen eines Wagens, Tongefäße, ein Goldohrring, Schlangenfibeln, ein Gürtelblech und bronzene Hohlringe. Vermutlich aus einer Nachbestattung stammt das Bruchstück einer Frühlatènefibel mit Drahtbügel.

Jene Luftsportler, die am 25. Januar 1992 der Wind in ihrem bunten Heißluftballon über die verschneite Alb trieb, werden sich an der weiten Winterlandschaft erfreut haben. Ob sie das Gräberfeld überhaupt wahrgenommen haben, wissen wir nicht. Ist doch das, was wir aus der Vogelschau erkennen, stark von der thematischen Einstimmung unserer Augen bestimmt. Die im flachen Licht angestrahlten Hügel, eine tiefe Sonne zeichnet die Reihe der Tannenwipfel vom nahen Waldrand sägezahnartig auf den Schnee, markieren ihre Lage mit Licht und Schatten. Kontrastreiche Spuren zeigen deutlich die im Bodenrelief noch erhaltenen Hügel (1). Dort aber, wo sich erst nach längerem Hinsehen schwaches Hell und Dunkel voneinander absetzen mögen, liegen die Reste jener Grabmonumente (2), die der Pflug durch die Jahrhunderte fast völlig eingeebnet hat und die sich dem Fußwanderer schon nicht mehr zeigen. Wie zur Demonstration bestellt, drängt sich eine Doline (3) in das Ensemble,

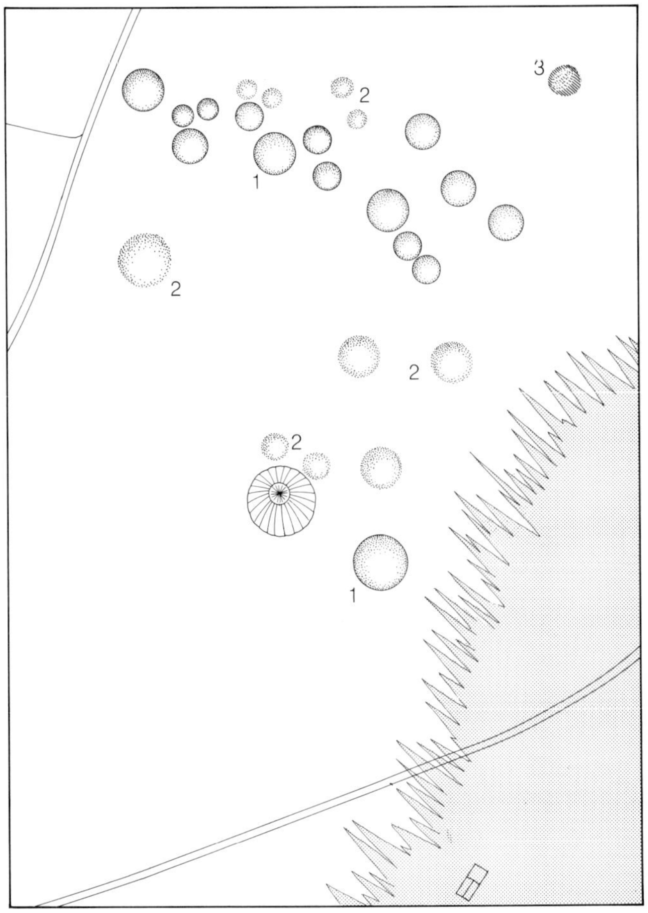

die im Gegensatz zu den Hügeln auf der sonnenzugewandten Seite mit einem Schatten aufwartet und damit ihre Eintiefung in den Karst verrät.

H. Schlichtherle, O. Braasch

Ein vorgeschichtliches Grabhügelfeld bei Neuhausen ob Eck

Kreis Tuttlingen

Folgt man der Straße von Tuttlingen nach Mengen – eine alte Querverbindung auf der Südabdachung der Schwäbischen Alb zur Umgehung des stark gewundenen Donautales –, kommt man bei Neuhausen durch ein ausgedehntes Waldgebiet, die sog. Eck. Nördlich der Bundesstraße (B 311) gewahrt man eine Gruppe von Grabhügeln. Sie liegen in einem flachen Tälchen in den »Hexenwiesen«. Unser Luftbild zeigt sie im Winter 1985 nach starkem Schneetreiben. Die bis zu 2,3 m hohen und im Durchmesser 6–22 m großen Hügel heben sich, von Schneewehen umgeben, plastisch hervor. Insgesamt 21 Hügel sind bisher vom Landesdenkmalamt registriert worden, wie der nebenstehende Vermessungsplan zeigt. Die Spuren weiterer, aber flacherer Hügel offenbaren sich im Luftbild. Auch in den umliegenden Wäldern befinden sich Grabhügelfelder. Diese Grabanlagen in den Hexenwiesen verdanken ihre gute Erhaltung langwährender Waldbedeckung und später, wahrscheinlich erst in der Neuzeit erfolgter Rodung. In Gebieten anhaltender und intensiver ackerbaulicher Nutzung sind Grabhügel längst verschliffen und abgetragen. Die Schwäbische Alb mit ihren ausgedehnten Waldgebieten ist deshalb besonders reich an erhaltenen Hügelgräbern.

Schon in der ausgehenden Jungsteinzeit wurden erste kleine Erd- und Steinhügel über Gräber gehäuft; die mittlere Bronzezeit wird nach ihren zahlreichen Grabhügeln als »Hügelgräberbronzezeit« bezeichnet. Aus dieser Epoche stammt ein Großteil der Hügelnekropolen auf der Schwäbischen Alb. Darüber hinaus sind zahlreiche weitere Grabhügel von den frühen Kelten in der Hallstattzeit angelegt worden. Teilweise kam es auch zu hallstattzeitlichen Nachbestattungen in bronzezeitlichen Nekropolen. Bereits im 19. Jahrhundert angegraben und nach Beigaben, insbesondere nach Bronzegegenständen, durchsucht, stellen viele Hügelgruppen heute Grabungsruinen dar, oft liegen keine verläßlichen Grabungsberichte vor.

Auch die Nekropole in den Hexenwiesen war bereits 1891 Ziel flüchtiger Schürfungen. Das Luftbild zeigt mehrere Hügel mit eingedellter Kuppe (3,9–11), deutliche Spuren einstiger Grabungsaktivität. Die gehobenen

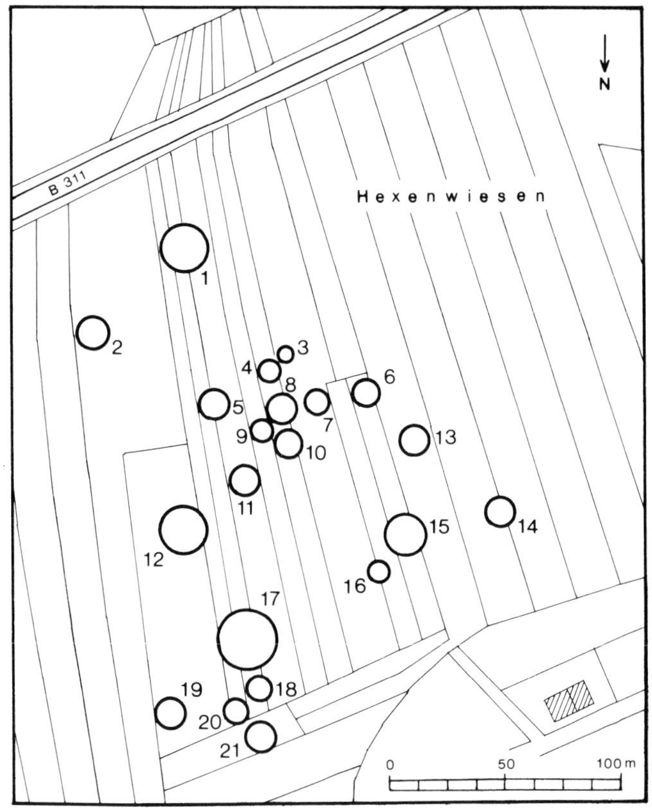

Funde sind verschollen. Immerhin erlauben spärliche Aufzeichnungen eine Zuweisung mehrerer Gräber in die Hallstattkultur. Erwähnt werden Brandbestattungen und Körpergräber, dabei bronzene Gürtelketten, Armringe und Fibeln sowie zwei eiserne Lanzenspitzen und drei kleinere Tongefäße. Die Grabhügelgruppe in den Hexenwiesen, eine der schönsten und eindrucksvollsten des Landes, steht heute als eingetragenes Kulturdenkmal unter besonderem Schutz. *H. Schlichtherle*

Literatur: H. Reim, Ein Grabhügelfeld der Hallstattkultur bei Neuhausen o. E., Kreis Tuttlingen. Kulturdenkmale in Baden-Württemberg. Kleine Führer, Blatt 43 (1978)

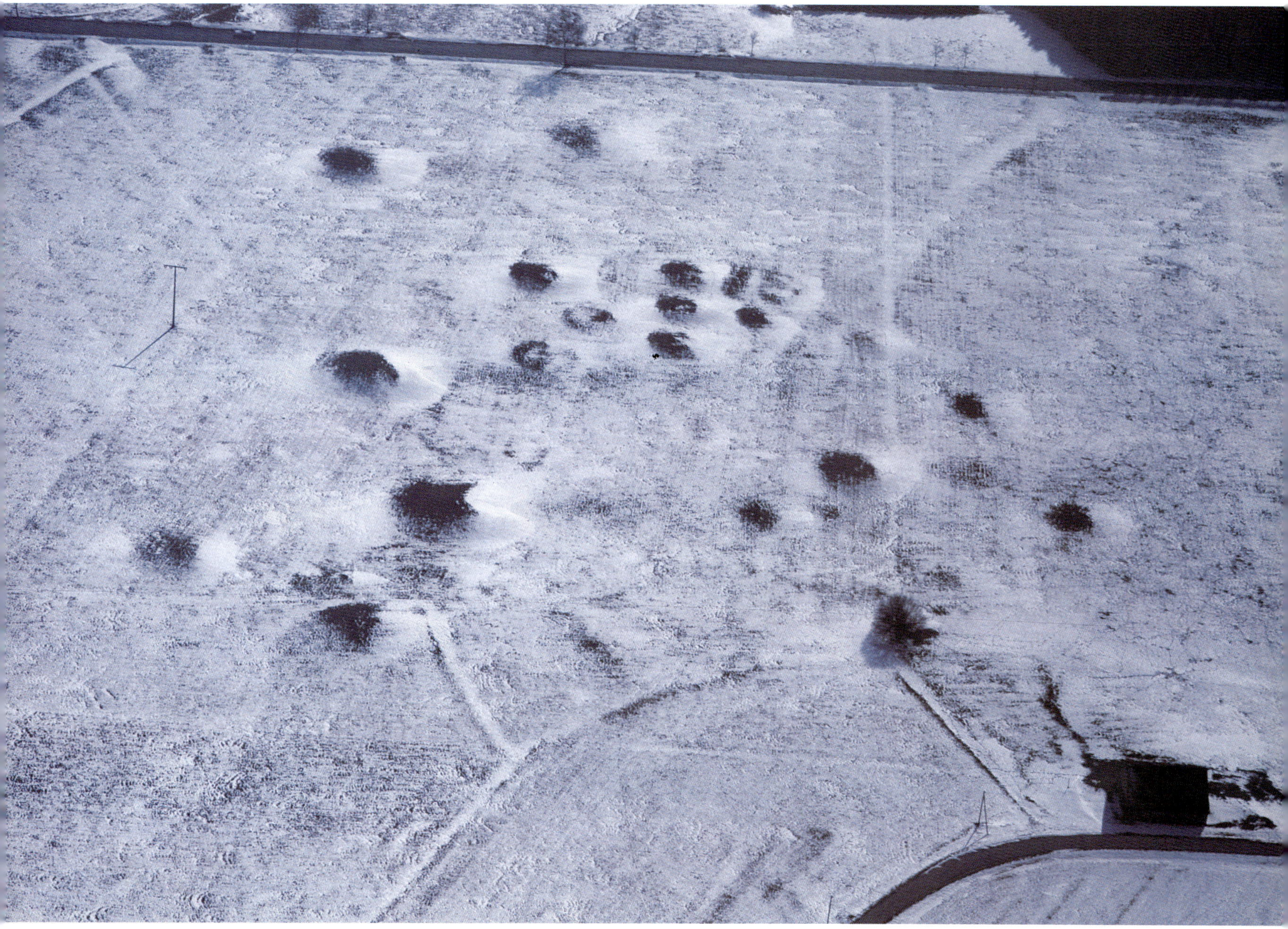

Die Heuneburg an der oberen Donau

Gemeinde Herbertingen-Hundersingen, Kreis Sigmaringen

Zwischen Mengen und Riedlingen weitet sich das Donautal in eine 4 km breite Ebene. Dieses Donauried ist heute entwässert und eine einzige, intensiv landwirtschaftlich genutzte Fläche. Noch im Mittelalter war sie von Flußschlingen und Altwassern zergliedert, und in den Moor- und Anmoorflächen standen ausgedehnte Auwälder. Das verzweigte System der alten Donauarme ist nach winterlichem Schneefall noch gut zu erkennen (8). Dahinter in beherrschender Lage auf steiler Talkante, 60 m über der Donau (9), erhebt sich das Bergplateau der Heuneburg (1). Vor allem durch groß angelegte Ausgrabungen zwischen 1950 und 1977 ist sie der mit Abstand besterforschte hallstattzeitliche bis frühlatènezeitliche Fürstensitz des Landes. Daneben sind hier bronzezeitliche und mittelalterliche Befestigungen nachweisbar.

Das Luftbild zeigt uns die planierte, in der Hallstattzeit dicht bebaute Bergfläche mit umgebendem Wall, südlich anschließend zwei tiefe Gräben frühmittelalterlicher Entstehung (2). Wahrscheinlich war diese dem Hang zugewandte, strategisch besonders schützenswerte Bergseite bereits in keltischer Zeit besonders gesichert. Daneben befindet sich auf einem weiteren Bergsporn die Staatsdomäne Talhof (3). Auch von diesem Ort liegen keltische und mittelalterliche Funde vor. In engem Zusammenhang mit der hallstattzeitlichen Burg sind auch die Reste einer durch Grabungen erschlossenen Außensiedlung zu sehen, von der ein Befestigungsgraben als Schneemerkmal erkannt werden kann (4) und deren Ausdehnung sich bis unter die Grabhügelgruppe im Talhau (5) erstreckt. Die keltische Heuneburg kann also als Akropolis einer umgebenden großen Siedlung verstanden werden. Daß hier antike Städte Vorbildfunktion hatten, belegt unter anderem die in mediterraner Art gebaute Lehmziegelmauer, deren Reste im Kern des Burgwalles stecken.

In der Umgebung der Heuneburg liegen einige Grabhügel, die sich wegen ihrer Größe und reichen Grabausstattung mit der Burg in Verbindung bringen lassen. Dies sind zunächst die bereits genannten, zuletzt 1989 untersuchten Hügel in den Gewannen Gießübel und Talhau, die heute in ihrer ursprünglichen Größe wieder aufgeschüttet sind. Südlich des Talhofes, knapp neben dem Bildrand, liegen die im Mittelalter überbauten Grabhügel Lehenbühl und Baumburg. Im Westen, weiter außerhalb des Bildausschnittes, dominiert der Hohmichele ein großes Grabhügelfeld. Im Vordergrund liegt in der Donauaue eine weitere Grabhügelgruppe, deren Haupthügel, der Bettelbühl (7), noch im vergangenen Jahrhundert 7 m hoch gewesen sein soll. Heute ist er durch die Landwirtschaft verflacht, zeichnet sich im Schnee jedoch noch gut ab, während von weiteren umgebenden Hügeln nur schwache Spuren erkennbar sind. *H. Schlichtherle*

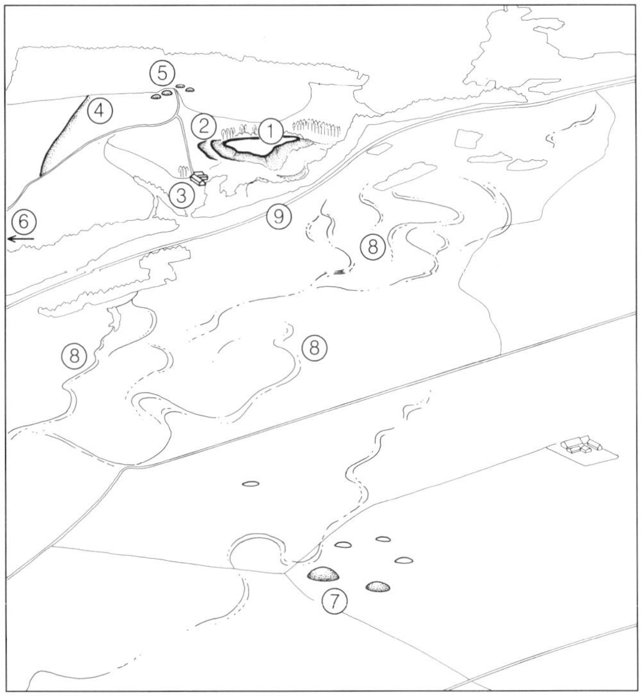

Literatur: W. Kimmig, Die Heuneburg an der oberen Donau. Führer zu archäologischen Denkmälern in Baden-Württemberg 1, Stuttgart 1983.

Der hallstattzeitliche Grabhügel Magdalenenberg

Stadt Villingen-Schwenningen, Schwarzwald-Baar-Kreis

In nächster Nähe von Villingen liegt am Hang eines bewaldeten Höhenrückens einer der größten Grabhügel der Hallstattzeit. Er hat einen Durchmesser von 100 m und ist heute auf eine Höhe von 12 m wieder aufgeschüttet. Bei seiner Entdeckung 1887 erhob er sich noch gut 7 m über den Grund. Drei Jahre später drang eine erste Ausgrabung in das Zentrum des Hügels vor und fand ein antik ausgeräumtes Zentralgrab. Als 1970–1973 der Hügel vollständig untersucht wurde, stießen die Ausgräber dank ungewöhnlich guter Konservierungsbedingungen auf große Teile der hölzernen Grabkammer, Teile eines Wagenrads, ja sogar Leder- und Textilreste.

Um das Zentralgrab lagen 127 Nebengräber mit 136 Bestattungen von Frauen und Männern, teilweise reich ausgestattet. Zudem kamen radiale Stangensetzungen zutage. Die Toten lagen in konzentrischen Kreisen um das Zentralgrab in zwei verschiedenen Orientierungen, in der einen Hügelhälfte mit dem Kopf im Uhrzeigersinn, in der anderen in Gegenrichtung. Ihre Ausstattung mit Trachtelementen, Schmuck, Waffen und Geräten ist unterschiedlich und kann aufgrund eingehender archäologischer Auswertungsarbeiten als Spiegelbild einer hierarchisch gegliederten Gesellschaft aufgefaßt werden. Möglicherweise haben hier zwei Großfamilien um das Grab eines Sippenoberhauptes bestattet.

Die zentrale Kammer aus Eichenholz wird dendrochronologisch auf das Jahr 622 v. Chr. datiert. Die Nachbestattungen kamen im Verlauf eines Vierteljahrhunderts in den Boden. Die Beraubung des Kammergrabes kann durch die Untersuchung von drei Holzspaten, die in der Kammer liegengeblieben waren, auf die Jahre nach 575 v. Chr. datiert werden.

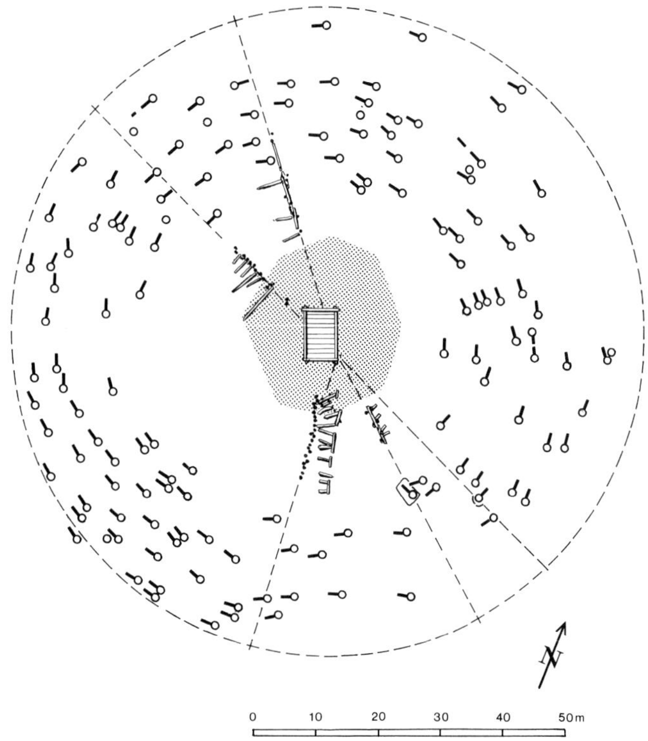

Der vollständig erhaltene Grabkammerboden und die anderen Funde sind im Franziskaner-Museum im Stadtteil Villingen ausgestellt. *H. Schlichtherle*

Literatur: K. Spindler, Der Magdalenenberg bei Villingen. Ein Fürstengrabhügel des 6. vorchristlichen Jahrhunderts. Führer zu vor- und frühgeschichtlichen Denkmälern in Baden-Württemberg 5 (Stuttgart 1976)

Der Grabhügel des Keltenfürsten von Hochdorf

Gemeinde Eberdingen, Kreis Ludwigsburg

In Sichtweite des Hohenaspergs, eines frühkeltischen Fürstensitzes in dominanter Lage über der Lößlandschaft des »Langen Feldes«, liegt der Grabhügel von Hochdorf. Er ist der älteste von mehr als zehn großen Grabhügeln im Umfeld des Burgberges, in denen Angehörige der herrschenden Dynastien von der späten Hallstattzeit bis in die Frühlatènezeit beigesetzt wurden. Der Hügel ist nach den Ausgrabungsergebnissen mit 60 m Durchmesser und 6 m Höhe rekonstruiert; dazu benötigte man 7000 m^3 Erde und 280 Tonnen Steine. Ein Steinkranz mit Holzeinbauten schützt den Hügelfuß gegen Absacken. Die Stele auf der Hügelkuppe ist in Hochdorf nicht belegt, im benachbarten Grabhügel von Hirschlanden fand sich jedoch eine aus Stein gemeißelte, lebensgroße Grabstele in Gestalt eines keltischen Fürsten.

Als der stark verschleifte Grabhügel von Hochdorf 1978/79 ausgegraben wurde, brachte dies einen archäologischen Jahrhundertfund. Sein Zentralgrab erwies sich als unberaubt. Eine doppelte Kammer mit Stein- und Holzeinbauten umgab es wie ein Tresor. Die Kammer (1) lag in einer eingetieften Grabgrube (2), deren Aushub (3) den Anfang der Hügelschüttung aus Grassoden (4, 5) und Lößlehm (6) bildete. Bestattet war hier ein etwa vierzigjähriger Mann, der seine Zeitgenossen mit einer Körpergröße von 1,83 m weit überragte. Er lag, bedeckt mit Goldschmuck – mit einem Dolch, Spitzhut, goldbesetzten Schnabelschuhen und bunten Textilien ausgestattet – auf einem Totenbett aus Bronze. Um den Hals trug er einen Goldreif, das Standesabzeichen hoher keltischer Würdenträger, wie wir es aus anderen reichen Gräbern kennen. Neben sich hatte er Jagdgerät, Angelhaken und einen Köcher mit Pfeilen, jedoch keine Kampfwaffen.

In der Grabkammer befand sich ein vielteiliges Trinkgeschirr mit großem Bronzekessel, goldenem Schöpfgefäß und Trinkhörnern. Auf einem vierrädrigen Wagen lagen Bronzeteller und Bronzeplatten aufgestapelt. Wohl ebenfalls zu diesem Speisegeschirr zu rechnen ist eine Eisenaxt zum Töten der Schlachttiere, eine Lanzenspitze und ein großes Schlachtmesser. Der Wagen mit Speichenrädern war mit verziertem Eisenblech beschlagen, auf dem Wagenkasten lagen die Schirrteile für zwei Pferde. Weitere Nachbestattungen waren im Hochdorfer

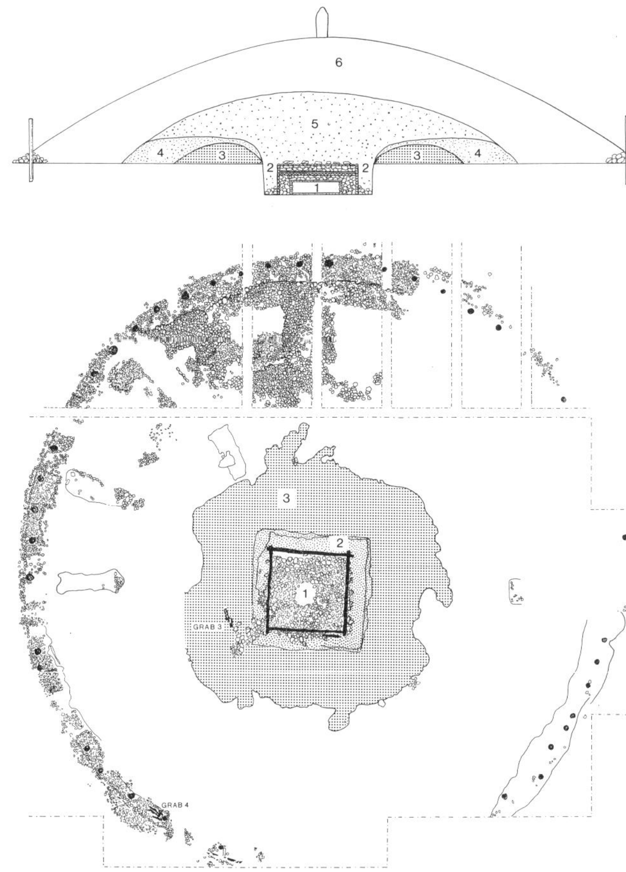

Grabhügel spärlich, wahrscheinlich sind sie durch die lange landwirtschaftliche Nutzung und Einebnung des Hügels zerstört worden.

Beim Bau des Keltenmuseums Hochdorf, in dem die Grabkammer und ihre Einrichtung rekonstruiert ist, kam inmitten der heutigen Ortschaft eine Siedlung, die mit dem Bau des Grabhügel begann und etwa 200 Jahre lang bewohnt war, zutage. Im Außenbereich des Museums sind mehrere Häuser nach den Ausgrabungsbefunden errichtet. *H. Schlichtherle*

Literatur: J. Biel, Der Keltenfürst von Hochdorf (Stuttgart 1985)

Keltisches Oppidum Heidengraben

Gemeinden Erkenbrechtsweiler, Kreis Esslingen, Grabenstetten und Hülben, Kreis Reutlingen

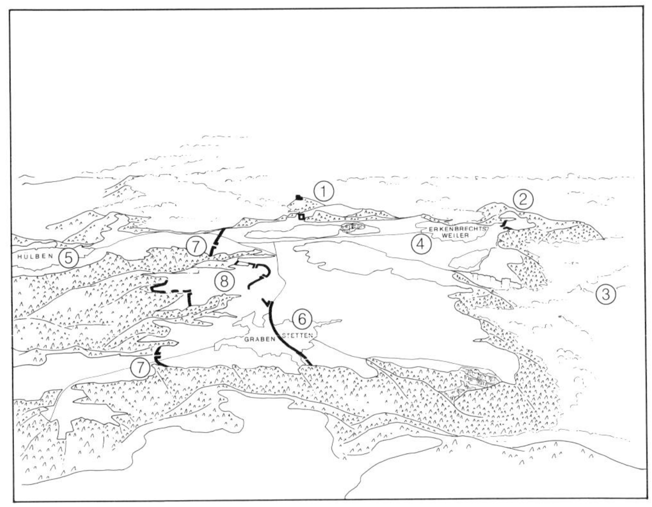

Auf einer stark verzweigten Halbinsel der Hochfläche der Schwäbischen Alb zwischen dem Steinachtal bei Neuffen im Westen und dem Lenninger Tal im Osten erstreckt sich das Oppidum Heidengraben. Das Bild zeigt diese Hochfläche deutlich begrenzt durch die Nebelbänke, die den Albtrauf mit Hohenneuffen (1), Baßgeige (2) und Lenninger Tal (3) markieren. Die heutigen drei Gemeinden Erkenbrechtsweiler (4), Hülben (5) und Grabenstetten (6) teilen sich das Areal der keltischen Stadt mit 1662 ha Innenfläche. Sie gehört zu den größten befestigten keltischen Siedlungen Mitteleuropas.

Die ausgedehnten Steinmauern, heute noch als eindrucksvolle Wälle erkennbar, lassen sich in eine äußere Befestigung (7) und in eine innere Befestigung, die sog. Elsachstadt (8), unterteilen. Das äußere System, das die Zugänge und die alten Aufgänge zur Hochfläche abzuriegeln hatte und mit den charakteristischen sog. Zangentoren ausgestattet ist, kann heute mehr oder weniger gut nachvollzogen und erkannt werden. Die Zangentore bilden deutlich nach innen ziehende Torwangen, über denen Tortürme zu rekonstruieren sind. Ein solches Tor wurde 1980 von J. Biel untersucht und ist heute restauriert. Die Torwangen bildeten eine lange Torgasse und waren für Angreifer schwer zu überwinden. Die sog. Elsachstadt mit 153 ha Innenfläche war wohl die eigentliche Siedlung. Zahlreiche, neuerdings gemachte Lesefunde bezeugen diese Annahme, auch wenn noch keine größeren Flächengrabungen stattgefunden haben.

Das Fundmaterial belegt eine Benutzung im 2. und 1. Jahrhundert v. Chr. Die jüngsten Objekte scheinen noch vor der Zeitwende zu liegen, so daß man aufgrund des derzeitigen Forschungsstandes davon auszugehen hat, daß die keltische Stadt um diese Zeit verlassen wurde.

Die Ausdehnung der befestigten Stadtanlage läßt vermuten, daß es sich hier um ein Macht- und Siedlungszentrum eines keltischen Stammes handelt, das sowohl Stadt als auch Refugium war. Zahlreiche Eisenvorkommen in unmittelbarer Umgebung könnten ein Grund dafür gewesen sein, dieses Machtzentrum hier zu errichten.

D. Planck

Literatur: F. Fischer, Der Heidengraben bei Grabenstetten. Führer zu archäologischen Denkmälern in Baden-Württemberg 2 ([3]1982) mit weiterer Literatur

Der Burgstall bei Finsterlohr – ein keltisches Oppidum

Stadt Creglingen, Main-Tauber-Kreis

Die halbinselartige Muschelkalkhochfläche westlich des Taubertals (1) zwischen Weikersheim und Rothenburg, natürlich begrenzt von zwei schluchtenartigen Tälern – der Holderbachschlucht (2) im Norden und der Schonachschlucht (3) im Südwesten – wählten die Kelten für eine befestigte Siedlung, ein sog. Oppidum. Die gesamte, etwa dreieckige Hochfläche wurde mit einer knapp 5000 m langen Mauer (4) umgeben, von der heute noch große Teile als Wall erkennbar sind. Die Umwehrung besteht aus einer Trockenmauer, an deren Vorderfront im Abstand von ca. 2 m Holzpfosten zur Befestigung standen. K. Bittel hat 1929 das »Alte Tor« (5), ein Zugang ganz im Nordwesten, untersucht. Die von Westen her besonders gefährdete Hochfläche war zusätzlich mit einer Befestigung (6) versehen.

Im Zusammenhang mit der Neutrassierung der Zufahrtsstraße nach Burgstall untersuchte H. Zürn 1973 den Hauptwall des Oppidums. Er stellte drei Bauperioden fest. Periode 1 hatte an der Vorder- und Rückfront je eine Pfostenreihe aus Rundhölzern oder Bohlen. Die Mauer der Periode 2 war eine Holz-Erde-Konstruktion aus längs und quer verlegten Balkenrosten, deren Zwischenräume mit Erde und Lehm verfüllt wurden, eine Befestigung, die dem bei Caesar überlieferten Murus Gallicus verwandt ist. Die Mauer der dritten Bauperiode war wiederum eine sog. Pfostenschlitzmauer. Die senkrechten, in der Steinmauerfront eingerammten Pfosten wurden durch mehrere meterlange Balken nach hinten versteift. Die Rückseite war hier als schräge Rampe ausgebildet.

Bisher sind aus dem Innenraum nur ganz wenige Funde ans Tageslicht gekommen. Sie geben über die Lage der eigentlichen Siedlung keine sichere Auskunft. Ohne Zweifel ist hier aber der zentrale Ort eines keltischen Volksstamms in Südwestdeutschland zu lokalisieren.

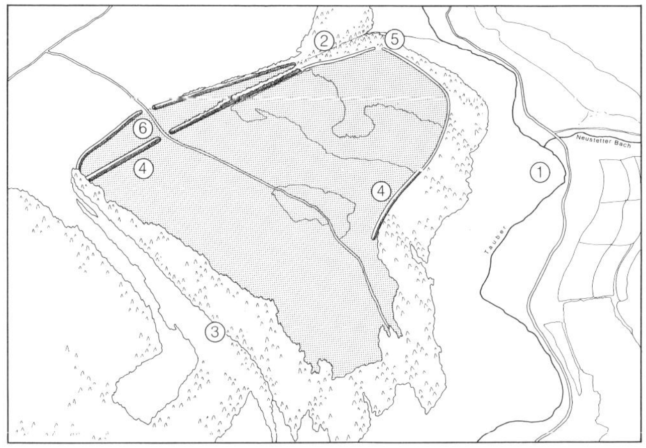

Dank systematischer Begehungen des Umlandes in den letzten Jahren sind außerdem zahlreiche spätkeltische, wohl überwiegend unbefestigte Siedlungen, aber auch mehrere bisher unbekannte keltische Viereckschanzen gefunden worden, die eine Konzentration um das eigentliche Oppidum bei Burgstall erkennen lassen.

D. Planck

Literatur: F. Hertlein, Der Burgstall bei Finsterlohr – Ein gallisches Oppidum, Fundberichte aus Schwaben 11, 1903, 7 ff. – K. Bittel, Grabungen am Burgstall von Finsterlohr, Germania 14, 1930, 30 ff. – H. Zürn, Grabungen im Oppidum von Finsterlohr, Fundberichte aus Baden-Württemberg 3, 1977, 231 ff. – E. Wagner in: K. Bittel, W. Kimmig, S. Schiek (Hrsg.), Die Kelten in Baden-Württemberg (1981) 321 ff.

Keltische Viereckschanze

Gemeinde Westerheim, Alb-Donau-Kreis

Etwa 2,4 km östlich der Gemeinde im Gewann »Waldstetten«, ist seit 1896 eine keltische Viereckschanze bekannt. Sie ist noch deutlich in der weiten Wiesenmulde erkennbar. Das Winterbild zeigt den Wall (1) als dunkle Zone, den davorliegenden Graben (2) als mit Schnee verfüllte Mulde. Die Seitenlängen betragen 66–75 m, ihre Fläche beläuft sich demnach auf etwa 0,5 ha. In der am besten erhaltenen Südseite (3) liegt um etwa 5 m aus der Mitte nach Westen verschoben die ca. 10 m breite Torlücke.

Die Winteraufnahme zeigte selbst geringe Erhebungen vorzüglich. Der Wind hat den Schnee abgeblasen und dabei leichte Überhöhungen entblößt. Die keltische Viereckschanze von Westerheim befindet sich auf der Schwäbischen Alb, wenig südlich der europäischen Wasserscheide, im Bereich der sog. mittleren Kuppenalb, die hier durch zahlreiche, in südöstlicher Richtung fließende Trockentäler gegliedert wird. In ihrer Nachbarschaft liegen mehrere keltische Grabhügel, und 300 m östlich verläuft unter dem Namen »Hochgesträß« ein Teilstück der römischen Alblimesstraße vom Kastell Burladingen zum Kastell Urspring.

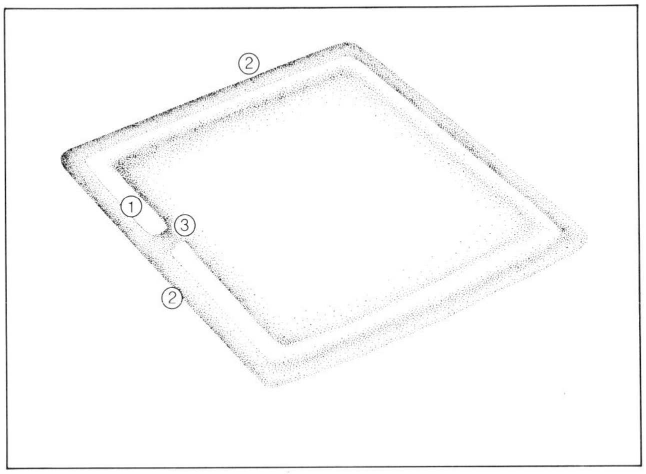

Die Schanze gehört zu den knapp 80 spätkeltischen Viereckschanzen in Baden-Württemberg, die als Bodendenkmal erhalten und noch erkennbar sind. *D. Planck*

Literatur: K. Bittel, S. Schiek, D. Müller, Viereckschanzen. Atlas der archäologischen Denkmäler in Baden-Württemberg, Bd. 1, (1990) 374 ff.

Eine Schanze im Schnee

Stadt Hüfingen-Mundelfingen, Schwarzwald-Baar-Kreis

Etwa 0,7 km nordwestlich der Pfarrkirche von Mundelfingen liegt im Gewann »Rufeln« eine im Flug entdeckte spätkeltische Viereckschanze (1) auf einem flachen, sanft nach Osten zum Bach abfallenden Geländerücken zwischen zwei kleinen Gräben. Die winterliche Schneeaufnahme vom 26. Februar 1986 läßt die Schanze als Schattenmerkmal noch deutlich genug hervortreten, obwohl sie bereits sehr eingeebnet ist und sich zu anderen Jahreszeiten unter der krausen Textur einer Wiese nur noch dem geübten Auge verrät. Der Wall zeigt in seiner Nordwestseite eine sehr schwache Einkerbung (2), die wohl das einstige Tor markiert. Die trapezförmige Anlage hat Seitenlängen von 61 bis 78 m, was einen Flächeninhalt von 0,51 ha ergibt. Hart an der nordöstlichen Flanke verläuft als leicht erhabener Strang ein Weg (3), den die Erbauer, wie der leichte Richtungswechsel bei (4) verrät, noch nach dem damals aufragenden Erdwerk ausgerichtet haben.

Oben im Bild modelliert das Schräglicht Hochbeete (5) aus dem glatten Schnee heraus, die belegen, daß die aufgepflügten Äcker noch vor dem Aufkommen der schweren Landmaschinen in Wiesen umgewidmet worden sind, was schließlich auch der Schanze von Mundelfingen ein bescheidenes Überdauern im Relief erlaubte.

D. Planck

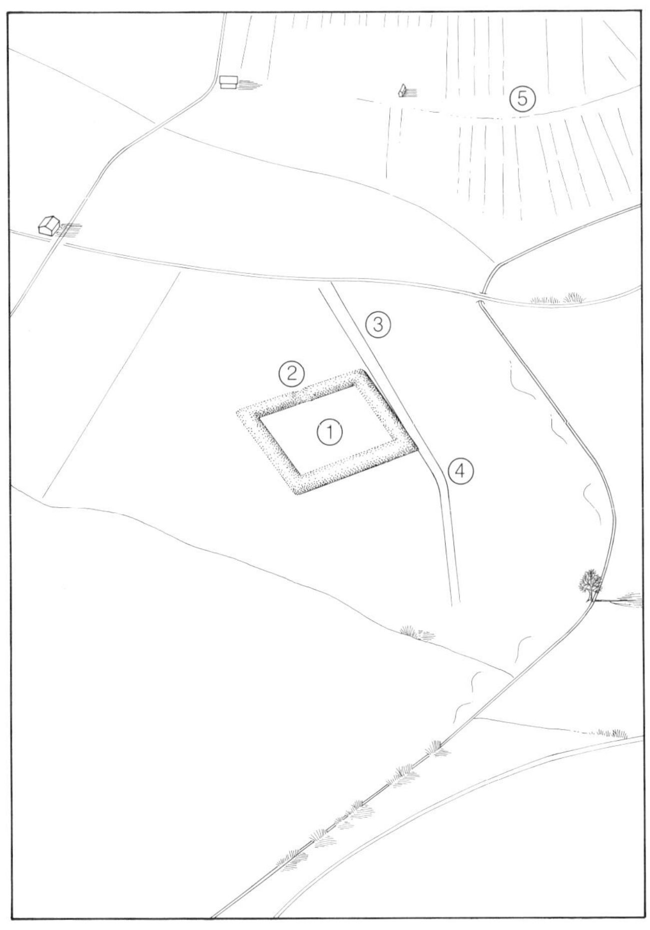

Literatur: Fundberichte aus Baden-Württemberg 15, 1990, 589

Keltische Viereckschanze

Gemeinde Nordheim, Landkreis Heilbronn

1980 entdeckte O. Braasch etwa 1,1 km nordöstlich von Nordheim vom Flugzeug aus eine bisher unbekannte keltische Viereckschanze. In den fruchtbaren, intensiv landwirtschaftlich genutzten Äckern wurden die Umrisse einer rechteckigen Grabenanlage mit abgerundeten Ecken sichtbar. In unmittelbarer Nachbarschaft wurde einige Jahre vorher eine zweite Schanze dieser Art entdeckt. Die Anlage ist 90 m lang und ca. 70 m breit. Sie liegt auf einem kleinen Geländevorsprung über einem Bachtälchen. An der Oberfläche ist heute nichts mehr zu erkennen. Landwirtschaft und Erosion haben Wall und Graben verschliffen und eingefüllt, so daß der tiefergehende Graben auf dem Luftbild nur noch als Bewuchsmerkmal zu erkennen ist. Der Graben läßt Besonderheiten der Prospektion erkennen, so die Dämpfung der Sichtbarkeit im andersartigen Bereich (2), ein Verlöschen in einer ungeeigneten Feldfrucht (3) oder gar das Verschwinden der Grabenspur an einer Feldgrenze (4). Im Innenraum ebenso wie außerhalb sind verschiedene Siedlungsgruben (1) zu sehen, deren Alter jedoch ohne archäologische Untersuchung offenbleiben muß. Zweifellos gehört dieses Grabenwerk zu jenen spätkeltischen Viereckschanzen, die, im Gegensatz zur Schanze von Westerheim auf der Schwäbischen Alb (vgl. S. 142), hier im Lößgebiet des Heilbronner Raumes schon lange verebnet und nur noch mit Hilfe der Luftbildprospektion erkannt und lokalisiert werden konnte. *D. Planck*

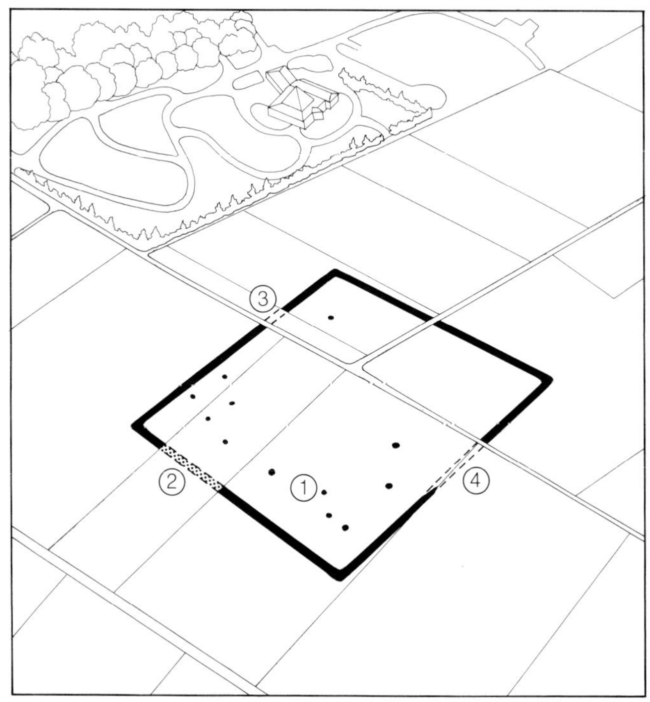

Literatur: K. Bittel, S. Schiek, D. Müller, Keltische Viereckschanzen. Atlas archäologischer Geländedenkmäler in Baden-Württemberg, 389 (mit weiterer Literatur).

Keltische Befestigung auf dem »Radberg«

Stadt Herbrechtingen, Kreis Heidenheim

Die Brenz fließt südlich Heidenheim zwischen Anhausen und Herbrechtingen im engen »Eselsburger« Tal, dem der dritte Uferort seinen Namen leiht. In einer weiten Schleife des Flusses liegt der große Bergrücken »Buigen«. Sein bewaldeter östlicher Hangfuß ist oben im Bild gerade noch erkennbar (1). Der Buigen trägt eine ausgedehnte prähistorische Befestigung, die zu verschiedenen Zeiten neu errichtet oder ausgebaut wurde. Es ist davon auszugehen, daß daran auch die Kelten beteiligt waren. Auf der gegenüberliegenden Talseite wurde in der Frühzeit auf einer flachen Kuppe, dem »Radberg«, ein kleines Bollwerk errichtet. Das nur etwa 15000 m² große Plateau (4) wird gegen die östlich anschließende Hochfläche durch einen vom Schnee freigewehten dunklen Wall (2) befestigt. Seine Länge beträgt 40 m, in der Höhe mißt er noch bis zu 1,2 m. Der vorgelagerte Graben zeichnet sich am Flugtag, es ist der 2. Februar 1986, in einer trüben Winterstimmung als schneeverfüllte Mulde ab (3). Schon 1912 stieß F. Hertlein auf den »Radberg«. Kleinere archäologische Untersuchungen führte dann 1924/25 hier K. Bittel durch, dabei fand er Reste einer verbrannten Trockenmauer mit horizontaler Holzarmierung. F. Fischer konnte während seiner Ausgrabungen 1982–1986 mit hoher Wahrscheinlichkeit noch ein Tor an der Südostseite (5) lokalisieren. Im Fundmaterial gibt es wenig Scherben der frühen Bronzezeit, mehr aus der Hallstatt- und Frühlatènezeit. Die meisten Funde gehören aber der späten Latènezeit an. Deshalb wird auch, gestützt durch die Beobachtungen Fischers, das im Bodenrelief nur noch schwach erhaltene Grabenwerk dieser Epoche zugeordnet. Die kleine Befestigung gegenüber dem Buigen mag als spätkeltischer Wachposten zur Sicherung der alten Nordsüdverbindung gedient haben, die in unmittelbarer Nähe vorbeizieht und anschließend in römischer Zeit als Durchgangsstraße von Günzburg nach Heidenheim ausgebaut wurde.

D. Planck

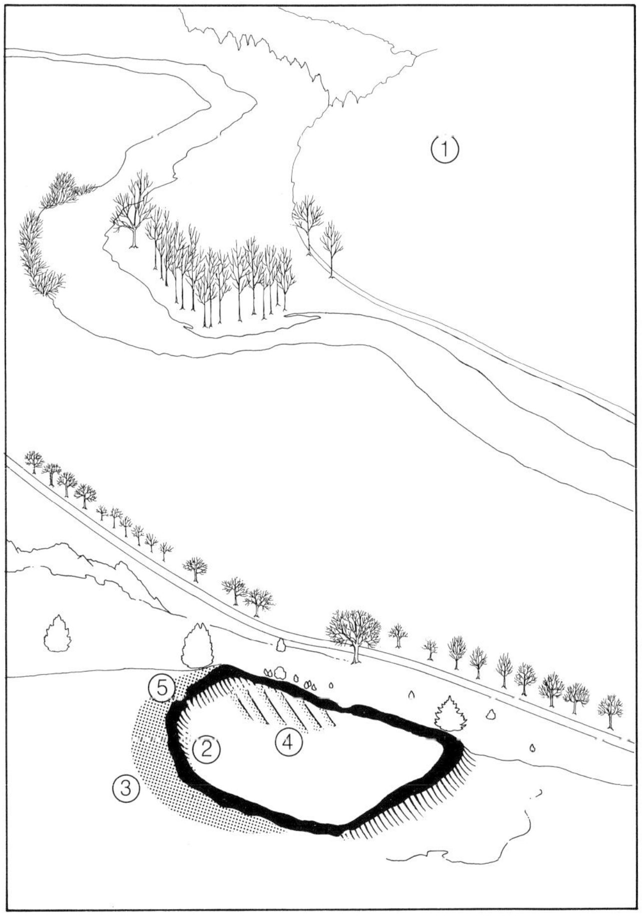

Literatur: F. Hertlein, Die Altertümer des Oberamtes Heidenheim (1912) 27. – F. Fischer, Archäologische Ausgrabungen in Baden-Württemberg 1982 (1983) 78 f. – Ders., Archäologische Ausgrabungen in Baden-Württemberg 1986 (1987) 83 f. (mit weiterer Literatur)

Kastell Unterkirchberg am Donaulimes

Gemeinde Illerkirchberg, Alb-Donau-Kreis

Schon seit 1927/28 ist im Gewann »Blaiche« von Unterkirchberg ein römisches Kastell des sog. Donaulimes bekannt. Zweimal wurden in diesem Lager größere archäologische Ausgrabungen durchgeführt, zum letztenmal 1974, als der südliche Kastellbereich überbaut wurde. Wesentliche Kenntnis der Innenstruktur des Kastells verdanken wir jedoch dem Luftbild. Im Gelände selbst ist heute nichts mehr zu erkennen. Wie die Grabungen und das Fundmaterial belegen, gab es drei Ausbauphasen. Die älteste Anlage sicherte ein einfacher Spitzgraben, der auf dem Luftbild stellenweise erkennbar ist (1).

Die Aufnahme zeigt eine ganze Reihe von Innenbauten, so das Stabsgebäude (2), die sog. Principia, mit Innenhof und rückwärtigen Räumen, die als Lagerheiligtum und Schreibstuben dienten. Dieses Stabsgebäude hat einen merkwürdigen, schmalrechteckigen Anbau (2a), der offenbar für die Kastelle am Donaulimes charakteristisch ist und sowohl in Rißtissen als auch in Emerkingen belegt ist. Östlich des Stabsgebäudes ist ein langrechteckiger Bau mit Innenhof zu sehen, wie er im Kastell Aalen nördlich der Principia bekannt wurde. Möglicherweise handelt es sich hier um die Waffenkammern (3). Vor dem Stabsgebäude sind Teile der Lagerhauptstraße, der Via principalis (4), erkennbar, dasselbe gilt für die Via praetoria, die Ausfallstraße (5), an die sich nach Westen weitere Gebäude, vermutlich Mannschaftsbaracken (6) anschließen. Nach Osten sind ebenfalls rechteckige Bauten (7) feststellbar. Weitere Gebäude im südwestlichen (8) und im nordöstlichen Lagerareal (9) können vorerst in ihrer Funktion nicht beurteilt werden.

Wie das umfangreiche Fundmaterial zeigt, wurde das Kastell in den vierziger Jahren des 1. Jahrhunderts n. Chr. als militärischer Stützpunkt an der Einmündung der Iller in das Donautal errichtet. Es sicherte wohl einen Flußübergang und sperrte gleichzeitig den natürlichen Eingang von Norden her das Illertal aufwärts. Der Steinausbau erfolgte unter Kaiser Vespasian, der den Donaulimes von Tuttlingen abwärts noch einmal erneuerte. Spätestens um die Jahrhundertwende wurde das Kastell aufgegeben.

Das Kastell Unterkirchberg mit seiner über 4 ha großen Innenfläche ist das größte bisher bekannte Kastell an der Donau und war wohl die Garnison einer 500 Mann starken Reitereinheit. *D. Planck*

Literatur: M. Klee, in: Ph. Filtzinger, D. Planck, B. Cämmerer, Die Römer in Baden-Württemberg ([2]1986) 345 f. – Dies., Studien zu den Militärgrenzen Roms III. Forschungen und Berichte zur Vor- und Frühgeschichte in Baden-Württemberg 22 (1986) 187 ff.

Gallorömischer Umgangstempel

Gemeinde Emerkingen, Alb-Donau-Kreis

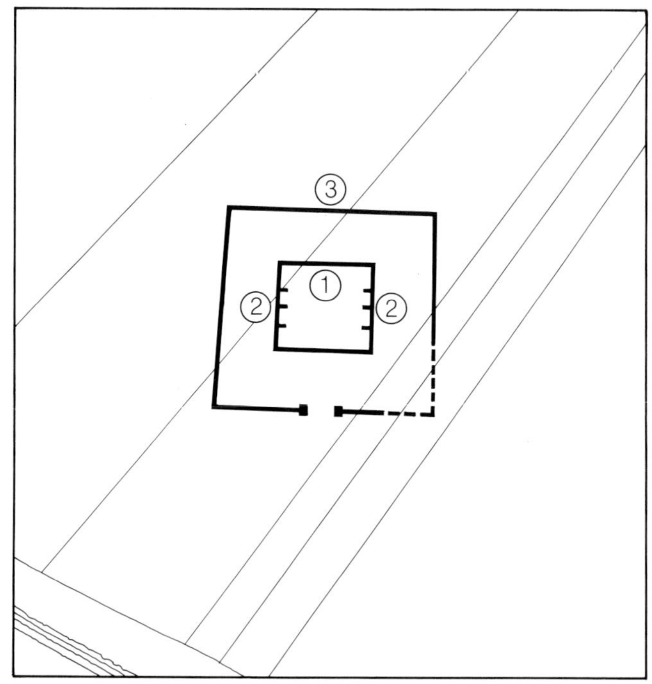

600 m nordwestlich des Ortes liegt das schon 1913 entdeckte römische Kastell auf einer Anhöhe westlich der Straße von Emerkingen nach Munderkingen. Es gehört zu den bekannten Militäranlagen entlang der Donaustraße und wurde in der ersten Hälfte des 1. Jahrhunderts n. Chr. zur Sicherung der Donaugrenze errichtet. Durch ältere Luftaufnahmen sind die Umwehrung und zahlreiche Innenbauten, vor allen Dingen das Stabsgebäude, bekannt. Um das Lager erstreckte sich eine ausgedehnte Zivilsiedlung, nachgewiesen durch mehrere kleinere Rettungsgrabungen und Oberflächenfunde.
Durch Luftaufnahmen konnte ca. 250 m westlich des Stabsgebäudes ein mächtiger quadratischer Bau mit ca. 22 m Seitenlänge beobachtet werden. Die ausgeprägten Bewuchsmerkmale zeigen einen Grundriß, der ohne Zweifel als gallorömischer Umgangstempel zu interpretieren ist. Das innere Quadrat (1), die eigentliche Cella, hat rechts und links je zwei ungewöhnliche rechteckige Einbauten (2), möglicherweise Sockel für Altäre. Das deutlich erkennbare äußere Viereck (3), der Umgang, war wohl eine Holzfachwerkkonstruktion. Runde bzw. ovale Verdickungen an den Seiten lassen an Stützen denken. Zwei sich gegenüberliegende Unterbrechungen kennzeichnen die Eingänge in den Umgang. Die Türen zur Cella sind auf den Luftbildern nicht zu entdecken.
Dieser Tempel ist vermutlich einer der ältesten bisher nachweisbaren gallorömischen Umgangstempel in Baden-Württemberg und stand wohl am westlichen Rand des Lagerdorfes, das schon um die Mitte des 1. nachchristlichen Jahrhunderts datiert werden kann. Die beachtlichen Außenmaße unterstreichen seine Bedeutung. Vielleicht geht er auf einheimisch-keltische Religionsvorstellungen zurück. Gerade an der oberen Donau gibt es zahlreiche spätkeltische Fundplätze, die, anders als im übrigen Gebiet östlich des Schwarzwalds, in späterkeltische Zeit datiert werden können. Möglicherweise ist hier eine Siedlungskontinuität von der keltischen zur römischen Besiedlung zu fassen.

D. Planck

Literatur: Ph. Filtzinger, Bonner Jahrbücher 157, 1957, 181 ff. – Ders., Fundberichte aus Schwaben 16, 1962, 83 ff. – J. Heiligmann, Archäologische Ausgrabungen in Baden-Württemberg 1983 (1984), 106 ff. – Ders., Ausgrabungen in Baden-Württemberg 1984 (1985), 92 ff.

Römisches Kleinkastell

Gemeinde Frittlingen, Kreis Tuttlingen

Zwischen Rottweil und Tuttlingen, auf einer Hochfläche östlich des Primtals, wurde 1990 von der Luftbildarchäologie ein bisher unbekanntes Grabenwerk entdeckt. Die Luftaufnahme zeigt zunächst sehr eindrucksvoll mit längs- und querverlaufenden Verfärbungen den geologischen Untergrund, eine Jurahochfläche, die durch Frost in ihrer Oberfläche aufgebrochen ist. Dank Bewuchsmerkmalen werden die so entstandenen Felsspalten deutlich sichtbar (1). Beim genaueren Hinsehen ist ein viereckiges Grabenwerk (2), dessen Südostseite wohl infolge natürlicher Erosion fehlt, zu identifizieren. Der Graben läuft an beiden Flanken spitzförmig zu (3), was darauf hindeutet, daß die Erosion den östlichen Teil zerstört hat. An der Ost- und Westseite sind jeweils in der Mitte Unterbrechungen, bei denen Spuren eines hölzernen Tores zu erkennen sind (4). Außerdem läßt sich ein Eckturm (5) ausmachen.

Hierbei handelt es sich um ein Kastell mit einer Größe von ca. 0,4 ha, das zwischen dem Donaulimes bei Tuttlingen und dem um 72/73 n. Chr. entstandenen römischen Kastell Rottweil errichtet wurde, vermutlich ein Kleinkastell zur Überwachung der Straße Rottweil–Tuttlingen. Diese war Teil der wichtigen Querverbindung von Straßburg, dem römischen Legionslager Argentorate, durch das Kinzigtal aufwärts, über Waldmössingen, Rottweil, durch das Primtal nach Tuttlingen. Wenn auch bisher keine Ausgrabungen durchgeführt worden sind, so belegen Oberflächenfunde die römische Zeitstellung dieses Kleinkastells. *D. Planck*

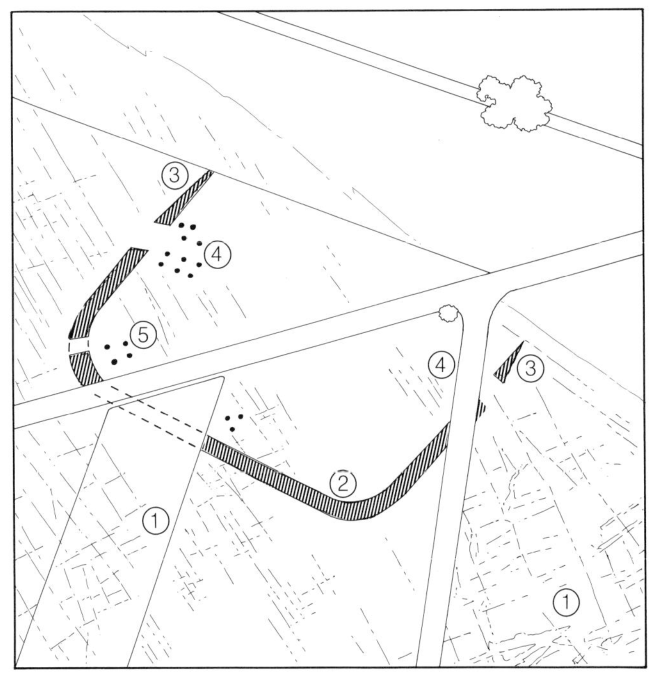

Literatur: C. S. Sommer, Ein neues römisches Kastell bei Tuttlingen, Rottweiler Heimatblätter 53, 1992, Nr. 2.

Römisches Kastell

Stadt Eislingen, Kreis Göppingen

Etwa 1,7 km östlich der Stadt, im Gewann »Steiniger Esch«, auf dem Nordufer der Fils entdeckte 1966 A. Brugger, ein namhafter Luftbildfotograf, ein 2,2 ha großes Kastell. Die Westfront ist seither weitgehend durch einen Fabrikneubau zerstört. An drei Seiten zeigt das Luftbild aus dem Jahr 1989 dank einer dunklen Verfärbung den Kastellgraben (1) mit einer Breite von mindestens 5–6 m. Unterbrechungen markieren die Tore (2), an deren Innenseite nach innen einspringende hölzerne Tortürme (3) mit 6 Torpfosten und 2 Mittelpfosten zu erkennen sind. Von den Innenbauten sind außerdem zahlreiche Pfostengruben des zentralen Stabsgebäudes (4) sichtbar sowie ein weiteres langrechteckiges Holzgebäude (5), wohl ein Getreidespeicher. Weitere Innenbauten sind nur in Ansätzen auszumachen, so ein Zwischenturm (6).

Das Kastell, ein reines Holz-Erde-Kastell, wurde nie in Stein ausgebaut und kann deshalb nicht allzulange besetzt gewesen sein. Die Lage im Filstal zwischen Stuttgart-Bad Cannstatt bzw. Köngen und Heidenheim am Alblimes läßt vermuten, daß es ein wichtiges Bindeglied zwischen Neckar- und Alblimes darstellte. Es wurde wohl in der ersten Hälfte des 2. Jahrhunderts als Ersatz für den älteren Lautertallimes mit dem Kleinkastell Dettingen unter Teck, Kreis Esslingen, errichtet.

D. Planck

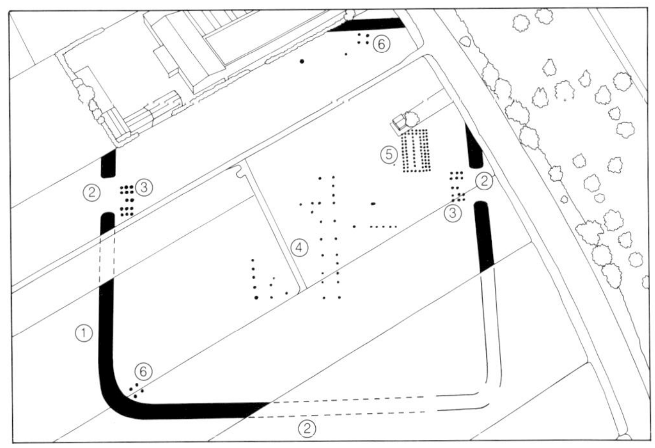

Literatur: D. Planck, Ein neues römisches Lager bei Eislingen, Fundberichte aus Baden-Württemberg 1, 1974, 527 ff. – O. Braasch, Archäologische Ausgrabungen in Baden-Württemberg 1989, 361 ff.

Römisches Kastell in Kochendorf

Stadt Bad Friedrichshall, Landkreis Heilbronn

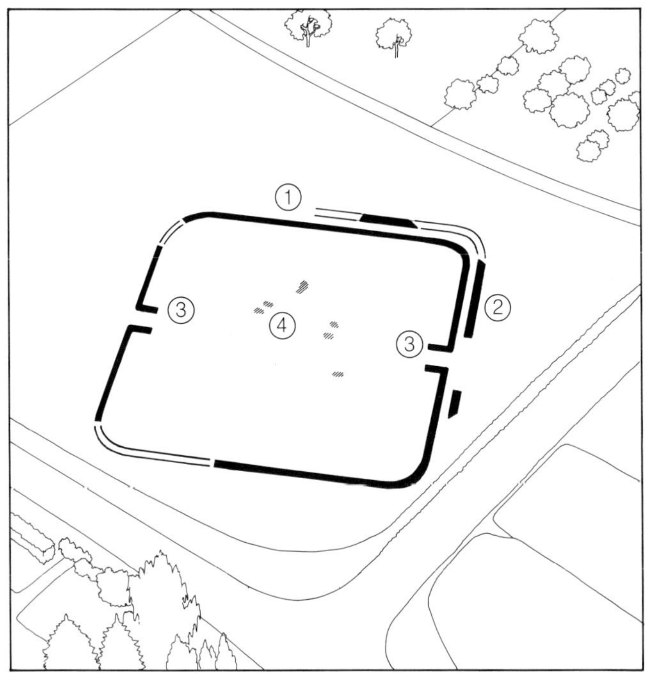

Im Jahre 1988 entdeckte O. Braasch bei systematischen Befliegungen eines schon seit längerem bekannten römischen Siedlungsplatzes ein Kastell am Nordostrand von Kochendorf. Das Luftbild zeigt einen rechteckigen Grundriß (1) mit Spuren eines vor der Mauer verlaufenden Grabens (2). Zwei sich gegenüberliegende Tore (3) bilden die Zufahrt zum Kastellareal. Im Innenraum konnten durch Bewuchsmerkmale vereinzelte Pfosten und Mauerzüge (4), die jedoch keine geschlossene Bebauung erschließen lassen, ermittelt werden.
Im Umfeld des Kastells sind zwei parallel verlaufende Gräben erkennbar, die jedoch kaum römischen Ursprungs sind. Vor allem bei den Häusern, am Bildrand erkennbar, kamen zahlreiche römische Funde zutage, die darauf hindeuten, daß sich hier wohl Teile des Lagerdorfes befanden.
Das Kastell Kochendorf hat Seitenlängen von ca. 48 m, was eine Innenfläche von etwa 0,23 ha ergibt. Zusammen mit einer erst 1991 entdeckten Turmstelle weiter südwestlich ergibt sich eine völlig neue Situation zum südlichen Ende des Odenwaldlimes. Die beiden Tore und die Lagergröße erinnern an das Kastell Hesselbach, das, wie D. Baatz bei seiner Ausgrabung nachweisen konnte, wohl um 100 n. Chr. als Garnison einer etwa 200 Mann starken Einheit, einem sog. Numerus, errichtet wurde. Auch bei unserem Kastell sind ähnliche Daten anzunehmen.
Mit dem neuentdeckten Kastell verlängert sich der bisher bekannte Verlauf des Odenwaldlimes – bis um die Mitte des 2. Jahrhunderts n. Chr. die östliche Grenze der Provinz Obergermanien – um ein gutes Stück nach Osten über das Kocher- und Jagsttal hinweg und schließt damit die Mündungsgebiete um Jagst und Kocher mit ein. Das wohlerhaltene Kastell ist heute als archäologisches Reservat für die Zukunft gesichert.

D. Planck

Römischer Kastellvicus

Oberdorf am Ipf, Stadt Bopfingen, Ostalbkreis

Am Nordostrand von Oberdorf, nördlich der katholischen Christ-König-Kirche, befindet sich das schon seit 1912 bekannte ca. 1,7 ha große Kastell, das 1912 und 1974 in Teilen erforscht wurde. Nach den bisher vorliegenden Funden wurde es zur Sicherung des sog. Alblimes im späten 1. Jahrhundert, wohl um 90 n. Chr., errichtet und bestand bis um die Mitte des 2. Jahrhunderts. Es war in Holz-Erde-Bauweise errichtet, ein massiver Steinausbau erfolgte nicht mehr.

Die zum Kastell gehörende Zivilsiedlung erstreckt sich vor allen Dingen nach Nordosten sowie, durch die eindrucksvolle Luftaufnahme belegt, auch nach Südwesten und Südosten. Unterhalb der Anhöhe mit dem römischen Lager zwischen der Niederung der Eger und der von Norden kommenden Sechta befindet sich wohl der Schwerpunkt des Vicus. Vom Südtor des Lagers unter der Christ-König-Kirche verläuft geradewegs hangabwärts die Hauptausfallstraße, die auf dem Luftbild vorzüglich erkennbar ist (1). Die Befunde lassen einen sehr massiven, geschotterten Straßenkörper erkennen. Östlich und westlich davon lassen sich mehrere langrechteckige Wohngebäude ausmachen (2–7), meist langrechteckig, mit der Schmalseite zur Straße hin orientiert. Die sog. Streifenhäuser haben fast immer Keller und hin und wieder auch mit Fußbodenheizung ausgestattete Wohnräume. Besonders auffallend ist, ganz im Norden und nur in Teilen erfaßbar, der stark gegliederte Bau 7. Das Luftbild zeigt hervorragend die Struktur römischer Lagerdörfer, wie wir sie im Hinterland des obergermanischen und rätischen Limes in größerer Zahl kennen.

Der antike Name für das Kastell und vor allen Dingen die Zivilsiedlung ist wahrscheinlich »Opie«. Er ist auf der Peutinger Tafel überliefert. Sprachgeschichtliche Untersuchungen lassen auf eine prähistorische Besiedlung, vielleicht sogar eine prähistorische Befestigung auf dem Ipf selbst schließen. Möglicherweise wurde dieser Siedlungsname von dort später auf das Kastell und den Kastellort übertragen. *D. Planck*

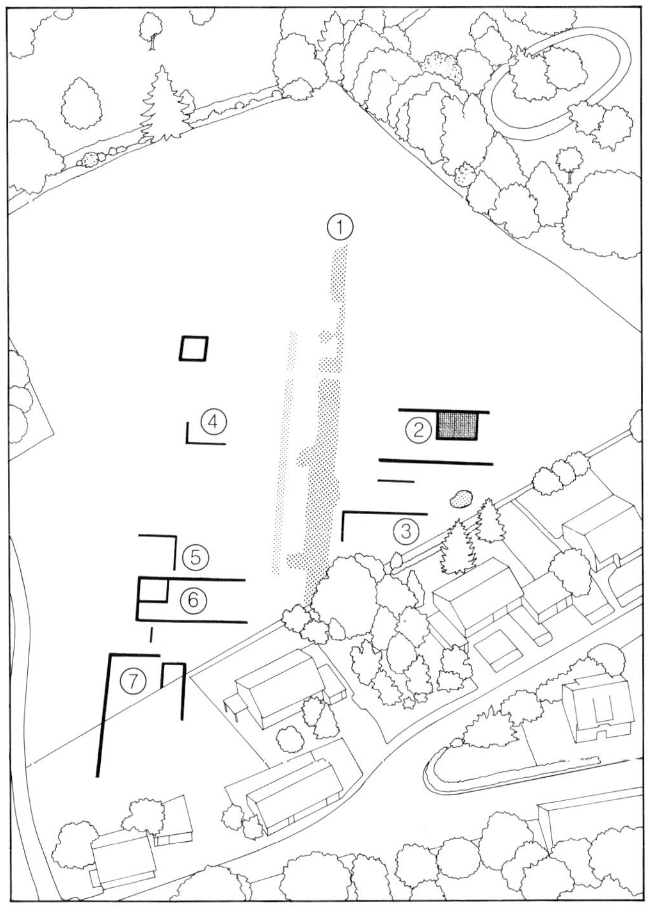

Literatur: F. Hertlein, Kastell Opie – Oberdorf bei Bopfingen. Festschrift zur Feier des 50jährigen Bestehens der königlichen Altertümersammlung Stuttgart (1912) 65 ff. – ORL. Abt. B Nr. 67 B (1915). – J. Heiligmann, Der Alblimes. Forschungen und Berichte zur Vor- und Frühgeschichte in Baden-Württemberg 35 (1990) 122 ff.

Römische Alblimesstraße bei Waldhausen

Stadt Geislingen, Kreis Göppingen

Auf der Albhochfläche nordöstlich von Waldhausen, südlich und nördlich der Straße Waldhausen – Gussenstadt, ist aus der Luft auf mehrere Kilometer Länge eine römische Straße entdeckt worden. Unser Bild zeigt ihren Verlauf vom Kastell Urspring, Gemeinde Lonsee, Alb-Donau-Kreis, nach Heidenheim. Deutlich ist der Straßenkörper (1), der rechts und links eine Böschung aufweist, zu sehen. Antike Straßen sind oft bis heute Parzellengrenzen oder Feldwege. Erst mit der modernen Flurbereinigung werden – wie dieses Bild deutlich zeigt – alte Feldaufteilungen, die sich daran orientieren, neu geordnet und die gewachsenen Strukturen unserer Landschaft dadurch ausgelöscht.

Die auf dem Kamm der Schwäbischen Alb verlaufende römische Straße bildete vom späten 1. Jahrhundert bis kurz nach der Mitte des 2. Jahrhunderts n. Chr. die nördliche Grenze der Provinz Rätien. Sie wurde durch größere und kleinere Kastelle gesichert. *D. Planck*

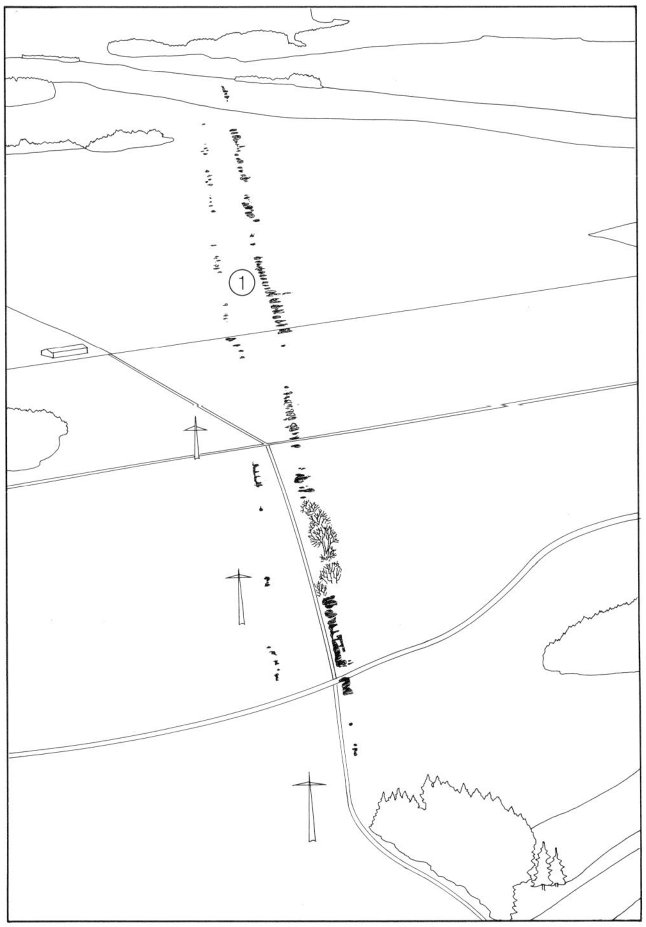

Literatur: P. Goessler, F. Hertlein, O. Paret, Die Römer in Württemberg 2 (1932) 244 ff.

Römische Straße

Stadt Heilbronn-Böckingen

Im Stadtteil Böckingen, im Gewann »Steinäcker«, wurde 1886 auf einer Hochterrasse westlich des Neckars ein ca. 2 ha großes Kastell lokalisiert und in mehreren Grabungen zwischen 1886 und 1975 erforscht. Es ist heute weitgehend überbaut. Eine der Straßen, die vom Kastell ausging, nämlich die vom Westtor, dem rückwärtigen Lagertor, erreichte nach wenigen hundert Metern die fruchtbaren lößbedeckten Hochflächen. Auf dieser Hochfläche ist sie heute noch – wie das Luftbild zeigt – in großen Zügen zu verfolgen. Der wohl ursprünglich geschotterte Straßenkörper (1) ist durch die intensive landwirtschaftliche Nutzung weitgehend abgetragen, der beidseits verlaufende Straßengraben (2) jedoch noch auf einer längeren Strecke gut erkennbar. Dunkle Verfärbungen (3) nördlich und südlich davon waren wohl Materialgruben zum Bau.

Die Straßen, insbesondere diejenigen, die römische Lager miteinander verbanden, waren eine wichtige Grundlage für die Truppenbewegungen zur Sicherung der neuen Reichsgrenze entlang des Neckars und für die Erschließung bzw. Aufsiedlung des Landes. Der Fluß bildete zwischen Bad Wimpfen und Köngen über 60 Jahre hinweg, vom Ende des 1. bis um die Mitte des 2. Jahrhunderts n. Chr., die Grenze des römischen Imperiums.

D. Planck

Literatur: P. Goessler, F. Hertlein, O. Paret, Die Römer in Württemberg 2 (1930) 94 ff.

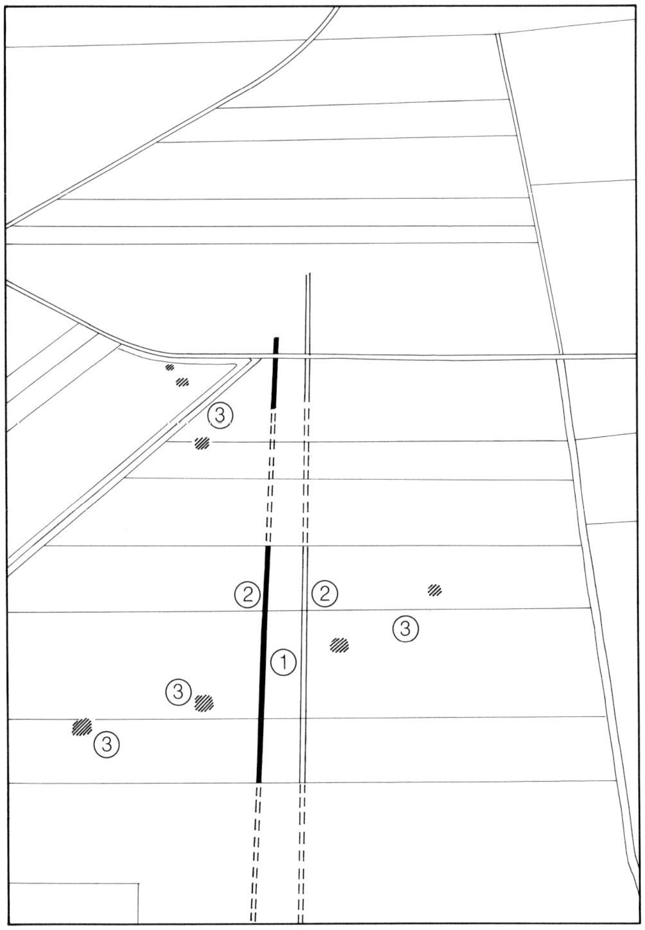

Römische Straßenstation

Gemeinde Sontheim/Brenz, Kreis Heidenheim

Die schon 1932 entdeckte, aber erst 1978 durch die Luftbildarchäologie in ihrer gesamten Ausdehnung von ca. 3,54 ha Größe erkundete Anlage liegt an der wichtigen römischen Donaunordstraße zwischen dem Kastellort Urspring und dem römischen Faimingen. Durch archäologische Ausgrabungen von 1981 bis 1993 ist die Siedlungsgeschichte dieser Fernstraßenstation – von ihrer Einrichtung um 90 n. Chr. mit ihren Um- und Ausbauten bis ins späte 3. Jahrhundert – lückenlos zu rekonstruieren.

Besonders auffallend bei dieser Station sind die zahlreichen als Kultbauten zu deutenden Gebäude, von denen das Luftbild während der Grabung 1983 an ihrem Nordostrand eine Auswahl zeigt. Es handelt sich dabei um einen gallorömischen Umgangstempel (C), erbaut um die Mitte des 2. Jahrhunderts, in dessen Südecke sich ein kleiner kapellenartiger Raum mit halbrunder Apsis (E) befand. An der Südwestseite des Umgangstempels war schon früher ein Hallenbau (B) errichtet worden mit einer Grube, vielleicht für Opfer. Auch das Mauergeviert (J) in der Ostecke der Anlage mit den drei gleichartigen quadratischen Bauten gehört vermutlich zum Kultbereich der Straßenstation. Die Bauten B und C sind aus der Bebauung herausgenommen und in ihrem Grundriß restauriert worden. Alles andere ist durch Wohnhäuser weitgehend vernichtet. *D. Planck*

Literatur: H. U. Nuber und G. Seitz, Archäologische Ausgrabungen in Baden-Württemberg 1991 (1992) 169 ff. – H. U. Nuber und A. Schaub, Archäologische Ausgrabungen in Baden-Württemberg 1991 (1992) 174 ff. – H. U. Nuber, Archäologische Forschungen in Sontheim und Brenz, Kreis Heidenheim. Zivile und militärische Strukturen im Nordwesten der römischen Provinz Rätien, 3. Heidenheimer Archäologie-Colloquium 1987 (1988) 97 ff.

Römischer Friedhof

Gemeinde Sontheim/Brenz, Kreis Heidenheim

Im Zusammenhang mit der archäologischen Erforschung der römischen Station im Gewann »Braike« konnte entlang der durch Luftbilder lokalisierbaren römischen Straße, nordöstlich der ausgedehnten römischen Siedlung, unmittelbar nördlich des Straßenkörpers, im Jahre 1987 mit der Untersuchung des zur Siedlung gehörenden römischen Gräberfeldes begonnen werden. Die Grabungen wurden 1990–1992 fortgesetzt (vgl. S. 166). Bisher konnten mehr als 200 Bestattungen freigelegt werden. Überwiegend handelt es sich hierbei um Brandgräber, aber auch vereinzelte Körpergräber, insbesondere von Kindern, wurden gefunden. Unter den Gräbern ist vor allen Dingen eine Hundebestattung mit sechs Individuen besonders hervorzuheben, die nach Ausweis des Fundmaterials offenbar zu einem Hundegespann gehörten.

Im Mittelpunkt des Gräberfeldes stehen drei Grabbauten, die 1990 und 1991 freigelegt worden sind. Die zwei westlichen (1 und 2) sind auf unserem Bild, das 1990 aufgenommen wurde, zu sehen. Bau 1 hat eine Seitenlänge von 4,2 bzw. 4,6 m. Bau 2, dessen Fundamente aus teilweise stark verbrannten Kalksteinfindlingen bestehen, veranlaßte den Ausgräber H. U. Nuber, die Errichtung dieses Monumentes vor Inbetriebnahme der Steinbrüche um 150 n. Chr. anzusetzen. Der dritte, östlich gelegene Grabbau ist eben erst angeschnitten, weiter östlich folgt ein vierter, der 1991 ausgegraben wurde.

In diesen Grabbauten, über deren Aufbau wir leider wegen des schlechten Erhaltungszustandes keine Kenntnis besitzen, wurden Reste von Brandgräbern entdeckt. Die ältesten der bisher bekannt gewordenen Gräber der Sontheimer Nekropole gehören in die Mitte des 2. nachchristlichen Jahrhunderts, sie sind also knapp 50 Jahre jünger als der Beginn der römischen Ansiedlung. Vermutlich liegen die noch älteren Gräber in einem anderen Bereich des Friedhofes. Das Luftbild zeigt die beiden Grabbauten 1 und 2 während der Besichtigung durch den Gemeinderat von Sontheim/Brenz. *D. Planck*

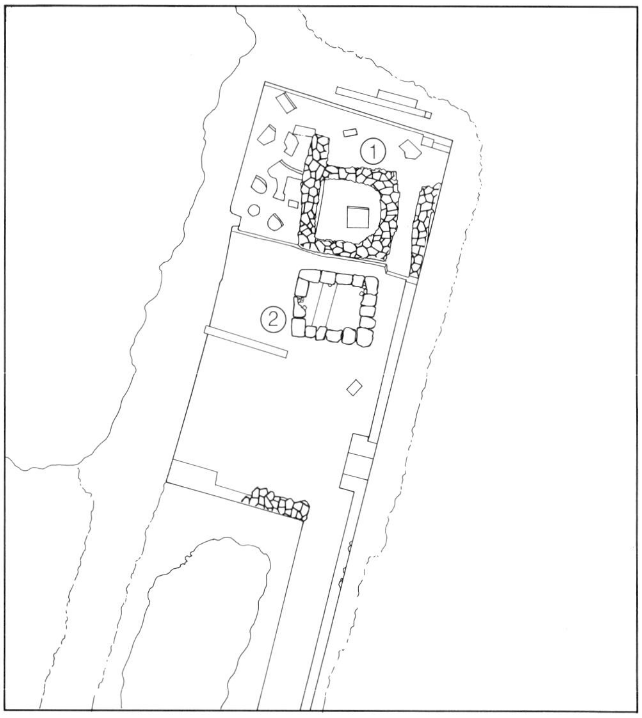

Literatur: H. U. Nuber, A. Schaub, Archäologische Ausgrabungen in Baden-Württemberg 1991, 174 ff. (mit weiterer Literatur)

Römische Gutsanlage in Brenz an der Brenz

Gemeinde Sontheim, Kreis Heidenheim

Etwa 2 km östlich von Brenz, unmittelbar nördlich der Straße nach Medlingen, nahe der württembergisch-bayerischen Grenze, erfaßten im Gewann »Steinrißle« Luftaufnahmen das gesamte Ensemble einer römischen Gutsanlage. Neun in ihrem Grundriß vollständig erkennbare Einzelbauten sind von einer trapezförmigen Hofmauer umgeben. Ziemlich genau in der Mitte liegt das Hauptgebäude (1), dessen Luftbildbefund mehrere Umbauphasen erkennen läßt. Zwei Eckrisalite nach Süden, von denen der westliche Fußbodenheizung hat, sind durch die flächenhaften Bewuchsmerkmale sichtbar. Südlich und westlich befinden sich Wirtschafts- und möglicherweise auch Werkstattgebäude (2–5). In der Südwestecke, an der tiefsten Stelle des gesamten Hofes, zeichnet sich ein separater mehrteiliger Grundriß ab, das Badehaus (6). Nördlich und nordöstlich des Hauptgebäudes befinden sich weitere Nebenbauten (7, 8). Das lange, an die Hofmauer angebaute Gebäude war wohl eine Scheuer. Unmittelbar östlich sind an der Hofmauer zwei zungenartige Mauern auszumachen, die zweifellos einen Hofeingang markieren. Gebäude 9 ist einwandfrei als gallorömischer Umgangstempel zu interpretieren. Mit einer Seitenlänge von ca. 15 m gehört er zu den größeren Heiligtümern seiner Art und unterstreicht die Bedeutung dieser Villa rustica. Vor der Nordwestecke, außerhalb des Hofareals, ist ein weiteres großes Mauergeviert (10) zu sehen, dessen Funktion vorerst offenbleiben muß. Vielleicht ist es die Umfriedung eines separaten Friedhofs (s. auch S. 248).

Durch die Luftbildarchäologie wird hier eine römische Hofanlage des 2. und 3. Jahrhunderts mit allen Einzelbauten in ihrer jüngsten Ausbauphase erkennbar. Sie ist ein eindrucksvolles Musterbeispiel für die Anlage römischer Gutshöfe im Obergermanien östlich des Rheins und im westlichen Rätien. *D. Planck*

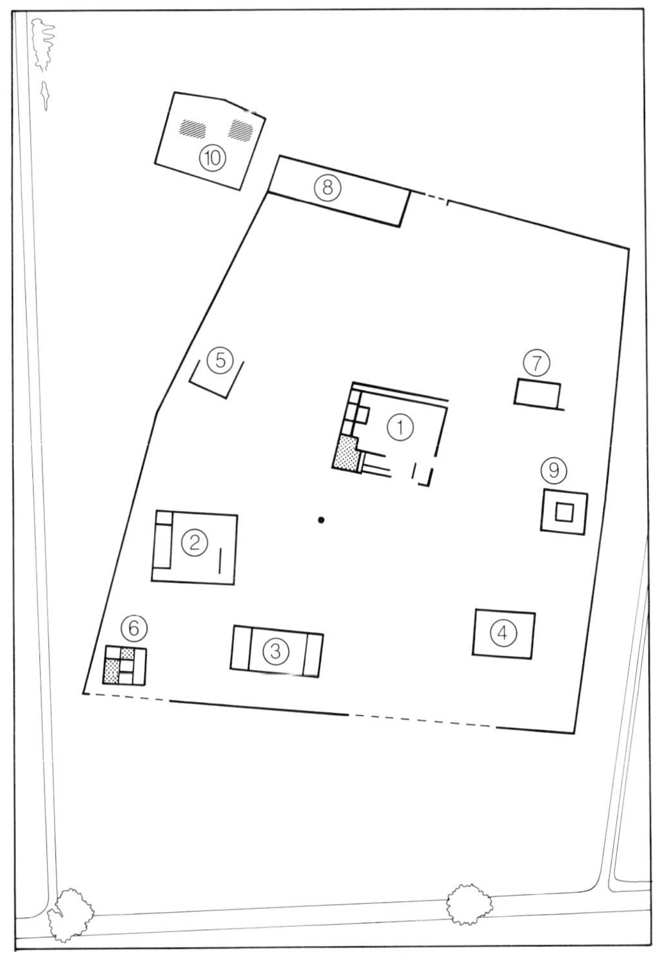

Literatur: Fundberichte aus Baden-Württemberg 8 (1983) 358 f.

Römischer Gutshof

Stadt Langenau, Alb-Donau-Kreis

Etwa 2 km östlich der Stadt Langenau konnte mit Hilfe der Luftbildarchäologie ein schon seit 1983 bekannter römischer Fundplatz genau lokalisiert und in seiner Struktur erfaßt werden. Es handelt sich um einen römischen Gutshof im Gewann »Hailenwinkel«, dessen Gesamtausdehnung sich bei besonders günstigen Bedingungen dank großflächigem Getreideanbau erkennen ließ.
Die trapezförmige Hofanlage (1) ist fast vollständig auf dem Luftbild erkennbar. An ihre Mauer wurden mehrere langrechteckige Gebäude angebaut (9 und 10), die immer wieder bei großen römischen Gutshöfen unseres Landes vorkommen, so in Bondorf (Kreis Böblingen) und Sontheim (Kreis Heidenheim). Innerhalb der Hofmauer lassen sich mindestens sechs Einzelgebäude erkennen, deren Innenstruktur teilweise vorzüglich nachvollzogen werden kann. Das Hauptgebäude (2) hat einen charakteristischen Grundriß mit zwei großen Eckbauten, sog. Eckrisaliten, die eine Portikus miteinander verbindet, dahinter folgt ein vielgegliederter Wohntrakt. In der linken Ecke (3) befindet sich ein in das Haus integriertes Bad. Die beiden deutlich erkennbaren Räume mit Apsis waren wohl Kalt- und Warmbad. Zu dieser stattlichen Hofanlage gehört im rückwärtigen Teil ein großer von der Fläche her noch umfangreicherer Wirtschaftsbau (4), ein langrechteckiger, in drei Räume untergliederter Bau (5) und schließlich ein kleines rechteckiges Gebäude (6). Vor dem Hauptgebäude sind zwei große rechteckige, nicht untergliederte Wirtschafts- oder Handwerksbauten (7, 8) erkennbar. Die Villa rustica von Langenau gehört zu den römischen Gutshöfen, deren Ausdehnung und Innenstruktur als vollständiges Ensemble mit Hilfe der Luftbildarchäologie dokumentiert werden konnten. Detailaufnahmen des Hauptgebäudes lassen sogar noch Einzelbefunde wie Räume mit Fußbodenheizung oder Kellerräume erschließen.

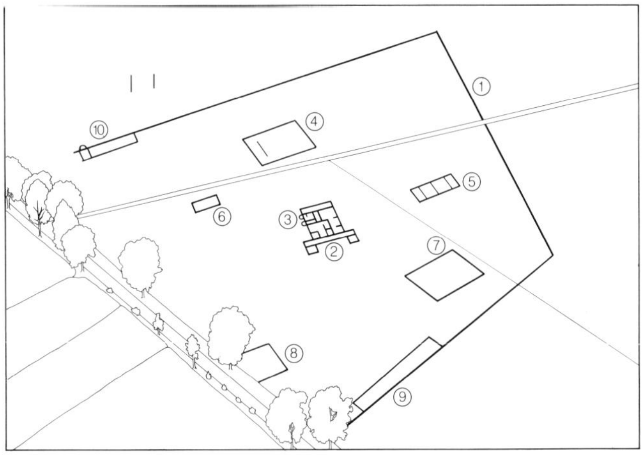

Der Gutshof reiht sich in eine ganze Kette von römischen Landsitzen entlang der nördlichen Donautalstraße. Hier auf den fruchtbaren Hochterrassen der Donauebene wurde das Land offenbar schon im Laufe des 1. Jahrhunderts n. Chr. ausgebaut und kultiviert. Zentren dieser intensiven landwirtschaftlichen Nutzung waren während der gesamten römischen Epoche diese großen landwirtschaftlichen Anwesen, die sich wie Perlen an einer Schnur entlang dieser wichtigen Verbindungsstraße aufreihen.

D. Planck

Literatur: P. Goessler, F. Hertlein, O. Paret, Römer in Württemberg 3 (1932) 332 f.

Römischer Gutshof

Gemeinde Achstetten, Kreis Biberach

Schon im späten 19. Jahrhundert kamen ca. 1,5 km westsüdöstlich von Achstetten im Gewann »Sommerhalde« im landwirtschaftlich genutzten Gebiet römische Funde zutage, die auf eine größere Ansiedlung schließen ließen. Erst Luftbilder verrieten im Jahre 1961 – gerade noch rechtzeitig vor der endgültigen Zerstörung durch Kiesgruben – einen ausgedehnten, in seiner Struktur noch erhaltenen römischen Gutshof (villa rustica), zu dem mindestens zwei Bauwerke gehören.
Auf den Schotterflächen sind Mauerzüge sehr gut als Bewuchsmerkmale im Getreideacker zu sehen. Schwieriger ist dies im benachbarten Kartoffelacker, obwohl auch hier möglicherweise weitere Spuren römischer Gebäude auszumachen sind. Das Hauptgebäude (1) mit rechteckigem Grundriß zeigt an der Ecke einen mehrfach gegliederten rechteckigen Anbau, dessen Funktion offen bleiben muß. Ähnliche Grundrisse sind bisher in unserer Gegend unbekannt. Ein scharf begrenzter rechteckiger zweiter Bau (2) liegt südlich davon. Seine sehr breiten Mauern verweisen auf Mehrgeschossigkeit, vielleicht ein Speicher.
Unmittelbar neben diesem Gebäude – fast nicht auszumachen – befinden sich Mauern (3), die vielleicht zu weiteren Nebenbauten oder zur Hofmauer gehören. Weiter westlich sind zwischen dem abgeschobenen Feld einer eben eröffneten dritten Kiesgrube und dem breiten Zufahrtsweg zahlreiche rechteckige helle Verfärbungen (4) zu sehen. Ihre teilweise reihenförmige Anordnung erinnert an frühmittelalterliche Reihengräberfriedhöfe des

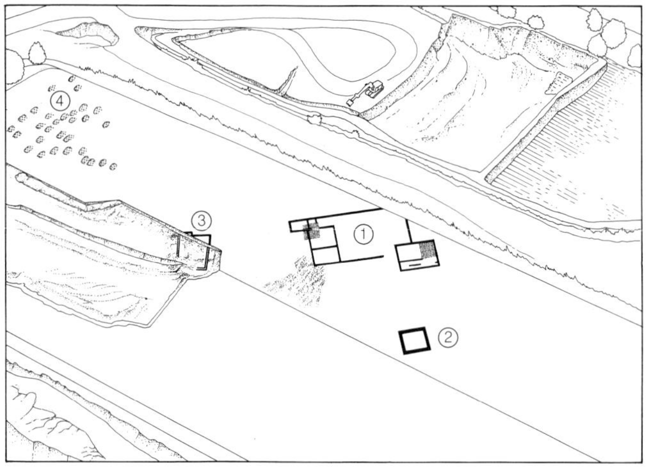

5.–7. Jahrhunderts. Zur Datierung sind allerdings archäologische Ausgrabungen notwendig.
Die hier erfaßten Denkmäler sind kurz vor ihrer endgültigen Vernichtung entdeckt und lokalisiert worden. Sie sind damit ein herausragendes Beispiel für die sachdienliche Kompetenz und dringende Notwendigkeit von Luftaufnahmen im Rahmen der archäologischen Landesforschung. *D. Planck*

Literatur: P. Goessler, F. Hertlein, O. Paret, Die Römer in Württemberg Bd. 3, 1932, 273. – Ph. Filtzinger, Fundberichte aus Schwaben NF 18/1, 1967, 111 f. Taf. 24 und 25

Römische Villa urbana

Stadt Heitersheim, Kreis Breisgau-Hochschwarzwald

Die Fundstelle im Gewann »Mittlere Betten« unmittelbar östlich des Heitersheimer Malteserschlosses (1) wurde schon 1812 zum erstenmal genannt. Dank der Luftbildarchäologie konnte im Jahre 1987 die Ausdehnung und vor allen Dingen der ungewöhnliche Grundriß der römischen Baubefunde ermittelt werden. H. U. Nuber von der Universität Freiburg untersucht seit 1991 mit gezielten Suchschnitten und Flächen diese am Rand einer langgestreckten, ostwestlich verlaufenden Terrasse der Schwarzwald-Vorbergzone gelegene Villa.

Nach Süden fällt das Gelände zum Sulzbach und nach Westen zum Rheintal hin ab. Das Luftbild zeigt östlich der Anlage um das Malteserschloß das vielgegliederte Hauptgebäude (2), dessen Grundriß und Ausdehnung schon vor Beginn der Ausgrabung deutlich werden ließen, daß hier eine für das Gebiet der Provinz Obergermanien östlich des Rheins ungewöhnliche Villa vorliegt. Wie die ersten Untersuchungen gezeigt haben, gehören die im Luftbild als einzelne Gebäude erscheinenden Teile zu einem großen Gesamtkomplex. Neben dem Hauptgebäude ist dies der Speicherbau (3) und knapp südlich das Gebäude (4). Die Anlage hat damit eine Ausdehnung von mehr als 100 x 60 m und umschließt eine Gesamtfläche von ca. 3000 m². Die markanten Flächen lassen teilweise mit Estrichböden ausgestattete Wohn- und Wirtschaftsräume erkennen, ebenso ein im Jahre 1992 in Teilen untersuchtes großes Wasserbecken, das wohl als Zierbecken im Innenhof des Hauptgebäudes (2) angesprochen werden kann. Bei den ersten Grabungen in den Jahren 1991/92 fanden sich neben umfangreichem Fundmaterial, insbesondere Reste der Innendekoration des Hauptgebäudes. Sie sind ein wichtiges Indiz für die ungewöhnliche Qualität des Bauwerks.

Soweit bisher feststellbar, wurde die römische Villa kurz nach der Mitte des 1. Jahrhunderts n. Chr. errichtet und um die Mitte des 3. Jahrhunderts verlassen. Das Luftbild und die bisherigen Grabungsergebnisse lassen vermuten, daß die Anlage noch in den Schloßparkbereich hinein verläuft. Sie hat damit eine Größe, wie wir sie bisher im südlichen Oberrheingebiet nicht kennen. Möglicherweise steht sie in Verbindung mit dem nur wenige Kilometer östlich am Schwarzwaldrand nachweisbaren antiken Silberbergbau. Villen dieser Art sind vor allen Dingen aus Gallien und der Schweiz bekanntgeworden. Es sind Landsitze von Großgrundbesitzern, die wir mit dem antiken Ausdruck »villa urbana« fassen können. Da eine Gefährdung des Areals durch Ausweisung als Grabungsschutzgebiet ausgeschlossen wurde, sind großflächige Grabungen nicht vorgesehen. Dennoch konnte dank des herausragenden Engagements der Stadt Heitersheim die wissenschaftliche Erforschung dieser Anlage durch die Universität Freiburg eingeleitet werden. *D. Planck*

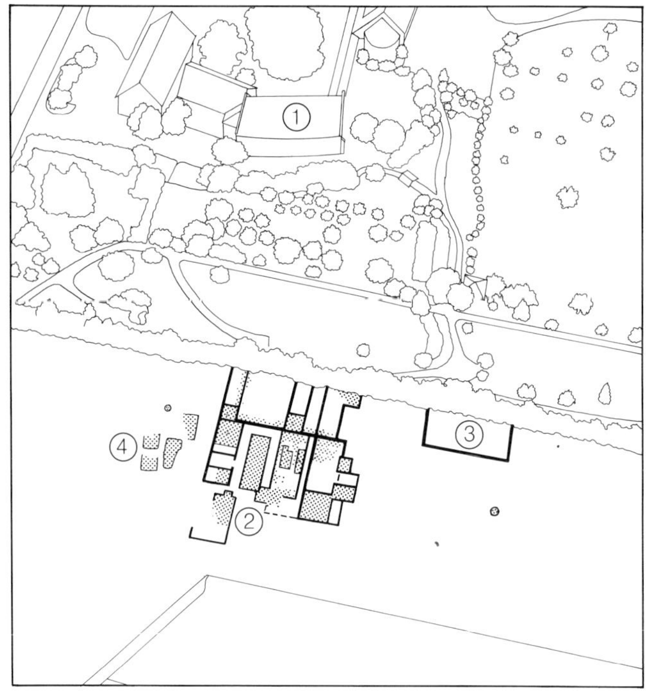

Literatur: E. Wagner, Fundstätten und Funde aus vorgeschichtlicher, römischer und alamannisch-fränkischer Zeit im Großherzogtum Baden (1908) 227 f. – A. Kortüm und H. U. Nuber, Archäologische Ausgrabungen in Baden-Württemberg 1991 (1992) 154 ff.

Römisches Landgut

Gemeinde Hirschberg-Großsachsen, Rhein-Neckar-Kreis

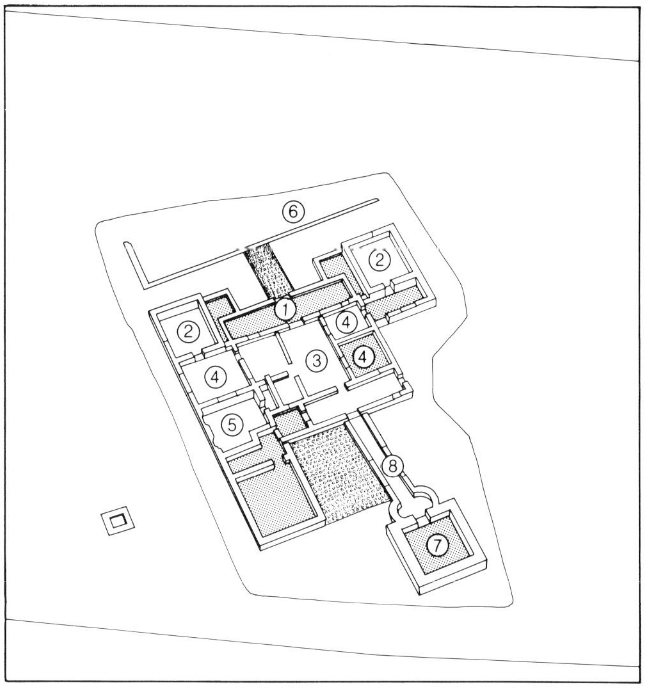

Schon seit Ende des 19. Jahrhunderts waren hier römische Mauern bekannt. Die intensive landwirtschaftliche Nutzung verursachte Jahr für Jahr eine weitergehende Zerstörung, bis schließlich im Rahmen der Flurbereinigung eine archäologische Ausgrabung durch das Landesdenkmalamt Baden-Württemberg erfolgte. In den Jahren 1984–1987 wurden die wesentlichsten Teile des römischen Gutshofs großflächig untersucht. Das Luftbild zeigt die jüngste, aufwendigste Bauphase des restaurierten Herrenhauses mit einer Frontlänge von 35 m und einer maximalen Breite von ebenfalls 35 m. An der Hauptfront im Osten verbindet ein Wandelgang (1) zwei wohl doppelgeschossige Eckbauten (2), sog. Eckrisaliten. Nach Westen schloß sich eine große Wohnhalle (3) an, nach Norden und Süden von weiteren zum Teil großen Raumeinheiten umschlossen. Im Nordflügel war ein stattlicher Keller (5) untergebracht. Unmittelbar östlich des Hauptgebäudes wurde ein 32 m langes und 7 m breites holzverschaltes Wasserbecken (6) freigelegt, von dem der Westteil restauriert ist. Es handelt sich vermutlich um ein großes, in dieser Art seltenes Zierbecken, das die aufwendige Architektur des Anwesens unterstreicht. Ebenfalls zur jüngsten Ausbauphase gehört der westlich des Hauptgebäudes gelegene quadratische Bau mit mächtigen Mauern, die auf eine Doppelgeschossigkeit schließen lassen. Dieser Bau war durch einen Wandelgang (8) mit dem Hauptgebäude verbunden. Folgen wir E. Schallmayer, so muß in diesem Gebäude (7) ein Tempel gesehen werden, der schon in der ersten Bauphase bestand. Auch ein kleines Sanktuarium nördlich ist wohl schon früh entstanden.

Auch ein aufwendiges, 27 m langes und 16 m breites separates Badehaus mit Umkleideraum, Kaltbad, Schwitzbad, Warmbad und Heißbad wurde ausgegraben. Danach wurden die Grundmauern entfernt, damit das Gelände wieder landwirtschaftlich nutzbar war. Die Villa rustica von Großsachsen wurde, wie das umfangreiche Fundmaterial bezeugt, schon um 100 n. Chr. errichtet. Der steinerne Umbau dürfte im 2. Viertel des 2. Jahrhunderts errichtet worden sein, die jüngeren Umbauphasen sind vor allen Dingen in der zweiten Hälfte des 2. und im frühen 3. Jahrhundert erfolgt. Die aufwendige im Rheintal gelegene Villa bildet ein eindrucksvolles Zeugnis im Umfeld des Vororts der Civitas Ulpia Sueborum Nicrensium, dem antiken Lopodunum und heutigen Ladenburg. Wertvolle Funde, so ein massiv gegossener goldener Fingerring bezeugen den großen Wohlstand der hier ansässigen Bewohner, der möglicherweise auf eine Funktion in der römischen Stadt oder den Handel zurückzuführen ist.

D. Planck

Literatur: E. Schallmayer, Ein römisches Landgut an der Bergstraße, in: Archäologie in Deutschland, 1991, 3, 38 f.

Römischer Gebäudekomplex

Stadt Heidenheim

Südlich des Heidenheimer Bahnhofs (1), entlang der Friedrichstraße, gegenüber dem zentralen Fernmeldegebäude und dem Neubau der Heidenheimer Post (2), wo umfangreiche Teile einer palastartigen Ruine mit Badegebäude 1980/81 und 1987 freigelegt worden sind, fanden 1991/92 weitere Grabungen statt, da hier ein Bürokommunikationsgebäude errichtet werden sollte.

Die Luftaufnahme zeigt den Grabungsbefund vom Herbst 1991. Insgesamt konnten mehrere Gebäude in Teilen erfaßt werden. Gebäude A im nördlichen Zwickel der Baugrube wird von B. Rabold als Magazin oder Speichergebäude gedeutet. Das langrechteckige, stark aufgeteilte Gebäude B wird als Wohngebäude interpretiert, dasselbe gilt auch für das Gebäude C. Überraschend war schließlich die Entdeckung eines monumentalen Steinbaus im Osten der Fläche (Gebäude D), dessen sorgfältig und massiv aufgeführtes Mauerwerk für außergewöhnlich hohe Räume spricht. Alle Räume waren heizbar und gehören zweifellos zu einem ausgedehnten, sich nach Osten unter den Bahndamm erstreckenden Badegebäude. In Teilbereichen konnten außerdem ältere Holzbauten erfaßt werden, die zum Lagerdorf des weiter westlich gelegenen Kastells der Ala II Flavia gehörten. Die Holzbebauung gliedert sich in mindestens zwei Bauphasen, von denen sich die jüngere durch qualitätvolle Kalkmörtelestrichböden auszeichnet.

Die 1991/92 südlich des Bahnhofes erfaßten Baubefunde zusammen mit dem schon früher ermittelten großen palastartigen Gebäude östlich der Friedrichstraße gehören meines Erachtens zu einem einheitlichen römischen Quartier, das hier nahe der Brenz auf einer heute kaum mehr zu erkennenden Hochterrasse errichtet wurde. Alle diese Steingebäude wurden in der Zeit nach Aufgabe des Reiterkastells und nach der Verlegung der Ala II Flavia nach Aalen erbaut. Hier, am Schnittpunkt zweier großer Verbindungsstraßen von Süden nach Norden, das Brenztal aufwärts und von Osten nach Westen entstand wohl in der zweiten Hälfte des 2. Jahrhunderts n. Chr. ein Verwaltungsmittelpunkt, möglicherweise Vorort einer Civitas, die das Gebiet nördlich der Donau bis zum äußeren rätischen Limes zu verwalten hatte. Die

monumentalen Bauten – in dieser Art bisher in keiner anderen römischen Siedlung Obergermaniens und Rätiens entdeckt – geben schlaglichtartig die Bedeutung des römischen Heidenheim im späten 2. und frühen 3. Jahrhundert wieder. Die hier sichtbaren antiken Bauteile sind inzwischen zerstört, an ihrer Stelle befindet sich heute ein modernes Bürogebäude mit Tiefgarage.

D. Planck

Literatur: B. Rabold, Arch. Ausgr. Bad.-Württ. 1987 (1988) 111 ff. – Dies., Arch. Ausgr. Bad.-Württ. 1991 (1992) 148 ff.

Stadtquartier im römischen Sumelocenna

Stadt Rottenburg am Neckar, Kreis Tübingen

1986 wurden beim Bau eines Parkhauses an der Sprollstraße, östlich der mittelalterlichen Stadtmauer von Rottenburg, umfangreiche römische Baureste angeschnitten. Sie wurden von 1987 bis zum Frühjahr 1991 archäologisch untersucht. Das Luftbild zeigt wesentliche Teile dieses Stadtquartiers innerhalb der römischen Kernstadt von Sumelocenna, dem Vorort eines Verwaltungsbezirks, der sog. Civitas Sumelocennensis. Struktur und wirtschaftlicher Wohlstand dieses Civitas-Vororts werden an diesem eindrucksvollen Baubefund deutlich. Das Bild zeigt einen umfangreichen Gebäudekomplex entlang der großen Durchgangsstraße (1), mit mehreren zum Teil mit Fußbodenheizung ausgestatteten Räumen (2–4), einem Peristyl (5) mit großem kreuzförmigem Zierbecken im Innenhof (6). Zwischen Eingang und Peristyl ist ein 54 m^2 großer Apsidenraum eingeschoben, der möglicherweise Repräsentationszwecken gedient hat.

Rechtwinklig zur Straße verläuft eine zweite Straße (7), an der eine über 32 m lange und 5 m breite Latrine liegt (8). Ein großer Abwasserkanal (9), vermutlich der öffentliche Kanal für die Entsorgung des Abwassers, die sog. Cloaca maxima, diente dazu, die Latrine zusätzlich zu entleeren und zu reinigen. Der monumentale Kanal ist zweifellos ein Glanzstück antiker Bautechnik. Diese Latrine, in einem Untergeschoß gelegen, war über mehrere Stufen erreichbar. Eine deutliche Abnutzung der Trittstufen aus Stubensandstein bezeugt den starken Publikumsverkehr. Die vor den eigentlichen Sitzplätzen befindlichen Sandsteinplatten sind durch die genagelten Schuhe abgetreten. Daraus lassen sich über 30 Plätze nebeneinander rekonstruieren. Ein Waschbecken und Überlaufrinnen bzw. Rinnen mit Frischwasser wie auch die drei qualitätvollen bis zu 2 m hohen Sandsteinsäulen bezeugen die große, bisher in Südwestdeutschland einmalige öffentliche Latrine. Im Sumelocenna-Museum kann heute diese öffentliche Bedürfnisanstalt an Ort und Stelle zusammen mit einer Auswahl von Funden aus den Untersuchungen und zur Geschichte und politischen Bedeutung von Sumelocenna besichtigt werden.

Die gesamte Kernstadt wurde wohl im späten 2. Jahrhundert mit einer etwa 5 m hohen und 1,8–2 m breiten Stadtmauer mit Türmen, Toren und Wehrgang befestigt.

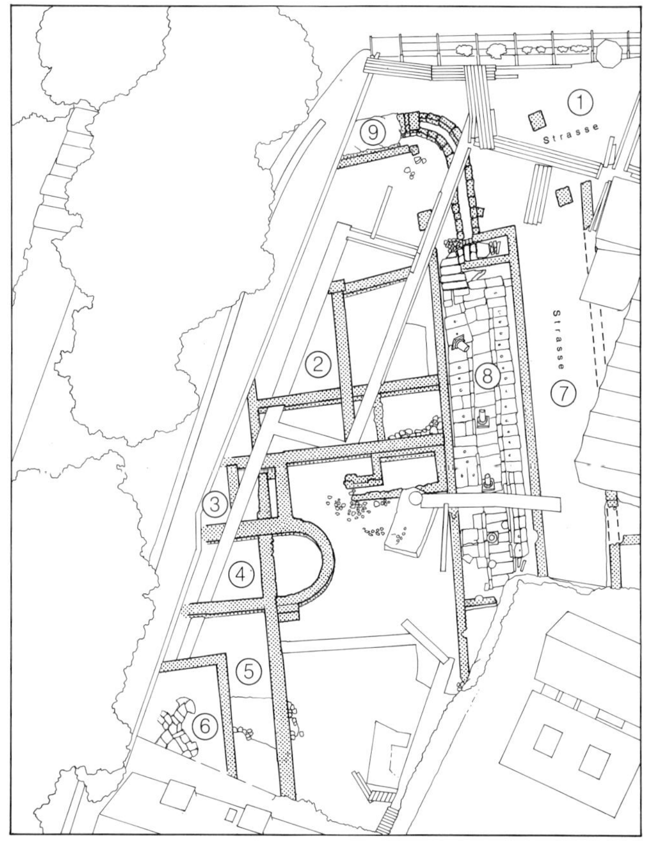

Die Blütezeit von Sumelocenna lag in der zweiten Hälfte des 2. und im frühen 3. Jahrhundert. Nach den bisherigen Funden ist die Stadt nur wenige Jahre nach der Mitte des 3. Jahrhunderts zugrundegegangen. Die ausgedehnten Ruinenfelder wurden von den frühen Alamannen geplündert. Das Zentrum, vor allem der westliche Teil, wurde im hohen Mittelalter bebaut, wobei die römischen Ruinen häufig als Steinbruch dienten. Der Ostteil dagegen bildet, wie wir heute wissen, ein in seiner Substanz noch weitgehend intaktes archäologisches Reservat unter der im 19. und frühen 20. Jahrhundert errichteten Stadt Rottenburg.

D. Planck

Literatur: D. Planck, Zeitschrift für die Geschichte des Oberrheins 135, 1987, 9 ff. – K. Heiligmann, Sumelocenna – Römisches Stadtmuseum Rottenburg am Nekkar. Führer zu archäologischen Denkmälern in Baden-Württemberg 18.

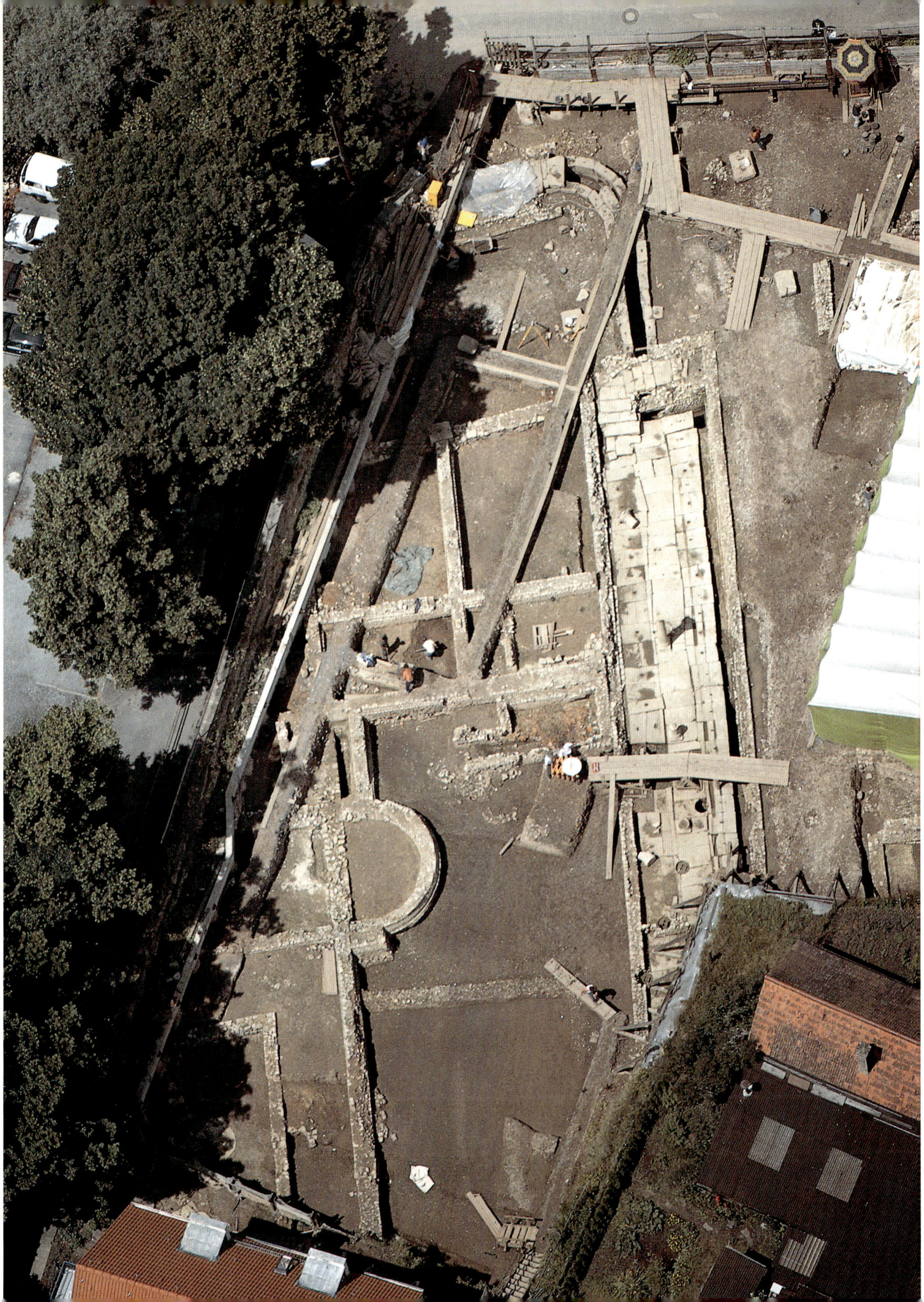

Römische Siedlung

Stadt Neuenstadt am Kocher, Landkreis Heilbronn

Im Ortsteil Bürg, also nördlich des Kochertals, wurden auf den fruchtbaren Anhöhen nördlich und möglicherweise auch im Dorf selbst schon in der Chronik »Gemmingischer Stammbaum« 1631 von Reinhard von Gemmingen ausgedehnte römische Baubefunde registriert, darunter eine gedrehte steinerne Säule und eine Inschrift. Weitere Funde sind im späten 17. und im 19. Jahrhundert dazugekommen. Schon F. Haug glaubte hier einen größeren, stadtartigen Vicus vorliegen zu haben.

Obwohl diese Siedlung also auf eine sehr lange Forschungstradition zurückblicken kann, hat man sich nie speziell mit ihrer Funktion und mit ihrer Größe auseinandergesetzt. Erst C. M. Hüssen hat das Fundmaterial zusammengestellt und sich näher mit ihr beschäftigt. Vor allen Dingen wurden 1988 und 1989 zahlreiche Luftbilder aufgenommen. Sie zeigen erstmals ihre Ausdehnung und einzelne Siedlungsstrukturen.

Das Luftbild vermittelt mindestens zwei bis drei Reihen größerer rechteckiger Steinbauten, die wohl durch Straßen voneinander getrennt werden. Klar erkennbar ist eine westliche und eine südliche Bauzeile, aber auch weitere Baureste und Mauern sind zu sehen und zeigen, daß hier eine in ihrer Innenstruktur wohl stadtartige, mit ungewöhnlich großflächigen Steinbauten ausgestattete Siedlung vorliegt. Auch außerhalb des hier gezeigten Luftbilds gibt es Beobachtungen aus der Luft. Sie erschließen insgesamt ein Siedlungsareal von etwa 20 ha. Diese große Siedlung, die offenbar auf keine militärische Gründung zurückgeht, verweist vielleicht auf ein religiöses oder verwaltungsmäßiges Zentrum. Inschriften für Apollo Grannus, Apollo, Merkur und Mars deuten auf einen breiten religiösen Hintergrund. Besonders zu erwähnen ist eine Inschrift mit einer Stiftung für ein Collegium Iuventutis, das vielleicht für wichtige Aufgaben in der Siedlung zuständig war. Eine Inschrift aus dem nahen Hagenbach am Kocher nennt eine Civitas Aurelia G. S., deren Vorort man bisher in Öhringen, dem Vicus Aurelianus, gesucht hatte. Dort ist aber bisher nichts aufgedeckt worden, das auf den Sitz einer zentralen Verwaltung hindeutet. Auch die Lage unmittelbar am äußeren obergermanischen Limes macht dies eher unwahrscheinlich.

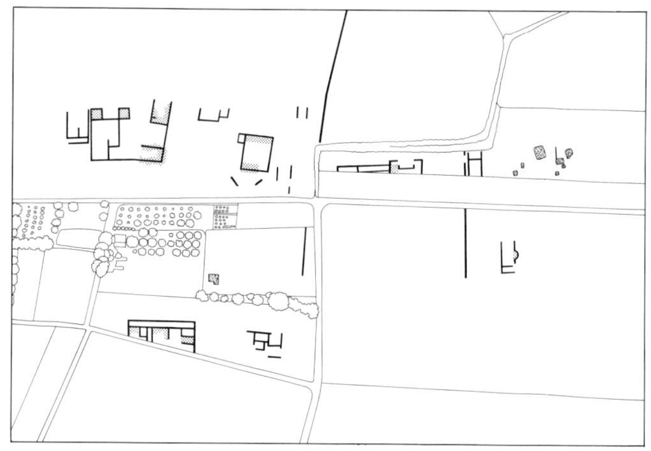

Möglicherweise ist dieses antike stadtartige Gebilde der Verwaltungsmittelpunkt einer Civitas, die zwischen Neckar und äußerem Limes in der zweiten Hälfte des 2. Jahrhunderts eingerichtet wurde. *D. Planck*

Literatur: F. Haug, G. Sixt, Die römischen Inschriften und Bildwerke Württembergs, Stuttgart ²1914 – P. Goessler, F. Hertlein, O. Paret, Die Römer in Württemberg, Bd. 3, 1932

Die römische Reichsgrenze bei Walldürn

Neckar-Odenwald-Kreis

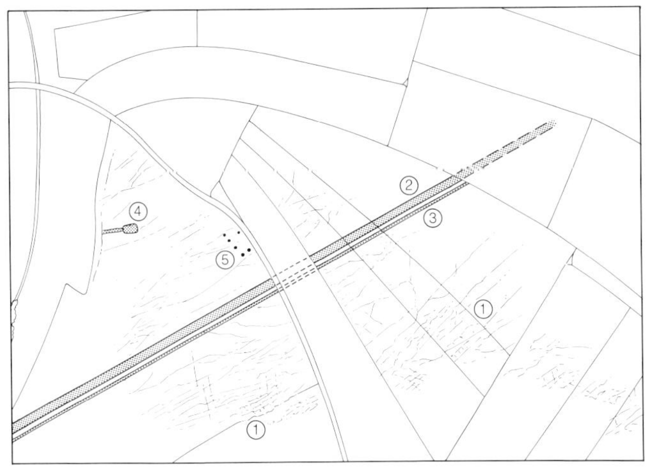

Beim heutigen Wallfahrtsort Walldürn haben einst römische Soldaten ihr Weltreich bewacht – dort nämlich verläuft der obergermanische Limes in südwestlicher Richtung durch die landwirtschaftliche Flur. Oberirdische Spuren der mächtigen Grenzbefestigung, auf die der Wanderer in benachbarten alten Forstrevieren zuweilen noch trifft, sind hier längst verschwunden. Erst aus dem Flugzeug lassen sich die fehlenden Abschnitte der Anlage im freien Gelände noch ausmachen. Das Luftbild zeigt zunächst ein wirres Gewebe von Bewuchsmerkmalen (1), die von dicht unter der Oberfläche liegenden Frostbrüchen und Spalten im anstehenden Muschelkalk ausgelöst werden. Davon heben sich deutlich zwei parallele Stränge ab, welche quer durch das Bild verlaufen. Es sind der eigentliche breite Limesgraben (2) und ein vorgelagerter schmaler Palisadengraben (3), die im Flug wegen ihrer exakten Ausführung sofort als vom Menschen herrührende Spuren auffallen. Der einstige Grenzwall jedoch, den die Soldaten vom Grabenaushub auftürmten, ist hier längst über die Jahrhunderte durch die Bauern völlig eingeebnet worden und bleibt für die Flugbeobachtung verborgen. Ob die einzelne Grube (4) und wenige Pfostenlöcher, die sich bei (5) am heutigen Weg zu einem Grundriß fügen wollen, auch aus römischer Zeit stammen, muß vorerst offen bleiben.

Der äußere obergermanische Limes, der über 200 km unser Land durchzieht, bildet einen Teil der antiken römischen Reichsgrenze, die um die Mitte des 2. nachchristlichen Jahrhunderts Obergermanien und Rätien zwischen Rhein und Donau gegenüber dem germanischen Siedlungsgebiet abzusichern hatte. Neben der eigentlichen jüngsten Befestigung aus Graben, Wall und Türmen sicherten die zahlreichen kleinen und großen Kastelle diese Grenze. *D. Planck*

Literatur: D. Planck, W. Beck, Der Limes in Südwestdeutschland ([2]1987) 45 f.

Frühmittelalterliche Adelsgrablege in Wyhl

Kreis Emmendingen

Die Region um Wyhl zeichnet sich durch eine bemerkenswerte Dichte römischer und frühmittelalterlicher Fundstellen aus. Zu nennen wäre das spätrömische Kastell Sponeck bei Jechtingen, der südwestlich gelegene Limberg und die reichen spätantiken und frühmittelalterlichen Gräberfelder um Sasbach.

Bisher waren auf der Gemarkung Wyhl keine Gräber dieser Zeit bekannt, bis durch die Luftbildarchäologie diese kleine Nekropole westlich des Ortes erstmals sichtbar wurde.

In lockerer Streuung, jedoch sorgsam in Reihen angelegt und West-Ost ausgerichtet, dürfte es sich hierbei um eine kleine frühmittelalterliche Grabgruppe handeln. Immer wieder erwiesen sich derartige Kleinstfriedhöfe als besonders reich ausgestattet und wurden daher als »Adelsgrablegen« angesprochen. Diese Separatfriedhöfe finden sich sowohl völlig isoliert von den eigentlichen Ortsgräberfeldern, oder aber sie setzen sich innerhalb des Friedhofes von den anderen Bestattungen ab. Sicherheit kann im Fall dieses Friedhofes nur eine archäologische Grabung bringen; der Schutz des Bodendenkmales hat allerdings auch hier Vorrang vor der Freilegung des Friedhofes. *J. Oexle*

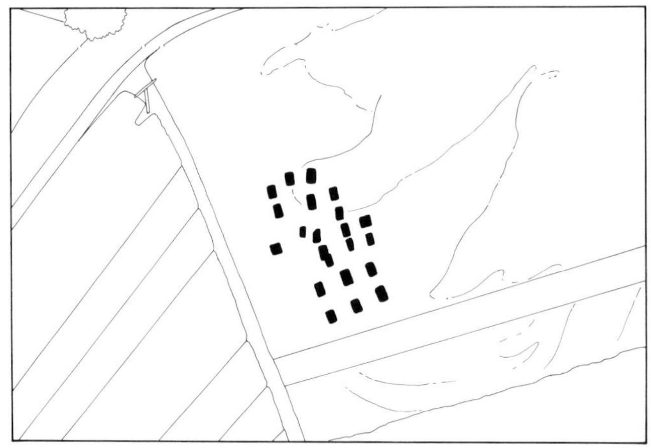

Literatur: F. Garscha, Die Alamannen in Südbaden. Germanische Denkmäler der Völkerwanderungszeit Ser. A, Bd. XI – R. M. Swoboda, Die spätrömische Befestigung Sponeck am Kaiserstuhl. Münchner Beiträge zur Vor- und Frühgeschichte 36 (1986).

Der Runde Berg

Stadt Bad Urach, Kreis Reutlingen

Das Luftbild zeigt eindrucksvoll die besondere topographische Lage des Runden Berges: als ein mächtiger, gerundet ins Tal vorspringender Kegel. Zugänglich ist er heute und wohl auch früher nur von Südwesten über einen an der schmalsten Stelle 3 m breiten Grat. Steil abfallende Flanken schützen das besiedelbare Hochplateau, zwei schmale, schwer zugängliche Terrassen erstrecken sich am Osthang des Berges. Sie sind durch ausgedehnte Rutschungen des gleichmäßigen Hanggefälles spätestens im 2. vorchristlichen Jahrtausend entstanden. Erste Siedler suchten das Gipfelplateau des Runden Berges in der Frühbronzezeit, etwa um 1600 v. Chr., auf; nach einer längeren Siedlungsunterbrechung von rund 300–400 Jahren tauchen in der Urnenfelderzeit erneut Niederlassungswillige auf, die das Plateau für etwa 400 Jahre in Besitz nehmen. Besonders bemerkenswert sind dabei archäologische Spuren spezialisierter Handwerker: zahlreiche Gußformen, Halbfabrikate und Werkzeuge belegen ihre Tätigkeit. Die Attraktivität dieses Platzes läßt sich daran ermessen, daß nach einer weiteren Siedlungsunterbrechung von 200 Jahren ab dem 6. Jahrhundert v. Chr. hallstattzeitliche, früh- und spätkeltische Funde auf dem Berg belegt sind.
Sehr dicht wird dann der archäologische Niederschlag intensiver Siedlungstätigkeit auf dem Runden Berg ab der Mitte des 3. Jahrhunderts n. Chr. Die gesamte Bergkuppe wird von den um diese Zeit nach Südwestdeutschland vordringenden Alamannen eingenommen und erschlossen. Sie errichteten die erste gut nachweisbare Befestigungsanlage auf dem oberen Bergplateau. Zu Beginn des 5. Jahrhundert wurde diese Wehranlage abgerissen und die gesamte zugehörige Siedlung einplaniert. Mit dem sofortigen Wiederaufbau ging offensichtlich eine soziale Umschichtung einher: Das Fundmaterial dokumentiert einen außerordentlichen Reichtum der Bewohner. Ursula Koch deutet den Runden Berg für das 5. Jahrhundert als Sitz eines Regulus, eines Fürsten, der von den Kriegern seiner Gefolgschaft, wohlhabenden Handwerkern und deren Familien umgeben war. Zu Beginn des 6. Jahrhunderts wurde dieser Adelssitz durch einen feindlichen, wohl fränkischen Angriff zerstört, ein Vorgang der untrennbar mit der Unterwerfung der Alamannen durch den merowingischen König Chlodwig verbunden ist. Erst um die Mitte des 7. Jahrhunderts wird der Berg erneut zu einem Herrschaftszentrum. Wiederum reiches Fundmaterial – Gläser, Trachtbestandteile und Reitzubehör – vor allem aber eine große 20 m lange und 9 m breite Halle sind Ausdruck herrschaftlicher Lebensform. Dieser Adelssitz, nur durch archäologische Zeugnisse bekannt, wurde um die Mitte des 8. Jahrhunderts, vermutlich im Zusammenhang mit dem Blutgericht von Cannstatt im Jahr 746, aufgegeben.
Im 10. Jahrhundert, vielleicht jedoch bereits im ausgehenden 9. Jahrhundert entstand auf dem Runden Berg wiederum ein Herrschaftsmittelpunkt. In dieser Zeit wurde der Berg erneut befestigt: das gesamte obere Pla-

teau umfaßte ein mächtiger, bis zu 3 m breiter Steinwall. Im Innern wurden Steingebäude aufgeführt. Kachelöfen, Glasfenster und zahlreiche Metallfunde, darunter Beschläge von mindestens 25 Truhen, zeigen den Berg auch in der ottonischen Epoche als Sitz einer mächtigen Familie. Um 1000 wird der Berg verlassen; nur für das ausgehende Mittelalter bezeugen Bodenfunde eine letzte, kurzfristige Niederlassung. *J. Oexle*

Literatur: Der Runde Berg bei Urach. Führer zu archäologischen Denkmälern in Baden-Württemberg 14, Stuttgart 1991 (mit ausführlichem Literaturnachweis).

Die Wüstung Mittelhofen

Stadt Lauchheim, Ostalbkreis

Bei Bauarbeiten, knapp 1200 m vom alten Ortskern von Lauchheim entfernt, wurde 1986 zufällig ein bedeutender merowingerzeitlicher Friedhof entdeckt, der bislang über 600 Gräber erbrachte. Mit rund 1500 Bestattungen ist zu rechnen, die Belegungsdauer umfaßt den Zeitraum zwischen dem ausgehenden 6. Jahrhundert und der Zeit um 700. Die zum Teil herausragenden Beigaben lassen keinen Zweifel daran, daß nicht nur die Normalbevölkerung, sondern auch die soziale Spitze hier beigesetzt wurde. Jenseits prächtiger Beigaben – vom goldenen Siegelring über Goldblattkreuze, Bronzegeschirr und kostbaren Gläsern – gewinnt dieser Fundort jedoch seine herausragende Bedeutung dadurch, daß nicht nur der Friedhof, sondern auch die zugehörige Siedlung erfaßt werden konnte.

Angesichts der großen Distanz zwischen dem Friedhof und dem Ort Lauchheim war klar, daß diese nicht zueinander gehören konnten. Die Flur »Mittelhofen«, 200 m nordöstlich vom Gräberfeld gelegen, stand daher angesichts des charakteristischen Flurnamens schon frühzeitig im Verdacht, daß sich dort die gesuchte Ortslage würde finden lassen. Bei Bauarbeiten für die B 29 wurden erste Gruben angeschnitten, das anschließende großflächige Abschieben der Humusdecke durch den Bagger brachte große, wohlerhaltene Teile eines frühmittelalterlichen Dorfes zutage. Zahlreiche Grubenhäuser (eingetiefte Wirtschaftsbauten, in der Luftaufnahme aufgrund der humosen Verfüllung als dunkelbraune Flächen erkennbar), auf Schwellen errichtete Hallenhäuser ebenso wie große Pfostenbauten sind im Luftbild der abgeschobenen Fläche ablesbar. Dabei zeigt die Luftaufnahme nur eine Teilfläche des großen Siedlungsareals; in der Gesamtschau lassen sich sogar die einzelnen, durch Zäune voneinander abgegrenzten Hofstellen voneinander scheiden und die Struktur und Genese des Dorfes erkennen.

Mit der Aufgabe des Friedhofes um 700 bildet diese Siedlung dann die einzige Quelle für siedlungsgeschichtliche Aussagen: Die Ursachen für das Wüstwerden und die Aufgabe von Mittelhofen lassen sich nur anhand des archäologischen Befundes klären. Gleiches gilt für die Frage, ob sich der Ortsadel, der sich im Gräberfeld so deutlich fassen ließ, auch im Siedlungsbefund reflektiert. Nicht unbeachtet bleiben darf in diesem Zusammenhang die nahegelegene Kapfenburg: Analog zum Runden Berg bei Bad Urach könnte man sich auf der Kapfenburg durchaus eine befestigte Höhensiedlung des ausgehenden Frühmittelalters vorstellen. *J. Oexle*

Literatur: I. Stork, Frühes Mittelalter um die Kapfenburg. In: 800 Jahre Deutscher Orden. Die Kapfenburg. Vom Adelssitz zum Deutschordensschloß. Stuttgart 1990, S. 94 ff.

Ein frühmittelalterlicher Friedhof in Igersheim

Main-Tauber-Kreis

Günstige Verhältnisse für die Luftbildprospektion rückten im Frühsommer 1990 eine bislang unbekannte Fundstelle im Taubertal ins Blickfeld der Archäologie. Ungewöhnlich klar waren aus der Luft am Westabhang des Galgenberges, knapp 50 m über der Talaue der Tauber, die Konturen eines großen Friedhofes zu sehen.
Bei einer Fläche von 100 m × 50–70 m dürfte er rund 250–300 Gräber umfassen. Deutlich sind im Luftbild unterschiedliche Grabgrößen zu erkennen: Im Norden und Westen (linke Bildhälfte) zeigen sich die zum Teil großen Grabgruben in regelhafter Reihung, während im Süden die Gräber lockerer und unregelmäßiger angeordnet sind. Die sichere Datierung des Friedhofes verdankt die Landesarchäologie einem glücklichen Zufall. Knapp unterhalb des Gräberfeldes beobachtete ein ehrenamtlicher Beauftragter bei Baggerarbeiten zahlreiche Siedlungsgruben. Bei einer anschließenden planmäßigen Rettungsgrabung konnten großflächig Ausschnitte der Siedlung mit zahlreichen Pfosten- und Speicherbauten sowie Grubenhäusern freigelegt werden. Reiche Funde – Keramik, Glas und Buntmetall, Eisen und Bein – erlauben eine Datierung in das 6. und 7. Jahrhundert.
Die unmittelbare Nachbarschaft von Siedlung und Gräberfeld läßt keinen Zweifel an der Zusammengehörigkeit. Mithin handelt es sich um einen der ganz seltenen Fälle, wo nicht nur der Friedhof, sondern eben auch die zeitgleiche bäuerliche Gehöftgruppe erhalten und erfaßt ist. Der Name der Siedlung ist unbekannt, sie wurde mitsamt dem Bestattungsplatz bereits im frühen Mittelalter aufgegeben. Vielleicht steht dieser Wüstungsvorgang in Zusammenhang mit der Zusammenlegung mehrerer

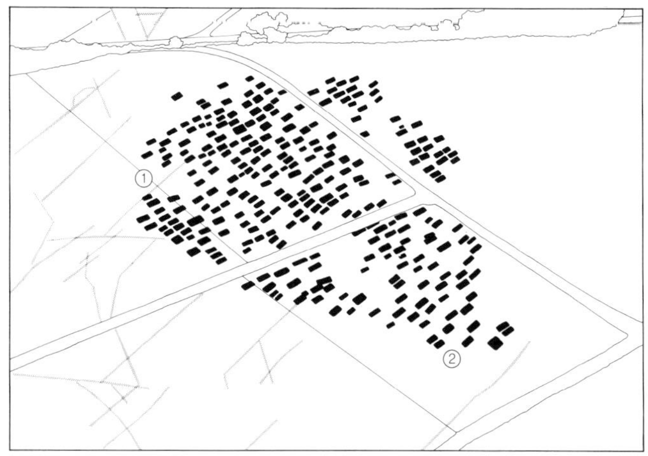

kleinerer Hofstellen und der Anlage einer größeren Niederlassung an der Stelle des heutigen Igersheim, einer fränkischen Gründung.

J. Oexle

Literatur: R. Krause, Eine fränkische Siedlung mit Gräberfeld bei Igersheim, Main-Tauber-Kreis. In: Archäologische Ausgrabungen in Baden-Württemberg 1991, Stuttgart 1992, S. 219 f. – Ders., Zur Fortsetzung der frühgeschichtlichen Siedlungsgrabungen im Neuseser Tal bei Igersheim, Main-Tauber-Kreis. In: Archäologische Ausgrabungen in Baden-Württemberg 1992, Stuttgart 1993.

Merowingerzeitlicher Friedhof

Stadt Philippsburg, Landkreis Karlsruhe

Am östlichen Ortsrand von Philippsburg zeigte sich aus der Luft 1990 erstmals ein großer Friedhof. Seine Interpretation und Datierung bieten keinerlei Schwierigkeiten. Denn die Art der regelmäßigen Anlage der insgesamt ca. 180 Gräber, die durchweg West-Ost ausgerichtet sind, erlaubt eine Ansprache als merowingerzeitlichen Reihengräberfriedhof. Zu dieser Datierung ins frühe Mittelalter fügt sich hervorragend die Beobachtung, daß sich dabei größere und kleinere Grabanlagen unterscheiden lassen, die gemeinhin als Ausdruck unterschiedlicher sozialer Stellung der Bestatteten interpretiert werden und in zahlreichen ausgegrabenen Friedhöfen, z. B. in Dittigheim, Main-Tauber-Kreis, oder Lauchheim, Ostalbkreis, sehr gute Parallelen finden. Aus diesen beiden, aber auch aus zahlreichen anderen Friedhöfen in Baden-Württemberg und den Nachbarregionen sind sog. »Kreisgräben«, die sich auch in diesem Gräberfeld deutlich abzeichnen, wohlbekannt. Sie umfassen häufig gut ausgestattete Grabanlagen, die zudem mit einem Hügel überwölbt waren und dadurch Distanz zu den Nachbarbestattungen halten.

Zugleich führt dieser Friedhof in die ältere Geschichte von Philippsburg, das erst 1623 diesen Namen erhielt und zwar infolge des Ausbaues des Ortes zur Festung durch den Speyrer Bischof Christoph Philipp von Sötern. Zuvor hieß Philippsburg Udenheim und ist als »Huitenheim« erstmals 784 im Lorscher Codex überliefert. Der Anlaß der urkundlichen Überlieferung war die Übergabe des Udenheimer Besitzes aus den Händen von Imma und Gerold, den Schwiegereltern Karls des Großen, an das Kloster Lorsch. Danach wird der Ort bzw. die Burg erst 1191 als »castrum Utenheim« wieder erwähnt; seine Bedeutung wird jedoch daran deutlich, daß 1338 das Stadtrecht an Udenheim verliehen wurde.

Die frühe Nennung des 8. Jahrhunderts fügt sich exzellent zur Namensform »Huitenheim«, die sich unschwer als fränkische Ortsnamensform zu erkennen gibt. Aufgrund der relativ großen Distanz zwischen dem neu entdeckten merowingerzeitlichen Gräberfeld und der vermuteten Lage des ältesten Dorfes nördlich der Burg ist ohne die Kenntnis von Siedlungsbefunden nicht gesichert, daß hier das Ortsgräberfeld von Huitenheim entdeckt wurde. Es kann zu einer abgegangenen, ebenfalls frühmittelalterlichen Siedlung gehören, die noch nicht bekannt ist. Immerhin öffnet dieses neu entdeckte Gräberfeld erstmals einen über die Schriftzeugnisse hinausführenden Ausblick auf die frühmittelalterliche Geschichte dieser Gemarkung. *J. Oexle*

Literatur: 600 Jahre Stadt und ehemalige Reichsfestung Philippsburg, 1938, S. 13.

Ein Friedhof des frühen Mittelalters in Hochhausen

Stadt Tauberbischofsheim, Main-Tauber-Kreis

Gleichsam aus dem Nichts aufgetaucht und bis zu seiner Entdeckung durch die Luftbildarchäologie völlig unbekannt war ein am nördlichen Ortsrand von Hochhausen, heute Stadt Tauberbischofsheim, gelegener archäologischer Befund. Das Luftbild zeigt auf einer Kleewiese regelmäßige in West-Ost-Richtung ausgerichtete langrechteckige Verfärbungen. Nach allem, was wir bislang wissen, dürfte es sich bei diesen positiven Bewuchsmerkmalen um den Reflex merowingerzeitlicher Gräber handeln, einen Reihengräberfriedhof des frühen Mittelalters also. Die Größe des Friedhofes läßt sich anhand des Friedhofes nicht abschätzen; sichtbar sind mit einiger Mühe bislang 50 Gräber und die westliche Grenze (1) des Bestattungsplatzes. Im Norden (2) und Süden (3) könnte der Friedhof auch in die benachbarten Parzellen hineinreichen; die andersartige Nutzung und Bepflanzung erlaubte jedoch keinen Blick unter die Oberfläche. Ob der Friedhof zum Dorf Hochhausen gehört, auf dessen Gemarkung er liegt, läßt sich nicht mit Gewißheit sagen. Die -hausen-Endung des Ortsnamens spricht eher dagegen, denn bei einer frühmittelalterlichen Dorfgründung mit zugehörigem Ortsgräberfeld möchte man eher eine -heim-Endung erwarten. Möglicherweise hängt damit zusammen, daß der Ort auch erst spät, d. h. 1149, in den Schriftquellen genannt wird. *J. Oexle*

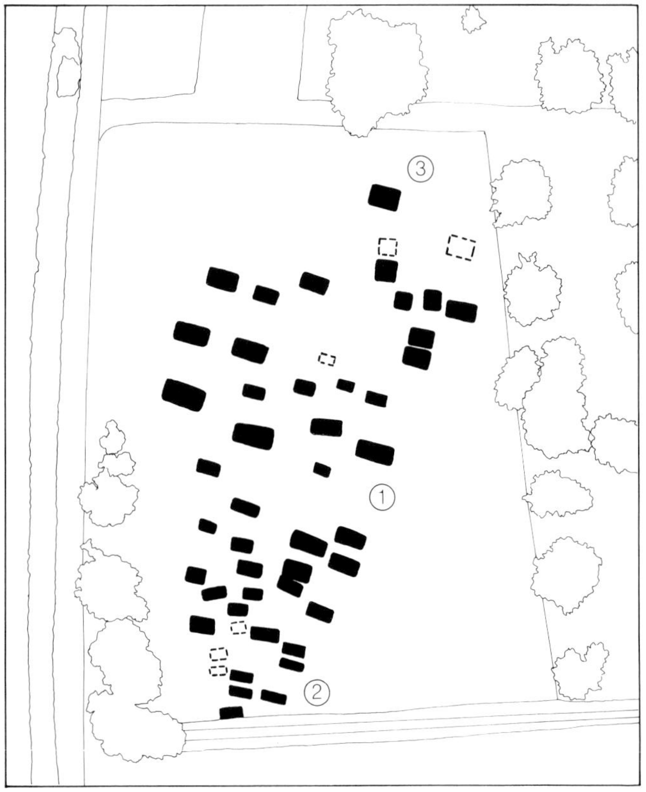

Literatur: Krieger, Topographisches Wörterbuch des Großherzogtums Baden, 1898, S. 277

Burgstall in Waiblingen über dem Kochertal

Stadt Aalen-Fachsenfeld, Ostalbkreis

Auf einem Vorsprung (»Burstel«) über dem Kochertal, unweit von Fachsenfeld, liegt der Burgstall Waiblingen, eine Anlage, von der keine archäologische Funde oder Befunde und nur wenige schriftliche Nachrichten überliefert sind.
Es steht zu vermuten, daß sich der urkundlich 1229 erstmals genannte Ulricus de Wabelingen nach dieser Burg nannte. Ein Ulrich von Wayblingen wird dann im 14. Jahrhundert (1362) genannt, als er seiner Schwester Elisabeth die Hälfte des ausdrücklich »Burg« genannten Platzes und alle dazugehörigen Güter für 130 Pfund verkaufte. Weitere urkundliche Erwähnungen führen bis in die Zeit um 1600, ohne daß sich der Zeitpunkt der Aufgabe näher bestimmen ließe.
Vor Ort erkennt man, daß der Burgstall exzellent konserviert ist, vor allem die Erdwerke (Durchmesser 27–33 m), der Burggraben umfaßt die Anlage auf drei Seiten. Bislang gelang es der archäologischen Denkmalpflege, diesen historischen Ort unversehrt zu erhalten.

J. Oexle

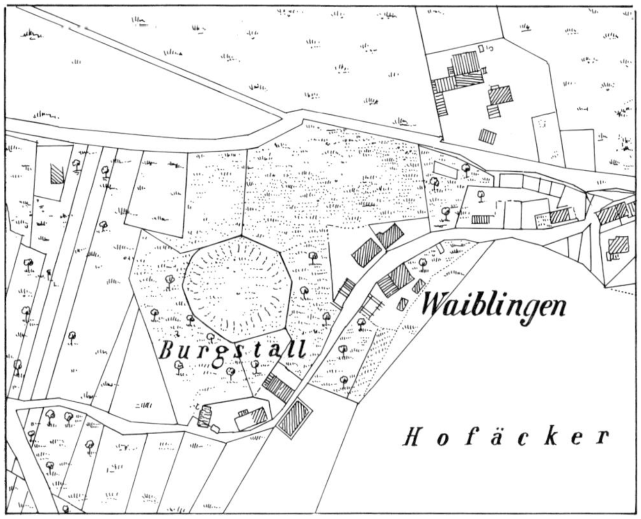

Literatur: Beschreibung des Oberamtes Aalen, Stuttgart 1854, S. 248 f. – Die Kunst- und Altertumsdenkmale im Königreich Württemberg. Inventar Jagstkreis, 1. Hälfte, Esslingen 1907, S. 16 f. – H. Pfeifer, Burgställe im Raum Aalen–Ellwangen. In: Führer zu vor- und frühgeschichtlichen Denkmälern 22, Mainz 1973, S. 86 ff., v. a. S. 112.

Burg Bühringen

Stadt Geislingen/Steige-Türkheim, Kreis Göppingen

Aus der Luft sieht man heute weniger als vor achtzig Jahren vor Ort: Südlich von Bad Überkingen ist aus dem Flugzeug die charakteristische Spornlage an der südlichen Filstalkante der Burg Bühringen oder »Alberingen« (vermutlich von Alb-Böhringen) gut zu erkennen. Durch den dichten Baumbewuchs kann man allerdings nur im Winter die drei Halsgräben von oben identifizieren. Sie riegeln als Abschnittsbefestigung die offene Flanke des Sporns ab und schützen die Burgstelle. Der innere Graben, welcher der Burgstelle unmittelbar vorgelagert ist, zeigt eine Tiefe von nahezu 4 m und eine Breite von 10 m, die äußeren Gräben sind 4–5 m und 2–2,5 m breit.

Noch die Verfasser der »Kunst- und Altertumsdenkmale im Königreich Württemberg« dürften heute nicht mehr sichtbare Baureste auf der kleinen Burgstelle beobachtet haben. Auf ihrer kleinen Planzeichnung vermerkten sie nämlich Strukturen, die am ehesten als überwachsene Mauerreste zu interpretieren sind. Vermutlich identifizierten sie auch die Stelle des ehemaligen Bergfriedes, den sie als quadratische Erhebung markierten.

Grabungen in dieser abgelegenen Burgstelle wurden bislang nicht durchgeführt, so daß sich ihr Alter einzig über Schriftzeugnisse eingrenzen läßt. Die Ritter von Überkingen sind 1258 erstmals nachweisbar und gehörten vermutlich demselben Stamm an wie die Herren von Böhringen, die urkundlich für die Zeit von 1191 bis 1348 belegt sind. Ihre Burg kam 1363 an die Grafen von Helfenstein selbst und diente danach als Witwensitz. Die Fürstin von Bosnien, Witwe des Grafen Ulrich von Helfenstein, residierte dort zwischen 1373 und 1403. Danach gelangte die Burg in den Besitz der Reichsstadt Ulm, verfiel dann allerdings und diente den Türkheimer Bauern als Steinbruch.

J. Oexle

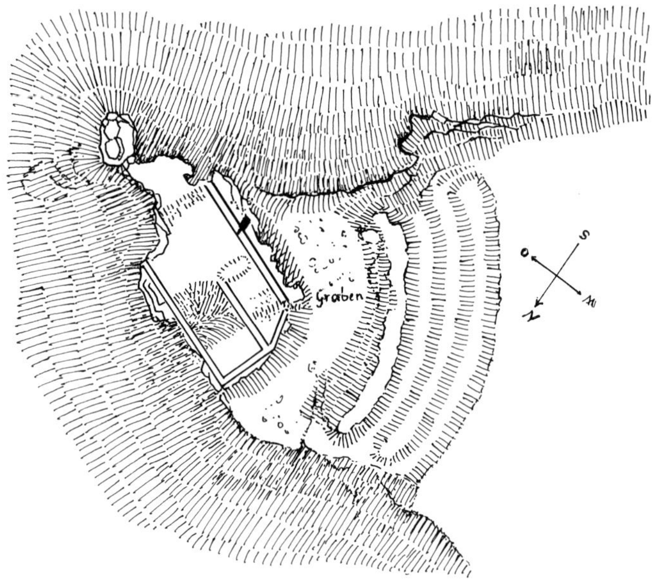

Literatur: H.-M. Maurer, Burgen und Adel in staufischer und nachstaufischer Zeit. In: Der Kreis Göppingen, Stuttgart 1973, S. 195 ff. (mit weiterführender Literatur). – Die Kunst und Altertumsdenkmale im Königreich Württemberg, Inventar Donaukreis, Oberamt Geislingen, Esslingen 1914, S. 161 und 168. – H. Zürn, Die vor- und frühgeschichtlichen Geländedenkmale und die mittelalterlichen Burgstellen der Kreise Göppingen und Ulm. Veröffentlichungen des Staatlichen Amtes für Denkmalpflege Stuttgart, Reihe A Vor- und Frühgeschichte, Heft 6, Stuttgart 1961, S. 12.

Burg Liebenstein

Gemeinde Neckarwestheim, Landkreis Heilbronn

Die kurze Darstellung von Topographie und Lage von Schloß Liebenstein in der Oberamtsbeschreibung des Amtes Besigheim vermag auch das moderne Luftbild trefflich zu beschreiben: Es »liegt 1/4 Std. südlich vom Mutterort (Kaltenwesten, heute Neckarwestheim, Erg. der Verf.) auf einem zwischen zwei Thälchen hinziehenden, steil abfallenden, schmalen Bergrücken und war somit von Natur auf drei Seiten fest, die südöstliche, zugängliche Seite ist mittelst eines tiefen Grabens künstlich befestigt worden«.

Schloß Liebenstein ist seit dem 13. Jahrhundert der Stammsitz der Ministerialen von Liebenstein, aus dieser Zeit dürfte auch der mächtige, aus Muschelkalk errichtete Bergfried stammen, der im Süden, d. h. im Bereich der alten, der »unteren Burg« liegt; an der Nordostseite des Bergfriedes hat sich noch der rundbogige Hocheingang erhalten. Das im Norden und Osten gelegene neue, »obere Schloß« stammt im wesentlichen aus dem 16. Jahrhundert, besonders hervorzuheben ist dabei die Schloßkapelle aus der Zeit um 1590 mit ihrem reich geschmückten Renaissancegiebel. 1673/78 verkauften die Herren von Liebenstein ihre Liegenschaft an das Haus Württemberg, in dessen Besitz sich die Anlage bis heute befindet.

Wall und Graben, die die Oberamtsbeschreibung nennt, sind im Luftbild exzellent erkennbar – sie könnten, ohne daß es allerdings datierende Funde gibt, zur ältesten Anlage des 13. Jahrhunderts gehören. In die jüngste Zeit datieren hingegen die landwirtschaftlichen Gebäude südwestlich des Schlosses. Sie liegen in einem Bereich, der sich im Luftbild durch eine dunkle, rechteckig verlaufende Verfärbung zu erkennen gibt. Erwägenswert wäre, daß es sich um eine Vorbefestigung von Schloß Liebenstein handelt. Im Verhältnis zur eigentlichen Burg wäre diese jedoch ungewöhnlich groß; auch die Schriftzeugnisse belegen keine Vorburg. Einen Hinweis verdient jedoch die Tatsache, daß das Urkataster von 1832 in den Flurgrenzen diesen Luftbildbefund widerzuspiegeln scheint. Nur durch Begehungen, weitere Luftbilder oder auch eine gezielte Sondage ließe sich Alter und Funktion dieses Luftbildbefundes erklären. *J. Oexle*

Zeichnung nach der Flurkarte Nord-Ost 5110 von 1832.

Literatur: Oberamtsbeschreibung des Oberamtes Besigheim, Stuttgart 1853.

Burgruine Alteberstein

Stadt Baden-Baden-Ebersteinburg

Auf steilem Felsklotz erhebt sich mit – bei gutem Wetter – weiter Sicht in das Murg- und Rheintal die Burgruine Alteberstein. Im Luftbild zeichnen sich gegen den dichten Nebel die beiden dominierenden Bauelemente der Burg ab: der mächtige Bergfried und auf der gegenüberliegenden Seite des kleinen Felsplateaus die beiden Steinhäuser. Der Grundriß der Burg paßt sich in seinem polygonalen Zuschnitt geschickt dem schwierigen Gelände an. Zum ältesten Bestand gehört die mächtige Schildmauer, die in die erste Hälfte des 13. Jahrhunderts datiert werden dürfte. Sie ist noch bis zu einer Höhe von 18 m über Zwinger- und ca. 8 m über Hofniveau erhalten. Der Bergfried selbst überlagert die Schildmauer teilweise, ist damit jünger und dürfte schon ins letzte Drittel des 13. Jahrhunderts gehören. Wohl gleichzeitig wurden die beiden steinernen Wohngebäude errichtet.

Die erste urkundliche Erwähnung führt ins 11. Jahrhundert zurück, als erstmals die Edelfreien von Eberstein genannt werden, das älteste Dynastengeschlecht des Ufgaues. Das »castrum Eberstein« jedoch wird erst 1197 ausdrücklich erwähnt, wiewohl zu vermuten steht, daß die Edlen von Eberstein schon zuvor dort ihren Sitz hatten. Bereits 1283 wird die Burg »althin Eberstein« bezeichnet, und im gleichen Jahr veräußerten die Ebersteiner ihren Besitz an den Markgrafen Rudolf von Baden. Bereits im 16. Jahrhundert war sie nicht mehr bewohnt und zerfiel langsam. *J. Oexle*

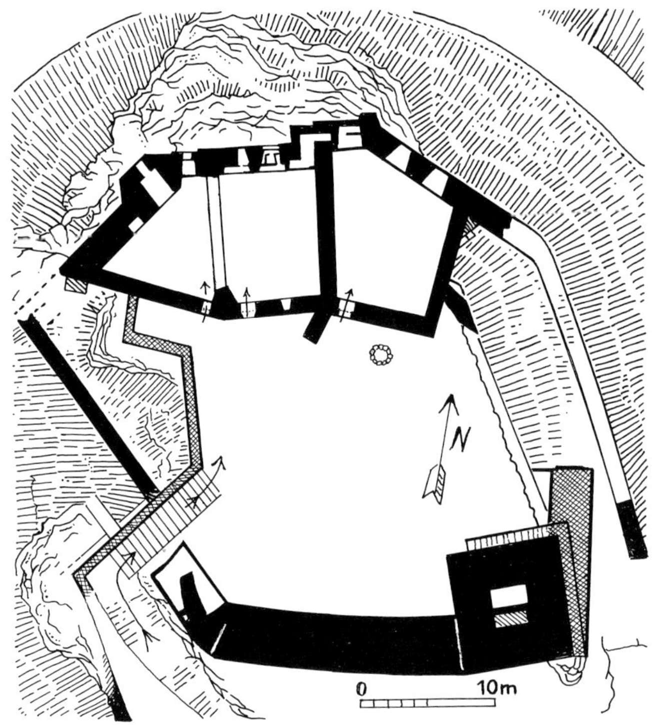

Literatur: Maurer, Pfalzen – A. Schäfer, Staufische Reichslandpolitik und hochadlige Herrschaftsbildung im Uf- und Pfinzgau. In: Zeitschrift für Geschichte des Oberrheins 83, 1969, S. 117. – A. Antonow, Burgen des südwestdeutschen Raums im 13. und 14. Jahrhundert unter besonderer Berücksichtigung der Schildmauer. Bühl 1977, S. 106 f.

Der Hohentwiel bei Singen

Kreis Konstanz

Badisch ist er noch nicht lange – der Hohentwiel bei Singen, der bekannteste der Hegauberge. Aber angesichts der langen Geschichte des Berges markiert der jüngste Besitzerwechsel – erst 1969 ging der Berg als württembergische Enklave endlich an die Stadt Singen – nicht mehr als eine Momentaufnahme.

Der Hohentwiel ist wie die anderen Hegauberge vulkanischen Ursprungs; die markanten Phonolith- und Basaltkuppen haben durch ihre bizarre Gestalt Reisende des Mittelalters ebenso fasziniert wie den Autofahrer heute, der sie – von Norden kommend – vom Hegaublick oberhalb Engens in einem weiten Panoramablick erfassen kann.

Prähistorische Siedlungsspuren auf dem Berg, der 688 m über NN über die Aachniederung aufragt, fehlen bislang. Das fruchtbare Aachtal allerdings, vor allem die Singener und Hilzinger Gemarkungen sind seit dem Neolithikum außerordentlich dicht und kontinuierlich besiedelt und archäologisch seit Jahrzehnten erforscht. Aufgrund der besonderen »Verteidigungsqualität« des Berges, der mit seinen steilen Flanken für Angreifer nur mühsam zu erobern ist, wird vermutet, daß dort bereits in der Bronzezeit sowie in der frühalamannischen Epoche Höhenbefestigungen angelegt worden sind; die wenigen Funde geben jedoch hierfür noch keinen ausreichenden Beleg.

Erst das Jahr 914 rückte das »Castellum tviel« in das Licht historischer Überlieferung, als der schwäbische Adelige Erchanger, der die Verwaltung des im Fiskus Bodman zusammengefaßten Königsgutes in seinen Händen hielt, eine erste Burganlage aufführte. Ihre Gestalt kennen wir nicht; ja es ist nicht einmal gesichert, ob sie wirklich auf der Bergkuppe oder aber zu ihren Füßen, auf der sog. Hohentwiel-Terrasse lag. Gesichert ist jedoch, daß der Berg im 10. Jahrhundert ein zentraler Ort, ein Vorort des Herzogs von Schwaben wurde, dessen Bedeutung auch durch die Einrichtung des Klosters St. Georg um 970 unterstrichen wird. Dort verbrachte die Herzogin Hadwig ihre letzten Lebensjahre bis zu ihrem Tod im Jahr 994. Die Verlegung des Klosters nach Stein am Rhein 1005 markiert den Bedeutungsverlust des Berges, der dann in der ersten Hälfte des 12. Jahrhunderts in die Hände der Herren von Singen-Twiel gelangte.

Bis heute bestimmen die Silhouette des Berges die gewaltigen Baumaßnahmen, die 1521 einsetzten, als Herzog Ulrich von Württemberg ihn in seinen Besitz brachte. Um die Mitte des 16. Jahrhunderts dürfte der Ausbau zur württembergischen Landesfestung abgeschlossen gewesen sein, vermutlich stand auch das berühmte Rondell Augusta, die mit 25 m mächtigste Rundbastion in Württemberg. Heinrich Schickhardt verdanken wir einen Plan dieser Burg, die in der Folge zahlreichen Belagerungen standhielt. Erst in den napoleonischen Kriegen kapitulierten am 1. Mai 1800 die beiden Festungskommandanten kampflos voa dem französischen General Vandamme, der die stolze Feste dann planmäßig schleifen ließ. Zurück blieb eine Ruine, die nicht zuletzt Victor von Scheffel zu seinen Romanen anregte. Die systematische baugeschichtliche und archäologische Erforschung des Berges steht indes noch aus – eine Aufgabe für künftige Generationen. *J. Oexle*

Literatur: C. Bumiller, Hohentwiel. Die Geschichte einer Burg zwischen Festungsalltag und großer Politik, Konstanz 1990.

Wasserburg Flügelau

Stadt Crailsheim-Roßfeld, Kreis Schwäbisch Hall

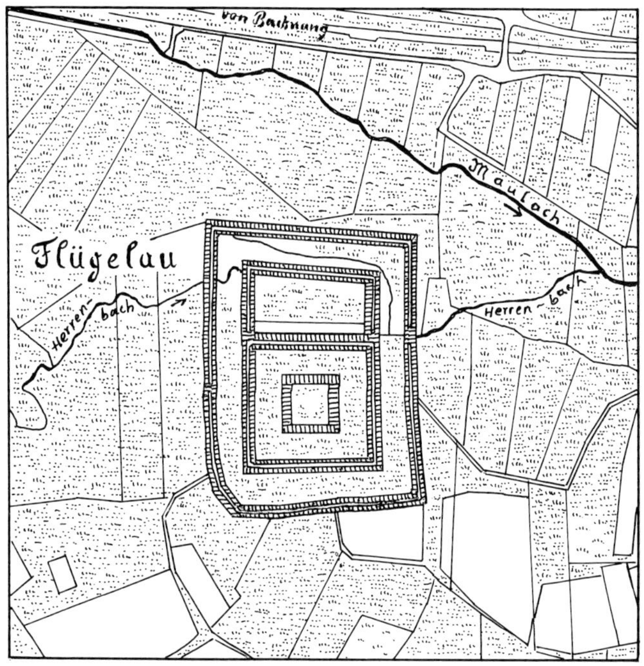

Ein großes, flaches, Nord-Süd gerichtetes Wallgrabenviereck von 210 × 165 m Seitenlänge liegt in feuchten Wiesen unweit von Roßfeld. Bei genauerem Hinsehen und besonders deutlich im Luftbild zeigt sich die Anlage jedoch als zweiteilige Befestigung. Ein Bachlauf führt mitten durch die Anlage, die den Namen »Flügelau« trägt, hindurch.

Der südliche Teil der Anlage zeigt in der Mitte eine plattformartige Erhöhung von nahezu 40 m Seitenlänge, die von Wall und Graben umgeben ist. Nördlich davon schließt sich jenseits des Herrenbaches ein weiteres, separat umwalltes, querrechteckiges Areal an. Beide Burgbereiche umfängt schließlich ein weiterer, gemeinsamer Wall und ein ehedem wassergefüllter Graben.

1951 wurde ein Längsschnitt durch die Burganlage getrieben, der uns zumindest einen schematischen Einblick in ihr »Innenleben« gewährt. Auf dem »Burgplateau« des Südteiles war ein hoher Anteil von Becherkacheln und vor allem Hohlziegel mit anhaftenden Resten von Kalkmörtel zu beobachten; der Ausgräber E. Kost deutet die Funde als letzten Überrest einer mittelalterlichen Steinbebauung. In der Nordhälfte der Anlage fand sich Keramik des 13.–15. Jahrhunderts und mit Sporen, Hufeisen sowie Armbrustbolzen ein burgentypisches Fundinventar; klar interpretierbare Baubefunde konnten nicht ermittelt werden.

Das Fundspektrum fügt sich zeitlich gut in den durch die urkundlichen Nachrichten gegebenen Rahmen. Erstmals werden die Herren von Flügelau 1240 genannt, die letzte Nennung ist für das Jahr 1317 belegt. Sie haben als Burgherren der Anlage ihren Namen gegeben. Die Wasserburg Flügelau dürfte damit um die Mitte des 13. Jahrhunderts angelegt worden sein; sie zerfiel im 14. Jahrhundert und ist bereits für das Jahr 1357 als wüst gefallen belegt.

J. Oexle

Literatur: E. Kost, Die mittelalterliche Burg Flügelau und der frühmittelalterliche Maulachgau. In: Württembergisch Franken NF. 26/27, 1951/52

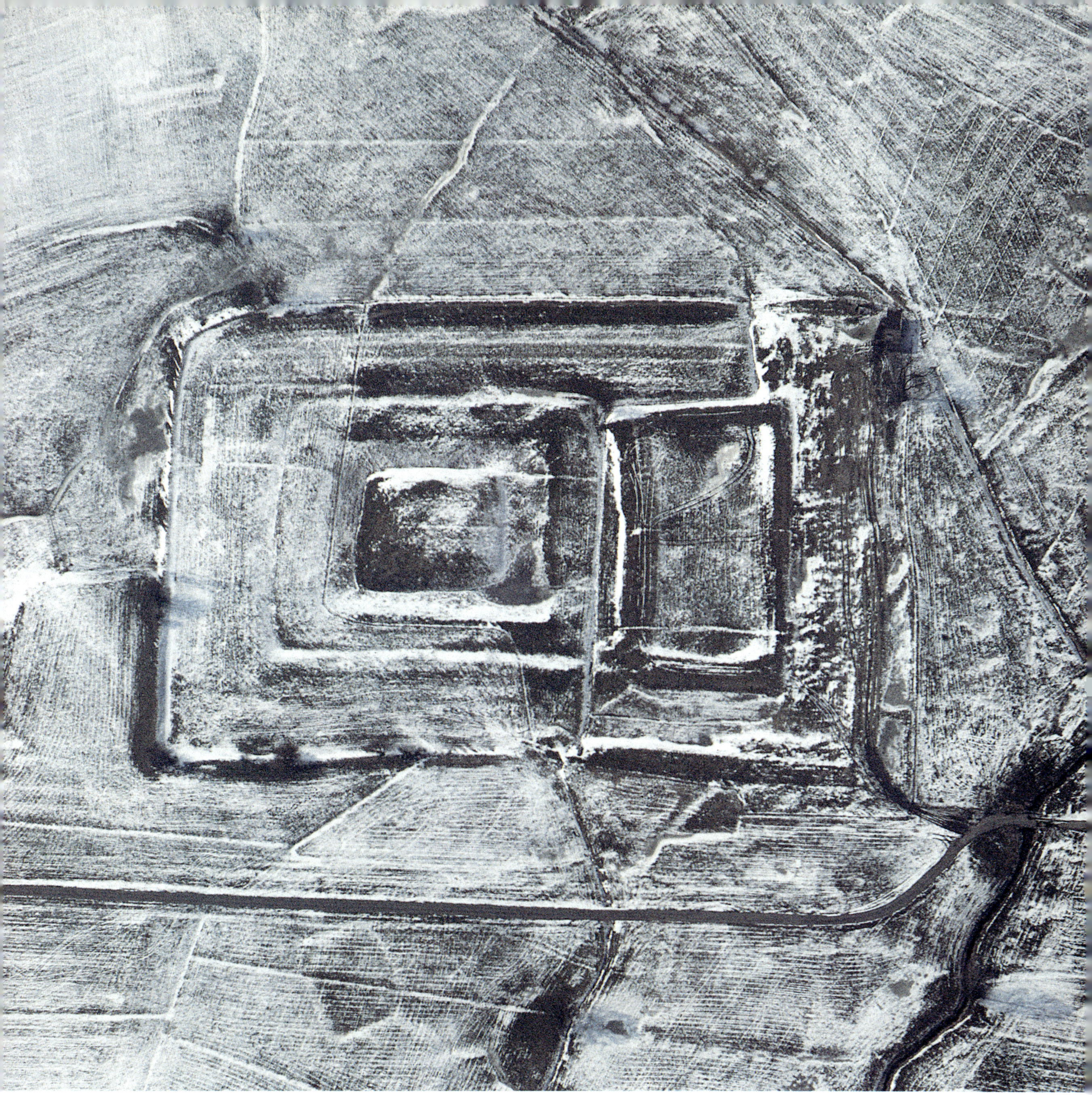

Der Heiligenberg

Stadt Heidelberg

In beherrschender Lage, am Ausgang des Neckartales in die Rheinebene, liegt der 440 m hohe Heiligenberg. Aufgrund seiner bevorzugten Topographie wurde der Berg bereits in vorgeschichtlicher Zeit aufgesucht: Intensive Besiedlungsspuren führen in die Urnenfelder- und in die Hallstattzeit, vor allem in der frühen Latènezeit erfuhr der Berg eine mehrteilige Befestigung, von der noch heute Reste von Steinwällen, Böschungen und Terrassen zeugen.

Das Luftbild führt jedoch in die bedeutende mittelalterliche Geschichte des Berges. Um 870 gründete Abt Thiotroch von Lorsch hier eine Propstei, die bis in die Mitte des 16. Jahrhunderts bestand; einen Eindruck von der monumentalen Ruinenanlage vermittelt die Meriansche Ansicht aus dem Jahr 1645.

Bereits im 19. Jahrhundert setzte eine intensive Beschäftigung mit der Kirche ein, Grabungs- und Restaurierungsarbeiten versetzten die Ruine in den heutigen Zustand. Besondere Hervorhebung verdient dabei die Tätigkeit von W. Schleuning, der 1886 mit Untersuchungen in der Kirche begann und zu den Pionieren der mittelalterlichen Bauforschung im Land gehört. Damit ist die Ruine selbst ein bedeutendes Monument der Denkmalgeschichte unseres Landes.

Die Ruine der Kirche St. Michael ist im wesentlichen durch den Baubestand des 11. Jahrhunderts bestimmt; die Gebäude der Klausur gehören vor allem ins 14. und 15. Jahrhundert. Bei der Kirche handelt es sich um eine dreischiffige Basilika mit Querschiff und Dreiapsidenschluß sowie Teilen einer älteren Vierstützenkrypta. Besonders eindrucksvoll präsentiert sich der Westbau der

Tuschzeichnung nach Matthäus Merian. Das Original befindet sich im Kurpfälzischen Museum, Heidelberg

Kirche mit Krypta, Eingangshalle (»Paradies«) und zwei flankierenden Türmen.

Ungewöhnlich ist die Lage der gotischen Klausur. Wohl aus Platzmangel ist sie östlich der Kirche vorgelagert. Im Süden sind dabei Kapitelsaal und Aufenthaltsraum der Mönche anzunehmen; im Osten und Norden sind Vorrats- und Wirtschaftsräume zu lokalisieren. *J. Oexle*

Literatur: P. Marzolff, Die neuen Grabungen in St. Michael auf dem Heiligenberg. Forschungen und Berichte zur Archäologie des Mittelalters 8, Stuttgart 1983, S. 57 f. – D. Lutz, Heiligenberg über Handschuhsheim. In: Archäologische Denkmäler in Baden-Württemberg, hrsg. vom Landesvermessungsamt Baden-Württemberg und Landesdenkmalamt Baden-Württemberg, Stuttgart 1990, S. 31.

Kloster Anhausen

Gemeinde Satteldorf, Kreis Schwäbisch Hall

Die Anhäuser Mauer, steil aus einer grünen Wiese herausragend, ist der letzte obertägige Überrest einer Klosteranlage, die bis in die Mitte des 14. Jahrhunderts zurückreicht. Seit 1344 stand in Anhausen eine Marienkapelle, bei der 1357 ein Kloster gegründet worden sein soll. Für das Jahr 1359 wird eine Einsiedelei erwähnt, 1403 schließlich wurde Anhausen zu einem Pauliner-Eremitenkloster umgestaltet, das mit reichen Schenkungen vor allem der Herren von Hornberg und von Bebenburg ausgestattet wurde.

Über die Baugeschichte von Kirche und Kloster sind wir kaum unterrichtet. Die Schriftquellen belegen einen Brand für das Jahr 1445, die Anlage wurde danach sofort wiederaufgeführt.

Die »Anhäuser Mauer«, ungefähr 20 m hoch und 10 m lang, ist der Überrest der nördlichen Seitenwand des gotischen Chors mit dem Ansatz der um 1480 gestifteten sog. Crailsheimer Kapelle. Die Mauer ist aus Bruchsteinen aufgeführt; Reste von Werksteinen sind in den Schildbögen und Anfängen der Rippenbündel der Kreuzgewölbe noch erhalten. Fünf Grabdenkmäler von zwischen 1363 und 1472 verstorbenen Angehörigen der Familie Bebenburg sind – heute von einem Vordach geschützt – auf der Innenseite des Chors eingelassen. Aus Schriftquellen wissen wir zusätzlich, daß der Crailsheimer Kapelle im Süden eine St.-Annen-Kapelle entsprach. Die turmlose Kirche hatte einen Dachreiter.

Der nicht unbedeutenden Klosteranlage war jedoch nur eine kurze Lebensdauer beschieden: In der Reformationszeit löste sich das Kloster auf und wurde 1557 in einen Pachthof umgewandelt. Von 1700 an setzte der Abbruch ein.

Um so bedeutsamer sind angesichts der dürftigen Überlieferungslage die neuen Einblicke, die das Luftbild gewährt. Zwar ist die Klosterkirche selbst nicht zu sehen; es dürfte sich bei den Bewuchsmerkmalen jedoch um die Spuren des Konventhauses, des Hauses des Priors sowie der Wirtschaftsgebäude, deren Lage südlich der Kirche belegt ist, handeln. Angesichts der überaus deutlichen Merkmale ist damit zu rechnen, daß im Boden nicht nur Ausbruchsgruben, sondern auch die Fundamentzüge erhalten sind. Weitere intensive Prospektionsmaßnahmen, z. B. durch geoelektrische oder geomagnetische Untersuchungen, erbrächten mit hoher Wahrscheinlichkeit und ohne jede Zerstörung des Befundes den kompletten Grundriß von Kirche, Konvent und Nebengebäuden.

J. Oexle

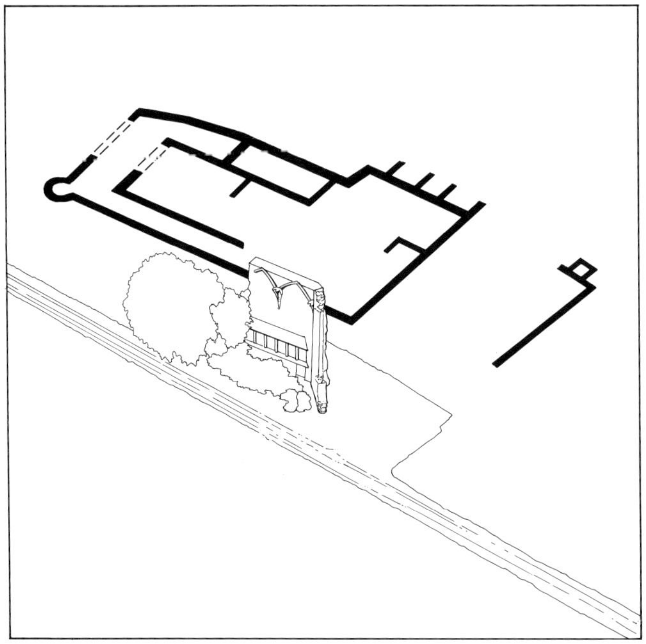

Literatur: E. v. Paulus und E. Gradmann, Die Kunst- und Altertumsdenkmale im Königreich Württemberg. Inventar Jagstkreis, Esslingen 1907, S. 58 ff. – Heimatbuch Crailsheim, hrsg. von Johann Schumm, Crailsheim 1928, S. 522 ff.

Wallfahrtskirche über dem Bodensee

Stadt Meersburg-Baitenhausen, Bodenseekreis

Der dichte Herbstnebel am Bodensee gibt einen kurzen Blick auf die Wallfahrtskapelle »Maria zum Berge Karmel« frei. Bei klarem Wetter reicht der Blick von der Anhöhe über dem Salemer Tal, auf der das Kirchlein liegt, weit hinein in die Meersburger Bodenseelandschaft. Eine Inschrift über dem Eingang nennt das Jahr 1702 als Baudatum, 1704 wird die Kirche, die oberhalb des Dorfes Baitenhausen auf dem Gewann Schloßbühl liegt, geweiht. Sie ist auf schlichtem, nahezu kreuzförmigen Grundriß errichtet – im Luftbild sind erkennbar die Sakristei im Norden und die südlich gelegene Wendelinskapelle. Ihre reiche Rokoko-Ausstattung erhielt die Kirche um 1760 – besonders hervorzuheben sind dabei die Fresken des aus Kufstein stammenden und in Augsburg tätigen Malers Johann Wolfgang Baumgartner, sind sie doch ein Spiegel von Natur und Menschenleben am Bodensee. Die großen Hauptdarstellungen umgeben kleine Randbilder: Man erkennt Konstanz, Meersburg im Mondlicht oder auch das Land im Umkreis Baitenhausens. Wohl aus der alten Dorfkirche Baitenhausens, die im Dreißigjährigen Krieg stark zerstört wurde, stammt das Gnadenbild – Maria zum Berge Karmel – das um 1500 entstand. Der Ort Baitenhausen, der bereits 1684 nach Meersburg inkorporiert wurde, ist allerdings viel älter als die Wallfahrtskirche: Bereits 1169 wird er erstmals urkundlich erwähnt. Allerdings ist bis heute nicht gesichert, ob die Herren von Baitenhausen, wohl Reichenauer Ministeriale, ihren Sitz wirklich auf dem von der Wallfahrtskapelle nicht weit entfernten »Schloßberg« hatten. Zwar sind bis heute im Gelände umfangreiche Graben- und Wallanlagen erhalten – das Fundmaterial aus kleinen Schürfungen bot jedoch keine ausreichende Grundlage zur sicheren Datierung dieser Anlage. *J. Oexle*

Literatur: A. Schneider, Burgen und Befestigungsanlagen des Mittelalters im Bodenseekreis. In: Fundberichte aus Baden-Württemberg 14, 1989, S. 515–667, v. a. S. 595 ff. – E. Schulze-Battmann, Meersburg-Baitenhausen, München 1973

Rodungsinseln im Schwarzwald

Hünerberg, Stadt Wildbad, Kreis Calw

In den Hochlagen des nördlichen Schwarzwalds zeigt sich aus der Luft noch heute eine Siedlungssituation, wie sie ehedem auch für die Altsiedellandschaften von Baden-Württemberg charakteristisch war. Inselgleich liegen die Dörfer mit den sie umgebenden Ackerflächen im dichten Wald.

Nur in wenig siedlungsgünstigen Rand- und Hochlagen, die spät erschlossen wurden und in denen keine nennenswerte Siedlungsverdichtung stattfand, haben sich auf einer Höhe bis um 800 m über NN noch Rodungsinseln wie die des Dorfes Hünerberg erhalten. Die erste urkundliche Erwähnung, der Ort wird 1523 Hünerberg, 1634 Auerhahnberg genannt, belegt die späte Gründung des Dorfes.

Vergleichbar »altertümliche« Siedlungsbilder lassen sich nicht nur im Schwarzwald beobachten; ein ähnliches lokkeres Gefüge von Rodungsinseln zeigt beispielsweise die Oberpfalz oder der Böhmerwald. *J. Oexle*

Literatur: Der Kreis Calw, Stuttgart 1986, S. 294 f.

Der Münsterplatz in Ulm

Der steile Blick in die großen Grabungsflächen zu Füßen des Ulmer Münsters belegt: Unter dem Asphalt liegt die Geschichte dieser bedeutenden mittelalterlichen Stadt. Im Zweiten Weltkrieg war sie zu über 70 Prozent zerstört worden; von ihren Baudenkmalen haben nur wenige die Bombardierung überstanden. Auch der Wiederaufbau nach dem Krieg ging nicht sonderlich sensibel mit den verbliebenen Resten historischer Erinnerung um.

Um so wichtiger sind angesichts dieser Verluste die im Boden verbliebenen archäologischen Geschichtszeugnisse. Der Ulmer Münsterplatz, der in der heutigen Form erst im letzten Drittel des 19. Jahrhunderts entstand, ist dafür ein hervorragendes Beispiel. Unter dem Asphalt fanden sich bei den großen, ganzjährigen Grabungen 1988–1991 die Fundamente der 1876 abgebrochenen Barfüßerkirche wieder – im Luftbild sind sie unmittelbar neben dem großen Grabungszelt zu sehen. Zugleich gelang es, die komplizierte, bis in die Mitte des 13. Jahrhunderts zurückführende Baugeschichte der Kirche zu entschlüsseln. Die eigentliche Überraschung lag jedoch unter den Fundamenten der Barfüßerkirche und des zugehörigen Konventes. Bis in die Zeit um 700 führt ein spätmerowingerzeitlicher/frühkarolingischer Friedhof zurück, der möglicherweise zu einer ältesten Hofstelle auf dem Weinhofsporn gehört. Dort ist dann spätestens ab 853 das Palatium, die Pfalz Ulm, eine Gründung Ludwigs des Deutschen, zu lokalisieren. Und vor den Toren dieser Pfalz lag eine Siedlung, ein »suburbium«, das die Archäologen erstmals bei den Grabungen auf dem Ulmer Münsterplatz identifizieren konnten. Große eingetiefte Häuser, deren hölzerne Auskleidung zum Teil erhalten war, zeichneten sich im hellen Lößlehm mit ihrer dunklen Verfüllung deutlich ab. Ungewöhnliche Funde, wie z. B. Gußformen, belegen handwerkliche Tätigkeit des 11. und 12. Jahrhunderts; reiche Keramik- und Glasfunde aus Latrinen des Spätmittelalters und der frühen Neuzeit dokumentieren städtische Wohlhabenheit und Lebensart.

Der Blick aus der Luft auf den Ulmer Münsterplatz macht jedoch auch deutlich, wie großflächig heute Neubauten in die kostbare älteste Geschichte unserer Städte eingreifen. Der Anlaß für die Grabungen in Ulm war nämlich nicht die Neugier der Archäologen, sondern das städtische Vorhaben, an dieser Stelle ein Bürgerzentrum zu errichten. 2000 m² archäologischen Stadtbodens wären ohne die Grabungen des Landesdenkmalamtes unwiderruflich zerstört worden. *J. Oexle*

Literatur: J. Oexle, Städteportrait Ulm. In: Stadtluft, Hirsebrei und Bettelmönch. Stadt um 1300. Stuttgart 1992, S. 165 ff.

Das Lastschiff von Immenstaad

Bodenseekreis

Finderglück und Niedrigwasser führte zwei Schüler auf die Spur dieses ältesten Schiffes, das bislang aus dem Bodensee geborgen werden konnte. Das Wrack lag bis zu seiner Bergung 1991 unmittelbar vor dem Strandbad von Immenstaad in der Flachwasserzone des Sees. Der seewärts gerichtete Bug (1) war von Sandschichten relativ gut geschützt, das landwärts liegende Heck (2) – während der Ausgrabung in einer mit Sandsäcken (3) bewehrten Grube trocken gehalten – allerdings zeigte zunehmend starke Erosionserscheinungen, so daß schließlich eine vollständige Freilegung und Bergung zur Sicherung dieses einzigartigen Fundes unumgänglich wurden.

Vom Bug bis zum Heck mißt das vollständig aus Eichenholz gezimmerte Schiff 18,30 m. Die sorgsam gebeilten Planken, die allerdings nicht mehr vollständig erhalten waren, wurden von 51 Spanten und Querhölzern zusammengehalten. Auch die Holzverbindungen bestehen sämtlich aus Eichendübeln, die in vorgeteerte Bohrlöcher eingelassen worden sind. Besonders wichtig ist eine weitere bautechnische Beobachtung: Den Übergang vom Boden zur Bordwand bildet eine L-förmige Übergangsplanke, die aus einem mächtigen Eichenstamm herausgearbeitet worden ist. Entwicklungsgeschichtlich erinnert sie an die viel älteren Einbäume. Daher ist das Immenstaader Wrack schiffstypologisch der Gruppe der »vergrößerten Einbäume« zuzuordnen.

Dank der exzellenten Erhaltung des Eichenholzes im Bodenseewasser gelang eine genaue dendrochronologische Datierung dieses Fundes: Das Holz wurde 1334 +/– 10 gefällt und wahrscheinlich sofort verarbeitet, so daß das Schiff bereits im zweiten Viertel des 14. Jahrhunderts auf dem See verkehrte. Erstmals gelang es den Archäologen damit, eines der Hauptverkehrsmittel des späten Mittelalters – die Wasserwege galten als sicherer und weniger beschwerlich als die Landwege – zu finden. Dieses älteste bekannte Bodenseeschiff macht aber zugleich die lückenhaften Kenntnisse der Schiffsbautradition im Alpenvorland deutlich. Die Ahnen des Immenstaader Schiffes sind unbekannt, denn römische oder gar vorgeschichtliche Wasserfahrzeuge konnten bislang nicht geborgen werden. Aber auch der Entwicklungsweg vom Immenstaader Schiff hin zu den neuzeitlichen Lastenseglern, die bis ins 20. Jahrhundert auf dem See verkehrten, läßt sich noch nicht nachzeichnen. *J. Oexle*

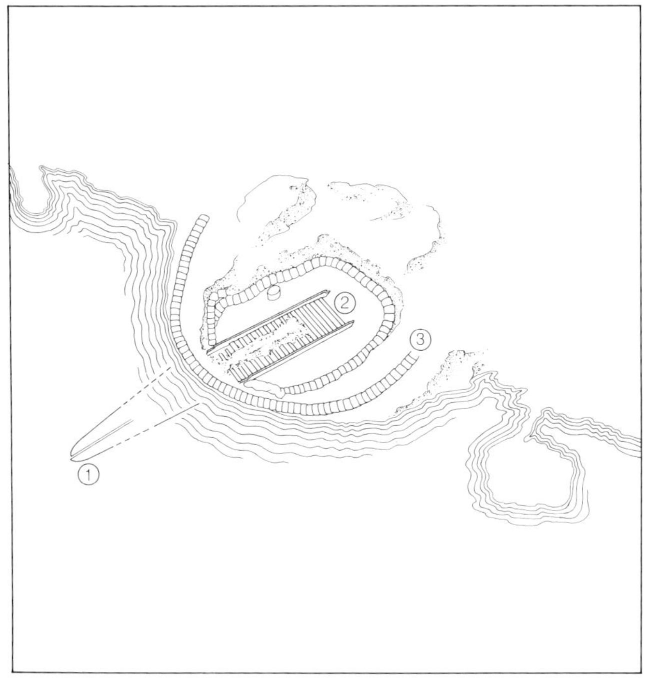

Literatur: J. Oexle, H. Schlichtherle, Bergung eines mittelalterlichen Lastschiffes aus dem Bodensee. In: Denkmalpflege in Baden-Württemberg H. 2, 1992, S. 37–43.

Insultheimer Hof

Stadt Hockenheim, Rhein-Neckar-Kreis

In der Rheinaue westlich von Hockenheim markiert eine kleine Gehöftanlage die Stelle, an der sich ehedem ein frühmittelalterliches Dorf erstreckte. Eine Lorscher Schenkungsurkunde von 770 nennt erstmals das Dorf »Insultheim«, das in der Mitte einer alten Rheinschlinge lag. Häufig von Hochwasser bedroht, ging der Ort im 16. Jahrhundert immer weiter zurück, bis er um 1550 auf einen Hof reduziert war.
Insultheim war Lehen des Bischofs von Speyer für Niederadel und wurde 1536 vom Bischof zurückgekauft. Das im 16. Jahrhundert übriggebliebene Hofgut gelangte dann an das Domkapitel, 1904 an die Grafen von Hochberg, bis es dann 1919 an den Staat fiel. Die genaue Lage des abgegangenen Ortes, in den Schriftquellen nur dürftig belegt, ließ sich erstmals aus der Luft sicher identifizieren. Die Bewuchsmerkmale markieren, wenn auch noch nicht sehr präzise, die Baustrukturen des Dorfes: Erkennbar sind unregelmäßig verteilte, rechteckige Eintiefungen, deren Interpretation als Grubenhäuser naheliegt; weitere Befliegungen werden möglicherweise die zugehörigen Pfostenbauten und den Ortsfriedhof aufscheinen lassen, vergleichbar dem, was inzwischen aus Lauchheim, Ostalbkreis, bekannt ist.
Im Luftbild nicht sichtbar, dafür jedoch auf Katasterplänen des 19. Jahrhunderts vermerkt, ist die am östlichen Ausgang des Hofes gelegene Kapelle, die durchaus bis in die Frühzeit des Dorfes zurückgehen kann. Für die Jahre 1710/1711 sind Reparaturen belegt, 1738 wurde sie neu erbaut um dann 1885 endgültig abgebrochen zu werden. An ihre Stelle trat die neue Straße, die den Hof bis heute erschließt.

J. Oexle

Literatur: Die Unterlagen stellte freundlicherweise O. Teschauer, Karlsruhe zur Verfügung.

Der Württembergische Landgraben

Stadt Heimsheim, Enzkreis

An der Westgrenze der Gemarkung Heimsheim befindet sich ein auf den ersten Blick unscheinbares, bei genauerem Hinsehen oder besser Entlang-Wandern aber durchaus bemerkenswertes Kulturdenkmal. In der Flur »Roßweide« erstreckt sich ein ungefähr 500 m langes Teilstück des ehemaligen Württembergischen Landgrabens. Wiewohl ansonsten nur in Waldstücken konserviert – die im Freiland verlaufenden Abschnitte sind zumeist durch landwirtschaftliche Nutzung einplaniert – hat sich hier eine kleine Strecke in der offenen Wiesenlandschaft erhalten. Sie besteht aus Graben und außenliegendem Wall und folgt auf Heimsheimer Gemarkung in etwa der württembergischen Landesgrenze. Derartige »Landgräben« oder »Landhegen« sind im Württembergischen eine Erscheinung des Spätmittelalters, mit der kleine und größere Territorien umgeben wurden. Sie markierten Grenzen deutlich sichtbar; ihr militärischer Wert darf allerdings nicht all zu hoch veranschlagt werden. Immerhin konnten Graben und Wall, zusammen zwischen 6 und 10 m breit mit einem maximalen Höhenunterschied von 4 m, im Wallbereich vielfach mit dichtem Buschwerk bepflanzt, vor allem berittene Truppen am Übertritt hindern. Erbauung und Unterhalt oblag der Bevölkerung der angrenzenden Gemeinden.

Über die Bauzeit des Landgrabens bei Heimsheim liegen keine schriftlichen Nachrichten vor. Erste Erwähnung findet er anläßlich von Ausbesserungsarbeiten während des Dreißigjährigen Krieges 1621/22 und 1628. Allerdings markieren seinen Verlauf teilweise auf 1581 datierte Grenzsteine, so daß der Landgraben bereits zu dieser Zeit bestanden haben muß. *J. Oexle*

Literatur: D. Lutz, Der Landgraben bei Heimsheim im Enzkreis oder: Ein ganz »normaler« Fall. In: Denkmalpflege in Baden-Württemberg 8, 1979, S. 19 ff.

Erdschanze bei Bad Wimpfen

Landkreis Heilbronn

Der Sommer 1990 brachte es an den Tag: Auf dem hohen Neckarufer über der Saline Ludwigshall, östlich von Bad Wimpfen zeichnete sich erstmals als Bewuchsmerkmal eine sternförmige Anlage ab. Aus der Luft läßt sich nur vermuten, um was es sich bei dieser Beobachtung handelt: Von jeweils vier langrechteckigen, blockartigen Verfärbungen gehen vier spitz zulaufende, sehr geradlinig konturierte Befunde ab. Ein Vergleich mit erhaltenen bastionären Befestigungssystemen führt jedoch auf die richtige Spur: es handelt sich aller Wahrscheinlichkeit nach um eine Befestigungsanlage der frühen Neuzeit. Durch Bild- und Schriftzeugnisse überlieferte Anlagen wie z. B. die Philippsburg lassen das Grundsystem dieser Befestigungen gut erkennen: Die um den Ort geführte, polygonal gebrochene Umwallung bestand aus einem komplexen Gefüge von Bastionen, die sowohl von den sie verbindenden Wallstücken (Kurtinen) wie von den vorgelagerten Gräben wirkungsvoll gegen das Geschützfeuer der Angreifer geschützt werden konnten. Die Philippsburger Anlage wurde im frühen 17. Jahrhundert konzipiert und über mehr als 100 Jahre immer wieder ausgebaut. In das 17. oder 18. Jahrhundert dürfte auch die bei Bad Wimpfen entdeckte Anlage datieren. Bemerkenswert ist an ihr allerdings, daß sie keinen polygonalen, sondern einen schlichten vierseitigen Grundriß aufweist. Vermutlich hängt dies mit einer kurzfristigen Nutzung und schnellen Errichtung als Erdschanze zusammen.

J. Oexle

Literatur: H. Musall, Grundriß der Reichsfestung Philippsburg 1745. Historischer Atlas Baden-Württemberg I.10, Erläuterungen

Der jüdische Friedhof von Eichtersheim

Gemeinde Angelbachtal, Rhein-Neckar-Kreis

Die jüdische Gemeinde von Eichtersheim wird erstmals im Jahr 1710 genannt, im 18. Jahrhundert bestand hier eine große Gemeinde mit 1839 Mitgliedern, eigener Synagoge, Volksschule und rituellem Schlachthaus. 1938 wurde die jüdische Gemeinde ausgelöscht – heute lebt in Eichtersheim kein jüdischer Mitbewohner mehr. Die Kristallnacht überstand nur die Synagoge, die 1938 an Privatleute verkauft wurde und heute als Lagerraum und Schreinerwerkstatt genützt wird.

Eindrucksvollstes Zeugnis der jüdischen Gemeinde von Eichtersheim ist jedoch bis heute der Friedhof an der Straße nach Wiesloch. Er wurde 1781 angelegt, vorher bestattete man die Toten auf dem Waibstädter Friedhof, der den Toten aus 30 umliegenden Gemeinden eine letzte Ruhestätte bot.

Der Eichtersheimer Friedhof gehört damit zu den jüngeren jüdischen Friedhöfen in Baden: Im 18., vor allem aber im 19. Jahrhundert entstanden im Zuge der Niederlassungsfreiheit zahlreiche Gemeinden und damit neue Friedhöfe. Diese Bestattungsplätze wurden neu angelegt, um die zum Teil beschwerlichen Reisen zu entfernter gelegenen Bestattungsplätzen zu vermeiden.

Der Eichtersheimer Friedhof liegt in charakteristischer Lage außerhalb der Siedlung, nach einer talmudischen Vorschrift muß die Distanz zwischen Siedlung und Friedhof mindestens 50 Ellen betragen. Zugleich soll das Friedhofsgelände umzäunt sein, entweder durch eine lebendige Hecke, einen Zaun oder – wir hier in Eichtersheim – durch eine Mauer.

J. Oexle

Literatur: J. Hahn, Erinnerungen und Zeugnisse jüdischer Geschichte in Baden-Württemberg, Stuttgart 1988. – F. Hundsnurscher, G. Taddey, Die jüdischen Gemeinden in Baden. Denkmale, Geschichte, Schicksale, Stuttgart 1968.

Karrengleise bei Allewind

Gemeinde Hermaringen, Kreis Heidenheim

Der Südhang des Benzenbergs bei Allewind ist den Bauern zu steil und steinig, sie nahmen ihn deshalb nie unter den Pflug, sondern treiben dort bis auf den heutigen Tag ihre Schafe. Seinem Fuß trotzten sie schmale busch- und obstbaumgesäumte Terrassen ab, auf seinem Kopf aber pflügen sie seit langem, der Ackerrain läuft oben quer durch das Bild. Wer seine Felder auf dem Berg zu bestellen hatte oder im Mittelalter von Hermaringen durch das nahe Brenztal mit seinem Fuhrwerk nach Hohenmemmingen und weiter auf das Härtsfeld mußte, mag jenen Weg über den Berg gewählt haben, der aus der linken unteren Bildecke quer über die Terrassen nach rechts oben führt. Die ersten Fuhrleute aber bleiben uns unbekannt, und es ist wahrscheinlich, daß auch schon Acker- und Lastwagen der Römer hier den beschwerlichen Anstieg auf die Alb nahmen – lag doch deren nächster Gutsbetrieb nur 1,5 km entfernt im Tal. Als sich im Laufe der Jahre die Fahrspur tief eingegraben hatte und bei Regen vollends unpassierbar wurde, bahnte man sich daneben einfach eine neue Strecke. So fächerte der Anstieg schließlich in fünf Gleise auf, die sich oben wieder zusammenfanden.

Die Karrengleise am Benzenberg gehören zu den wenigen Verkehrsdenkmälern ihrer Art, die im freien Gelände überdauert haben. Die meisten Beispiele liegen in Wäldern versteckt, wo sie allerdings vor den schweren Forstmaschinen, die nach Windbruch und bei Wiederaufforstung planierend anrücken, auch nicht länger sicher sind.

O. Braasch

Bilder von Bezgenriet

Stadt Göppingen

Frühe schriftliche Quellen nennen Bezgenriet, das erst 1957 zur Stadt Göppingen kam, u. a. »Batehinriet« und »Pathicenriedt«. Hinter dem »Batehin« oder »Pathicen« in der ersten Namenshälfte verbirgt sich als »Batucho« ein bekannter altdeutscher Personenname. Das Dorf darf seiner Form und der zweiten Namenshälfte »riet« nach als planmäßige Rodungssiedlung gelten, dabei weist »Batucho« in eine Gründungszeit vor 1000 n. Chr. Der Adel vom nahen Schopflenberg, dessen heute verschwundene Burg noch 1537 als Burgstall erwähnt ist, mag sehr wohl die erste Herrschaft über Bezgenriet ausgeübt haben.

Das Luftbild vom 22. Februar 1991 erfaßt im Umgriff des Dorfes, an dem bis zum Flugdatum die landesweite Zersiedelung vorüberging, Relikte seiner Gründungszeit: Langfluren und Wölbäcker. Deren Formen zeichnet in seichten Buchten und Senken ein schmaler Schnee nach, der nur für kurze Zeit dem Tauwetter noch widersteht. Der reizvolle graphische Kontrast wird verstärkt, weil höhergelegene Ackerrücken schon abgetaut sind und sich dunkel von den weißen Streifen abheben.

Andreas Kieser hat diese Äcker 1638 mit stark generalisierender Feder gezeichnet, als er von Südosten her den Weg entlang, welcher aus der rechten oberen Bildecke in das Dorf zieht, auf jene Kirche schaute, die aus einer 1405 erbauten Laurentiuskapelle entstanden war. Damals, wie noch einmal im Februar 1991, prägte ihr Muster das Umfeld des Dorfes.

Der zwischen Göppingen und Aichelberg anstehende zähe Letten bewahrt manche frühe Flurform so, als hätte er sein Gedächtnis für immer in die Äcker eingegraben. Indem das Luftbild Wölbäcker und Langfluren großflächig dokumentiert, wird es interessierten Landes- und Agrarhistorikern, die in ihm zu lesen verstehen und aus alten Kartenwerken nur einen Bruchteil mittelalterlicher und neuzeitlicher Spuren zurückgewinnen können, zur willkommenen neuen Quelle. Der Landesarchäologie erwächst aus solchen Aufnahmen, deren Inhalte in die Bereiche von Geologie und neuzeitlicher Kriegsgeschichte verzweigen können, die Verpflichtung, ihr stetig wachsendes Luftbildarchiv zunehmend auch benachbarten Disziplinen zu öffnen. *O. Braasch*

Zeichnung nach A. Kieser, Alt-Württemberg in Ortsansichten und Landkarten 1680–1687.

Literatur: Findbuch für das Archiv der ehemaligen Gemeinde Bezgenriet. Stadtarchiv Göppingen, C 90 III, 2. – Chr. Frank, Die Hochäcker. Deutsche Gaue, Sonderheft 87 (1912) – A. Kieser, Alt-Württemberg in Ortsansichten und Landkarten. 1680–1687 (1985) – K. Schwarz, Frühmittelalterliche Fernwege und Ackerfluren. Materialhefte zur bayerischen Vorgeschichte 45 (1989).

Spuren am Flugplatz Hockenheim
Rhein-Neckar-Kreis

Einige Jahre schien es, als bliebe der längliche Grabenhof von Rockolding, Niederbayern, einziges Beispiel für »cursus«ähnliche Grabenwerke in Süddeutschland, und man mochte glauben, diese Form sei die Domäne archäologischer Luftbilder von der Mosel, aus Frankreich und vor allem aus England, wo ein frühes Muster schon 1933 bei Drayton, Oxfordshire, entdeckt wurde, und wo u. a. James Pickering 1981 bei Barford, Warwickshire, auf einen merkwürdigen Befund mit einem einzigen Kreisgraben und einer größeren angelehnten Einfriedung stieß. Das änderte sich, als 1991 plötzlich in Baden-Württemberg bei Hockenheim und bei Welschingen im Hegau ganz ähnliche Formen mit schmalen Gräben in kiesigem Boden, der besonders klare Bewuchsmerkmale hervorbringen kann, auftauchten. Der Hockenheimer »cursus« (1) liegt wie die Anlagen von Rockolding und Welschingen inmitten von Kreisgräben (2) und Grabhügeln, die auf einen Bestattungsplatz hindeuten. Der Zweck der langen Grabeneinfriedung, sie könnte auch eine Palisade gefaßt haben, bleibt indes offen und bedarf noch der ». . . Einordnung in die archäologische Begriffswelt«, die sich in Deutschland neuen luftgeborenen Formen auffallend zögernd nähert. Oberflächenfunde, die konkrete Hinweise auf Zeitstellung oder Zweck des Bauwerks liefern könnten, sind unmittelbar vom Platz nicht bekannt.

Der Leser mag sich fragen, wie die Hockenheimer Segelflieger, deren Landebahn (3), Signalfeld (4) und auf den ersten Blick »archäologieverdächtiger« Zeltplatz (5) sich in unmittelbarer Nachbarschaft zu dem vorgeschichtlichen Arrangement befinden, diese seltsamen Spuren aus der Luft zu deuten wissen. *O. Braasch*

Literatur: R. Christlein/O. Braasch, Das unterirdische Bayern. (1982) 252–253. – D. N. Riley, Aerial Archaeology in Britain. (1982) 30, Fig. 25.

Vorgeschichtliche Gräber an der Kuhbachbrücke

Stadt Karlsruhe

Die dünnen Humusschleier auf dem Rheinschotter zwischen Karlsruhe-Neureut und dem Strom bieten archäologischen Bewuchsmerkmalen ideale Entstehungsbedingungen. Liegen doch regelmäßig die Fluren im Rheintal in den Monaten April bis August mit ihrer Wasserbilanz am unteren Ende der deutschen Klimalandschaft. Hinzu kommt ein durchschnittlicher Vegetationsvorsprung von ein bis zwei Wochen, den die Flugprospektion für einen ebenso frühen Start in die Saison der Bewuchsmerkmale nutzt. Als sich im Mai 1990 die Bodenfeuchte unter Getreide an den Klimastationen Freiburg und Geisenheim in einer frühen Trockenperiode bis auf 30% der Feldkapazitäten gesenkt hatte, zogen sich überall im Rheintal die Streifen der Kiesmäander (1) durch die junge Saat – und mit ihnen erschienen auch über Nacht die vorgeschichtlichen Spuren. In dieser Situation wurde der Fundplatz an der Kuhbachbrücke gegenüber Neureut mittags am 12. Mai angetroffen und fotografiert.

In der Mitte eines Gerstenfeldes, die Pflanzen stehen kurz vor der Ährenschiebe, folgen einander in lockerem Abstand Kreisgräben unterschiedlicher Größe, von denen zwei in der Mitte, in einem Fall durch doppelten Graben (2) ausgezeichnet, Gruben zeigen – eine länglich rechteckige und eine von quadratischer Form. Die übrigen Kreise erscheinen ohne sichtbare zentrale Marken. Bei (3) läuft außen eine kurze Grubenreihe nahe am Kreis vorbei. Außerhalb der Kreisgräben werden verstreut kleine, dunkle Gruben (4) sichtbar, die zusammen mit den aufwendigeren Kreisformen an veröffentlichte Grabungspläne keltischer Nekropolen in Süddeutschland erinnern wie in der Flur »Lindele« bei Rottenburg a. Neckar. Dort stieß man auf wechselnde Körper- und Brandbestattungen, die teilweise auch von befundlosen Kreisgräben begleitet wurden. Bisher sind aus der Umgebung des Bestattungsplatzes an der Kuhbachbrücke keine Siedlungsspuren bekannt, die uns mehr über die Erbauer der Grabanlagen erzählen könnten.

O. Braasch

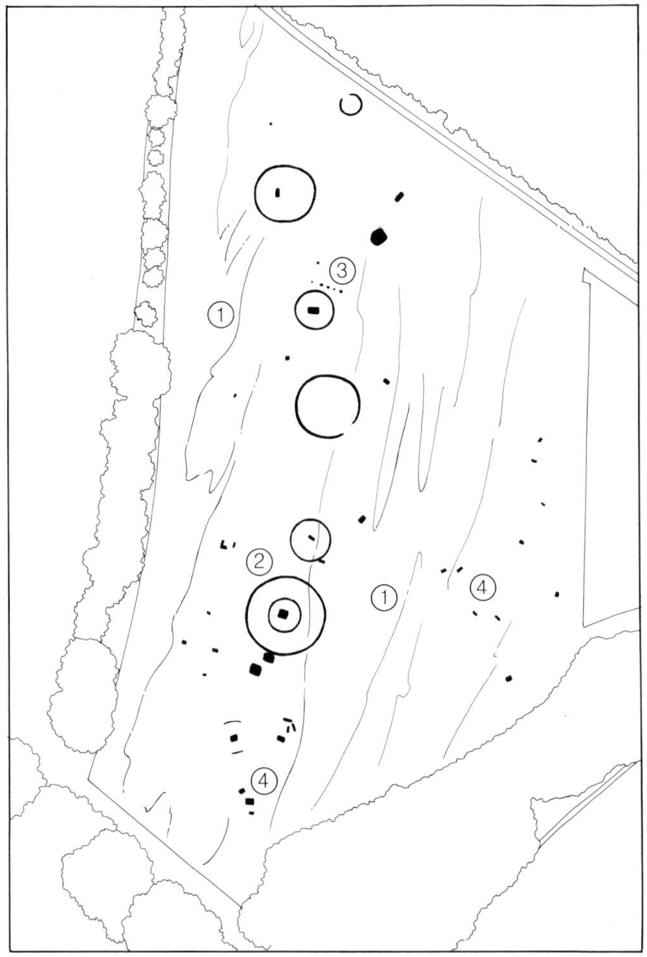

Literatur: H. Dommermuth und W. Trampf, Die Verdunstung in der Bundesrepublik Deutschland, Zeitraum 1951–1980 (1990). – H. Reim, Die keltische Nekropole im »Lindele« bei Rottenburg a. N., Archäologische Ausgrabungen in Baden-Württemberg 1989 (1990) S. 109.

Der Friedhof am Strom

Gemeinde Oberhausen-Rheinhausen, Landkreis Karlsruhe

An der Flußaue, ihre Bäume ragen links unten in das Bild (1), erscheinen nordöstlich von Rheinhausen am 31. Mai 1990 im mittleren, hellen Getreidefeld dunkelgrüne, einheitlich nach Osten ausgerichtete Grabgruben als positive Bewuchsmerkmale (2). Mit dieser Ausrichtung könnten sich die Gruben als vielleicht frühmittelalterlicher Friedhof verraten. In lockerer Streuung schmükken sich einige Bestattungen mit Kreisgräben und lassen so an ihre einstige Überwölbung mit Grabhügeln denken – Vorrecht der Reichen und Mächtigen im Ort. In den angrenzenden Feldern aber dünnen die Spuren in solchen Getreidesorten, die offensichtlich für die Ausbildung von Bewuchsanomalien weniger geeignet sind, schlagartig aus (3). Damit werden die Schwierigkeiten sichtbar, mit denen die Flugprospektion auf den für Teile Südwestdeutschlands typischen kleinparzellierten Feldfluren zu kämpfen hat. Die bisher fehlenden Grenzen des Gräberfeldes werden sich dort nämlich nur durch das Zusammentreffen günstiger Bedingungen in Feldfrucht und Witterung zu erkennen geben – bis zum Frühjahr 1993 blieb ein solcher Zufall aus.

Die Deutung dieses Gräberfeldes als frühmittelalterlicher Nekropole, von der als dingliche Zeugnisse keine datierenden Oberflächenfunde bekannt sind, steht noch auf schwachen Beinen: Es fehlen geeignete Arbeitshilfen für die Bildauswertung, etwa Kataloge gesammelter Grundpläne von untersuchten Gräberfeldern aus Süddeutschland. Das Bild bestätigt, daß Flugentdeckungen ebensoviele Fragen wie Antworten zur frühen Geschichte unseres Landes liefern können. *O. Braasch*

Literatur: O. Braasch, Daten u. Gedanken zur Luftbildarchäologie in Baden-Württemberg. Denkmalpflege in Baden-Württemberg 19, 4, 1990, Front- u. Innenseite – R. Christlein, O. Braasch, Das unterirdische Bayern (1982) 95.

Ein antiker Friedhof bei Donzdorf

Kreis Göppingen

Der vorgeschichtliche Bestattungsplatz zwischen der Lauter und dem Gewann »Katzensteig« zeigt sich mit drei quadratischen Grabgärten (1), in deren Mitte jeweils eine mannslange Grabgrube eingetieft ist, mit drei Kreisgräben, davon einer mit doppeltem Ring (2), und mit verstreuten einzelnen Gruben (3). Bestimmte archäologische Spuren, meist handelt es sich um positive Bewuchsmerkmale in schütterem Getreide, gewinnen an Kontrast, wenn sie im Fluge mit der Sonne im Rücken und im direkten harten Licht beobachtet und aufgenommen werden – von dieser hier angewandten Prospektionstechnik berichtet der Flugzeugschatten auf dem Infrarot-Fehlfarbenfilm bei (4). Die Donzdorfer Spuren im von der Lauter aufgeschotterten Talgrund erinnern u. a. an die Befunde des keltischen Gräberfeldes im »Lindele« bei Rottenburg a. N. und an die Formen in der latènezeitlichen Nekropole von Pottenbrunn-Ratzersdorf, Stadtgem. St. Pölten in Niederösterreich. Diese Fundstelle ist vielleicht eisenzeitlich; dies wird auch durch eine neuentdeckte Viereckschanze im nahen Gingen an der Fils gestützt, die für eine keltische Besiedlung des Raumes spricht. *O. Braasch*

Literatur: O. Braasch, Neue Ergebnisse der Flugprospektion. Archäologische Ausgrabungen in Baden-Württemberg 1991 (1992) 337 ff. – H. Reim, Archäologische Forschungen im Neckartal bei Rottenburg a. N., Kreis Tübingen, Die Ausgrabungen in den Neubaugebieten »Lindele-Ost« und »Siebenlinden«, Denkmalpflege in Baden-Württemberg 20, 1991, 166, Abb. 8. – H. Windl, Fenster zur Urzeit – Luftbildarchäologie in Niederösterreich, Katalog des Niederösterreichischen Landesmuseums, NF 117 (1982) Abb. 38.

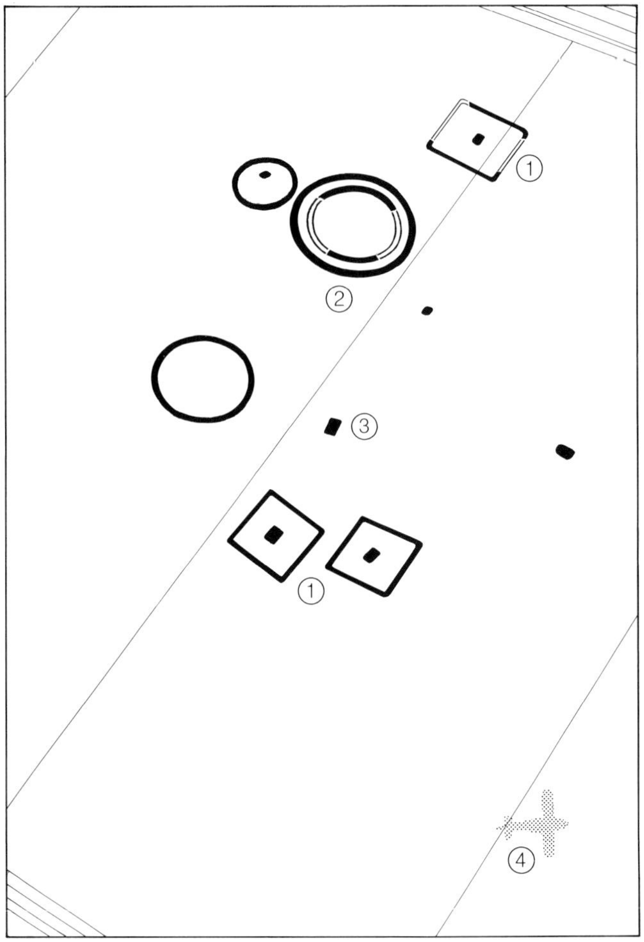

Das große Gräberfeld von Ehingen

Gemeinde Mühlhausen-Ehingen, Kreis Konstanz

Nach der Entdeckung des großen vorgeschichtlichen Gräberfeldes durch Rolf Gensheimer im Sommer 1983 bot der Platz bei Ehingen im Hegau, an dem auch die Gemeinde Welschingen Anteil hat, in fast jedem Flugjahr weitere Überraschungen. Jüngste Befunde zeigen neben verstreuten Gruben (1) und kräftigen runden Abdrucken von Grabhügeln (2) quadratische Einfriedungen (3) und einen zur Hälfte sichtbaren Doppelkreis (4), die durch blasse, zarte Gräben markiert werden. Die Einfriedungen scheinen an einer Straße aufgereiht, die von einem langen Graben (5) markiert wird. Bereits eine Woche nach ihrer Beobachtung im Mai 1992 waren Quadrate und Doppelkreis wieder im aufsprießenden und sich verdichtenden Getreide untergetaucht, was die Forderung an die Flugprospektion unterstreicht, auch bereits bekannte Fundstellen ständig unter Beobachtung zu halten. Die sichtbaren Spuren gehören zum Formenschatz vorgeschichtlicher Grabanlagen von der Bronzezeit bis zur Latènezeit, dabei scheinen die quadratischen Einfriedungen wohl der keltischen Epoche zu entstammen, wofür auch die wenig östlich von Ehingen gelegene Viereckschanze spräche. Die ungewöhnlich große Nekropole wie das Umfeld der Schanze gehören indes zu den Sorgenkindern der Bodendenkmalpflege: Wilder Kiesabbau mit Einbringung von Bauschutt durch Landwirte, die sich von den Behörden bisher nicht stoppen ließen, bedroht unmittelbar die archäologischen Quellen. *O. Braasch*

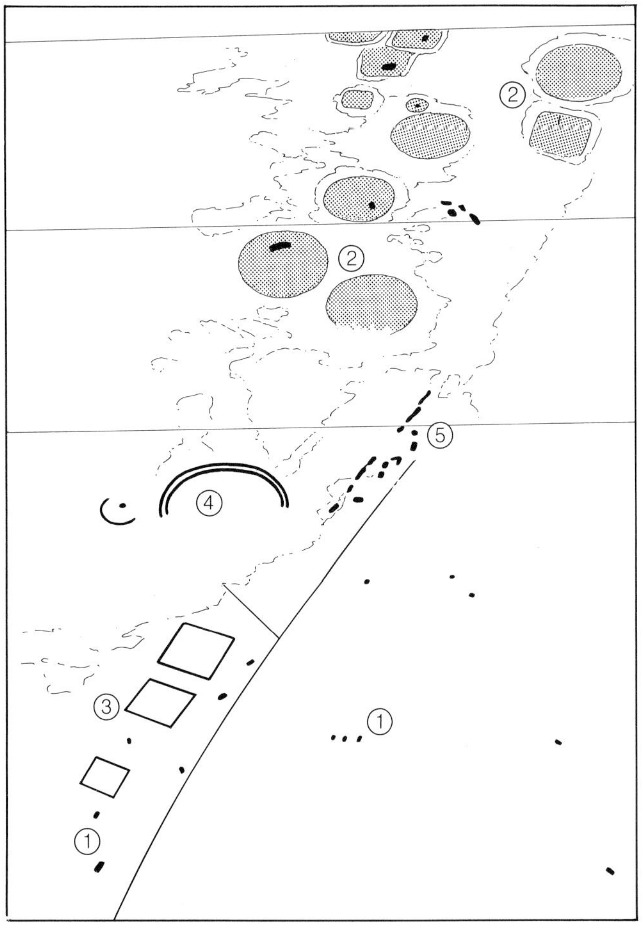

Literatur: W. Struck, Archäologie in Südbaden aus der Vogelperspektive. Archäologische Nachrichten aus Baden, 33. 1984 – R. Gensheimer, Luftbildarchäologie im Jahr 1983. Archäologische Ausgrabungen in Baden-Württemberg 1983, (1982) 16, Abb. 5. – R. Christlein, Die Stätten der Toten. In: Das unterirdische Bayern (1982) 90–93, Abb. 91.

Schützengräben in Neuenburg am Rhein

Kreis Breisgau-Hochschwarzwald

Am nördlichen Rand von Neuenburg zwängt sich ein Acker zwischen die neuen Einfamilienhäuser. Er berichtet zur geeigneten Jahreszeit noch von vergangenen kriegerischen Auseinandersetzungen mit dem westlichen Nachbarn. Am 18. Juli 1992, wenige Tage vor der Ernte, erscheint seine Botschaft in der vollreifen Gerste, die mit hellen Bändern merkwürdige Formen zeichnet. Dem Betrachter aus der Vogelschau verraten sie den Verlauf von Schützengräben, die hier gegenüber Frankreich ausgehoben wurden. Während die eigentlichen Gräben (1) sich in Windungen und Bastionen ergehen, dürfte der gleichmäßig gebogene und schmalere Strang (3) wohl der Entwässerung gedient haben. Bei (2) wird der obere Grabenzug durch eine Zone mit zerzausten und plattgedrückten Halmen unterbrochen, die Regen und Wind im ersten Sommergewitter zu Boden brachten.

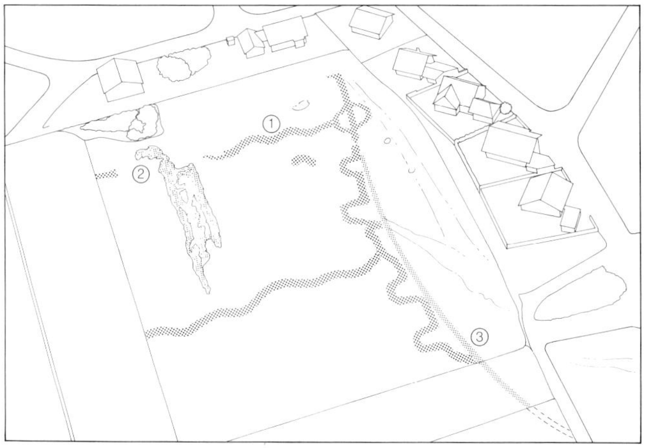

Das »Grabungsdatum« für die Neuenburger Spuren ist nicht sicher. Da berichtet Konstantin Schäfer in der Ortschronik von Scheinstellungen, die um Neuenburg vor Beginn des Zweiten Weltkrieges zur Täuschung der französischen Luftaufklärung über die Absichten der deutschen Heeresführung errichtet wurden. Die Stadt sank dann auch gleich bei Kriegsbeginn vom 9. bis 13. Juni 1940 unter mehr als 3000 französischen Granaten in Schutt und Asche. An anderer Stelle verweist sein Namensvetter Franz Schäfer jedoch auf die Planung rechtsrheinischer Schützenstellungen und Hindernisse um Neuenburg schon vor dem Ersten Weltkrieg, die zur weiträumigen Sicherung des Brückenkopfes dienen sollten, den man auf dem linken Ufer beim Dorf Eichwald, dem Hebelschen »Chalampi«, heute Chalampé, errichtet hatte.

So reichen die Neuenburger Gräben als Ergebnis historischer Flugprospektion und Quelle für die Landesgeschichte unmittelbar an unser Heute heran.

O. Braasch

Literatur: Konstantin Schäfer, Neuenburg. Die Geschichte einer preisgegebenen Stadt, 1963, S. 443. – Franz Schäfer, Beiträge zur Geschichte der Oberrhein-Befestigungen. In: Das Markgräflerland 6, 1935, 15 ff.

Zerstörung eines archäologischen Denkmals

Brenz an der Brenz, Gemeinde Sontheim, Kreis Heidenheim

Im Gewann »Steinrißle«, östlich von Brenz, befindet sich eine ausgedehnte römische Villa rustica, die durch die Luftbildprospektion in ihren Ausmaßen und in ihrer Innenstruktur vollständig bekanntgeworden ist (siehe Seite 170). Alljährlich werden hier im Frühjahr nach dem Pflügen der Äcker Wagenladungen voll Steine abgefahren. Das Bild zeigt in eindrucksvoller Weise den Landwirt, wie er eben zusammengetragene Steine, das heißt, römisches Baumaterial auflädt und zur nächsten Deponie bringt. Ein Zeichen, wie sehr durch die intensive landwirtschaftliche Nutzung und das alljährliche Pflügen der Äcker die römische Gutsanlage von Brenz von Jahr zu Jahr weiter fast unerkannt und unbemerkt zerstört wird.

D. Planck

Zeittafel

vor Chr.			*Baden-Württemberg*	*Andere Kulturkreise*
	ALTSTEINZEIT	ÄLTERE, FRÜHE	Geröllgeräte	
500 000				
300 000			Acheuléen	
100 000		MITTLERE	Mousterien	
50 000		JÜNGERE	Aurignacien	
			Gravettien	
			Magdalénien	
8 000	MITTEL-STEINZEIT	FRÜHE	Beuronien	
7 000		SPÄTE		
6 000	JUNGSTEINZEIT (NEOLITHIKUM)		La Hoguette	
5 500		ALT	Bandkeramik	
5 000			Hinkelstein	
		MITTEL	Großgartach	
4 500			Rössen	
			Bischheim, Schwieberdingen, Aichbühl	
4 000		JUNG	Wauwil, Schussenried, Lutzengüetle,	
			Hornstaad	
			Michelsberg, Pfyn, Altheim	
3 500				
		SPÄT	Horgen	
3 000				
		END	Goldberg III	Stufenpyramide Sakkara
			Schnurkeramik	Pyramiden von Gizeh
2 500			Glockenbecher	

vor Chr.			*Baden-Württemberg*	*Andere Kulturkreise*
2 000	BRONZEZEIT	FRÜHE		
		MITTLERE	Hügelgräber	Palastkultur Kreta
1 500				Mykenische Kultur Echnaton Tut-ench-Amun
1 000		SPÄTE	Urnenfelderkultur	
				Trojanischer Krieg
750	HALLSTATTZEIT	ÄLTERE		753 Gründung Roms
600			Heuneburg Hohenasperg Hohmichele	Gründung von Massalia
500		JÜNGERE		490 Schlacht bei Marathon
			Hochdorf	
450				Zwölftafelgesetze Peleponnes. Krieg
400	LATÈNEZEIT	FRÜHE	Kleinaspergle	390 Plünderung Roms durch Kelten 323 Tod Alexanders
300		MITTLERE		278 Galater in Kleinasien 218–201 2. Punischer Krieg
200			Erste Oppida Viereckschanzen	118 Errichtung der Provinz Gallia transalpina
100		SPÄTE		58/50 Caesar unterwirft Gallien 50 Helvetierauszug 12–9 Feldzüge des Drusus bis zur Elbe
nach Chr.	RÖMERZEIT			5 Germanien bis zur Elbe röm. Provinz 9 Schlacht im Teutoburger Wald
um 40			Röm. Besetzung des Donau-Südufers	43 Eroberung Südbritanniens
46			Rätien wird röm. Provinz	Via Claudia Augusta
69				Bataveraufstand
70			Wiederaufbau der Donaukastelle	Einnahme Jerusalems

nach Chr.		*Baden-Württemberg*	*Andere Kulturkreise*
74		Rhein-Donau-Straße: Straßburg – Offenburg – Rottweil – Tuttlingen	
82/90		Kastelle am mittleren Neckar	Chattenkrieg Domitians
		Donaugrenze auf die Schwäbische Alb verlegt (Alblimes)	
		Straße Köngen-Urspring, Verbindung Neckar- zum Alblimes	
um 100		Odenwaldlimes	
		Ausbau Straße Mainz – Stettfeld – Cannstatt – Urspring – Augsburg	Mesopotamien röm.
um 130		Verstärkung des Limes durch Palisade	Hadrianswall
um 150		Vorverlegung des Odenwald- und Neckarlimes nach Osten und des Alblimes nach Norden – äußerer obergermanisch-rätischer Limes	Antoninuswall
212		Constitutio Antoniana	
213		Caracalla überschreitet den rätischen Limes und besiegt die Alamannen	
231/232			Perserkriege
233		Alamanneneinfall in Obergermanien	
235/236		Vertreibung der Alamannen	
		Wiederaufbau der Limeskastelle	
259/260		Franken- und Alamanneneinfall über Rhein und Donau. Obergermanisch-rätischer Limes geht verloren	
260/61			Röm. Sieg über die Alamannen bei Mailand
270			Juthungen und Alamannen bedrohen Rom
		Neue Reichsgrenze: Donau-Iller-Rhein-Limes	
357	FRÜHMITTELALTER / MEROWINGERZEIT / VÖLKERWANDERUNG	Kaiser Julian besiegt die Alamannen bei Straßburg	
410			Alarich erobert Rom
497		Sieg des Frankenkönigs Chlodwig über die Alamannen: nördliches Alamannien wird fränkisch. Restliches Alamannien untersteht dem Schutz von Theoderich.	
536		Westgoten geben Herrschaft an Merowinger ab. Alamannien ist fränkisch.	
v. 596		Gründung des Bistums Konstanz	
1. H. 7. Jh.		Volksrecht der Alamannen »pactus Alamannorum« wird aufgezeichnet.	
6./7. Jh.		Ausbreitung des Christentums	
724		Gründung des Klosters Reichenau	
746		Blutbad von Cannstatt. Das Herzogtum Alamannien erlischt endgültig.	
764–814		Regierungszeit Karls des Großen	

Weiterführende Literatur

Allgemeine Literatur

Archäologische Denkmäler in Baden-Württemberg. Karte mit Beiheft. Landesvermessungsamt Baden-Württemberg (1990)

J. Biel, Vorgeschichtliche Höhensiedlungen in Südwürttemberg-Hohenzollern. Forschungen und Berichte zur Vor- und Frühgeschichte in Baden-Württemberg 24 (1987)

Der Keltenfürst von Hochdorf. Methoden und Ergebnisse der Landesarchäologie. Katalog (1985)

W. Kimmig und H. Hell, Vorzeit an Rhein und Donau (1958)

H.-J. Küster (Hrsg.) Der prähistorische Mensch und seine Umwelt. Forschungen und Berichte zur Vor- und Frühgeschichte in Baden-Württemberg (1988)

D. Planck (Hrsg.), Archäologie in Württemberg. Ergebnisse und Perspektiven archäologischer Forschung von der Altsteinzeit bis zur Neuzeit (1988)

E. Sangmeister (Hrsg.), Zeitspuren. Archäologisches aus Baden. Archäologische Nachrichten aus Baden 50 (1993)

Einführung (Planck)

K. Bittel, Archäologie in Südwestdeutschland heute. Die Festansprachen anläßlich des 25jährigen Jubiläums der Gesellschaft für Vor- und Frühgeschichte in Württemberg und Hohenzollern e. V. (1990) 9 ff.

D. Planck, Archäologische Denkmalpflege in Baden-Württemberg in den 90er Jahren. Denkmalpflege in Bad.-Württ. 20, 1991, 31 ff.

D. Planck, Archäologische Denkmalpflege und Öffentlichkeit. Denkmalpflege in Baden-Württemberg 1, 1993, 16 ff.

Von der Steinzeit zur Bronzezeit (Schlichtherle)

G. Albrecht u. A. Hahn, Rentierjäger im Brudertal. Führer zu archäologischen Denkmälern in Bad.-Württ. 15 (1991)

R. Dehn, Die Urnenfelderkulturen in Nordwürttemberg. Forschungen und Berichte zur Vor- und Frühgeschichte in Bad.-Württ. 1 (1972)

J. Hahn und C.-J. Kind (Hrsg.), Urgeschichte in Oberschwaben und der mittleren Schwäbischen Alb. Arch. Informationen aus Bad.-Württ. 17 (1991)

J. Hahn, H. Müller-Beck und W. Taute, Eiszeithöhlen im Lonetal. Führer zu archäologischen Denkmälern in Bad.-Württ. 3 ([2]1985)

E. Keefer, Eine Schussenrieder Siedlung bei Eberdingen-Hochdorf, Kreis Ludwigsburg. Forschungen und Berichte zur Vor- und Frühgeschichte in Baden-Württemberg 27 (1988)

E. Keefer, Steinzeit. Sammlungen des Württ. Landesmuseums Stuttgart Band 1 (1993)

E. Keefer, Vorgeschichtliche Siedlungen und Gräber in Remseck am Neckar. Heimatk. Schriftenreihe Gemeinde Remseck a. N. (1992)

R. Krause, Vom Ipf zum Goldberg. Archäologische Wanderungen am Westrand des Rieses. Führer zu archäologischen Denkmälern in Bad.-Württ. 16 (1992)

J. Lüning und H. Zürn, Die Schussenrieder Siedlung im „Schlößlesfeld", Markung Ludwigsburg. Forschungen und Berichte zur Vor- und Frühgeschichte in Bad.-Württ. 8 (1977)

H. Müller-Beck (Hrsg.), Urgeschichte in Baden-Württemberg (1983)

H. Reim, die Burghöhle bei Dietfurt, Gde. Inzighofen-Vilsingen, Krs. Sigmaringen. Zur nachmesolithischen Besiedlung von Höhlen im Donautal zwischen Tuttlingen und Fridingen. Mitt. Verb. Dt. Höhlen- und Karstforscher 22 Nr. 3, 1976, 85 ff.

H. Reinerth, Das Federseemoor als Siedlungsland des Vorzeitmenschen. Führer zur Urgeschichte 9 (1929)

E. Sangmeister und K. Gerhardt, Schnurkeramik und Schnurkeramiker in Südwestdeutschland. Badische Fundberichte, Sonderheft 8 (1965)

H. Schlichtherle u. B. Wahlster, Archäologie in Seen und Mooren. Den Pfahlbauten auf der Spur. (1986)

H. Schlichtherle, Pfahlbauten: Die frühe Besiedlung des Alpenvorlandes. Spektrum der Wissenschaft, Juni 1989, 72 ff.

E. Wagner, Eiszeitjäger im Blaubeurener Tal. Führer zu archäologischen Denkmälern in Bad.-Württ. 6 (1979)

H. Zürn, Das jungsteinzeitliche Dorf Ehrenstein (Kr. Ulm) Veröff. Staatl. Amt für Denkmalpfl. Stuttgart (1965)

Die Kelten (Planck)

J. Biel, Die Hallstattkultur in Württemberg, eine Standortbestimmung. Archäologie in Württemberg (1988) 199 ff.

J. Biel, Der Keltenfürst von Hochdorf (1985)

K. Bittel, Die Kelten in Württemberg. Römisch-Germanische Forschungen 8 (1934)

K. Bittel, S. Schiek, D. Müller, Die keltischen Viereckschanzen. Atlas archäologischer Geländedenkmäler in Bad.-Württ., Bd. 1 (1990)

K. Bittel, W. Kimmig, S. Schiek (Hrsg.), Die Kelten in Baden-Württemberg (1981)

F. Fischer, Alte und neue Funde der Latèneperiode aus Württemberg. Fundberichte aus Schwaben NF 18/1, 1967, 61 ff.

F. Fischer, Der Heidengraben bei Grabenstetten. Führer zu archäologischen Denkmälern in Bad.-Württ. 2 (1979)

F. Fischer, Der spätlatènezeitliche Depotfund von Kappel, Kreis Saulgau. Urkunden zur Vor- und Frühgeschichte aus Südwürttemberg-Hohenzollern 1 (1959)

F. Fischer, Hallstattzeitliche Fürstengräber in Südwestdeutschland. In: Bausteine zur geschichtlichen Landeskunde von Bad.-Württ. (1979) 49 ff.

F.-Fischer, Südwestdeutschland im letzten Jahrhundert v. Christi Geburt. Archäologie in Württemberg (1988) 235 ff.

A. Furger-Gunti, Die Helvetier (1991)

W. Kimmig, Das Kleinaspergle. Forschungen und Berichte zur Vor- und Frühgeschichte in Bad.-Württ. 30 (1988)
W. Kimmig, Die Heuneburg an der oberen Donau. Führer zu archäologischen Denkmälern in Bad.-Württ. 1 (1983)
F. Klein, Die frühe und mittlere Latènezeit in Württemberg. Archäologie in Württemberg (1988) 215 ff.
R. Nierhaus, Das swebische Gräberfeld von Diersheim. Studien zur Geschichte der Germanen am Oberrhein vom gallischen Krieg bis zur alamannischen Landnahme. Römisch-Germanische Forschungen 28 (1966)
D. Planck, Eine neuentdeckte keltische Viereckschanze in Fellbach-Schmiden, Rems-Murr-Kreis. Germania 60, 1982, 105 ff.
A. Rieth, Vorgeschichte der Schwäbischen Alb, unter besonderer Berücksichtigung des Fundbestandes der mittleren Alb. Manusbücherei 61 (1938)
H. Zürn, Hallstattforschungen in Nordwürttemberg. Veröffentlichungen des Staatlichen Amtes für Denkmalpflege Stuttgart, Reihe A: Vor- und Frühgeschichte, 16 (1970)

Die römische Epoche (Planck)

Archäologische Ausgrabungen in Baden-Württemberg 1981 ff.
D. Baatz, Der römische Limes. Archäologische Ausflüge zwischen Rhein und Donau ([2]1975)
Der römische Limes in Deutschland, 100 Jahre Reichs-Limeskommission, Sonderband der Zeitschrift Archäologie in Deutschland (1992)
Die Römer in Schwaben, Katalog zur Ausstellung (1985)
Ph. Filtzinger, D. Planck, B. Cämmerer (Hrsg.), Die Römer in Baden-Württemberg ([3]1986)
Ph. Filtzinger, Die militärische Besitznahme durch die Römer. Historischer Atlas von Bad.-Württ. Beiwort zur Karte III, 4, 1989
Forschungen zur Provinzialrömischen Archäologie in Bayerisch-Schwaben. Schwäbische Geschichtswelt und Forschungen Bd. 14 (1985)
P. Goessler, F. Hertlein, O. Paret, Die Römer in Württemberg, Bd. 1–3 (1928–1932)
F. Haug und G. Sixt, Die römischen Inschriften und Bildwerke Württembergs ([2]1914)
J. Heiligmann, Der Alblimes. Forschungen und Berichte zur Vor- und Frühgeschichte in Bad.-Württ. 35, 1990
K. Heiligmann, Sumelocenna – Römisches Stadtmuseum Rottenburg am Neckar. Führer zu archäologischen Denkmälern in Bad.-Württ. 18 (1992)
H. J. Kellner, Die Römer in Bayern ([2]1972)
M. Luik und F. Reutti, Der Römerpark in Köngen. Führer zu archäologischen Denkmälern in Bad.-Württ. 11 (1989)
B. Pferdehirt, Die römische Okkupation Germaniens und Raetiens von der Zeit des Tiberius bis zum Tod Trajans. Jahrbuch des Römisch-Germanischen Zentralmuseums 33, 1986, 221 ff.
D. Planck, Das Freilichtmuseum am rätischen Limes im Ostalbkreis. Führer zu archäologischen Denkmälern in Bad.-Württ. 9 (1983)
D. Planck, Das römische Walheim. Ausgrabungen 1980–1988. Archäologische Informationen aus Bad.-Württ. 18 (1991)
D. Planck, Der obergermanisch-rätische Limes in Südwestdeutschland und seine Vorläufer. Archäologie in Württemberg (1988), 251 ff.
D. Planck, Die römischen Städte Ladenburg, Wimpfen und Rottenburg. Zeitschrift für die Geschichte des Oberrheins 135, 1987, 24 ff.
D. Planck, W. Beck, Der Limes in Südwestdeutschland ([2]1987)
R. Röhren, Jahrbuch des Römisch. Germanischen Zentralmuseums 7, 1960, 214 ff.
E. Schallmayer, Aquae – Das römische Baden-Baden. Führer zu archäologischen Denkmälern in Bad.-Württ. 11 (1989)
E. Schallmayer, Der Odenwaldlimes (1984)
H. Schönberger, Die römischen Truppenlager der frühen und mittleren Kaiserzeit zwischen Nordsee und Inn. Bericht der Römisch-Germanischen Kommission 66, 1985, 322 ff.
C. S. Sommer, die römische Zivilsiedlungen in Südwestdeutschland. Archäologie in Württemberg (1988), 281 ff.
C. S. Sommer, Municipium Arae Flaviae – Militärisches und ziviles Zentrum im rechtsrheinischen Obergermanien. Bericht der Römisch-Germanischen Kommission 73, 1992, 270 ff.

Das Mittelalter (Oexle)

R. Christlein, Die Alamannen. Archäologie eines lebendigen Volkes. (1978)
Der Runde Berg bei Urach. Führer zu archäologischen Denkmälern in Bad.-Württ. 14 (1991)
H. v. Dürrich und W. Menzel, Die Heidengräber am Lupfen (bei Oberflacht) (1847)
G. Fingerlin, Die alamannischen Gräberfelder von Güttingen und Merdingen in Südbaden (1971)
G. Fingerlin, Hüfingen, ein zentraler Ort der Baar im frühen Mittelalter. Der Keltenfürst von Hochdorf, Methoden und Ergebnisse der Landesarchäologie (1985), 411–425
I. Fingerlin, Die Grafen von Sulz und ihr Begräbnis in Tiengen am Hochrhein. Forschungen und Berichte der Archäologie des Mittelalters in Bad.-Württ. 15 (1992)
F. Garscha, Die Alamannen in Südbaden. Katalog der Grabfunde (1970)
D. Geuenich, Zur Landnahme der Alemannen. Frühmittelalterliche Studien 16 (1982)
M. Knauth, Frühe Alamannen in Baden-Württemberg. Archäologie in Württemberg (1988), 311–331
H. Maurer, Die Deutschen Königspfalzen 3, Baden-Württemberg 1. Lieferung, 46–62
. . . mehr als 1 Jahrtausend. Leben im Renninger Becken vom 4. bis zum 12. Jahrhundert. Archäolog. Information aus Bad.-Württ. 19 (1991)
M. Schmaedecke, Der Breisacher Münsterberg. Forschungen und Berichte der Archäologie des Mittelalters in Bad.-Württ. 11 (1992)
Stadtluft, Hirsebrei und Bettelmönch – Die Stadt um 1300 (1992)
H. Steuer, Die Alamannen auf dem Zähringer Burgberg. Archäologische Informationen aus Bad.-Württ. 13 (1990)
I. Stork, Merowingerzeit in Württemberg. Archäologie in Württemberg (1988), 333–353
W. Veeck, Die Alamannen in Württemberg (1931)
Ernst Wahle, Karl Wilhelmi (1786–1857) als Begründer der Altertumsforschung in Süddeutschland. In: Ernst Wahle. Tradition und Auftrag prähistorischer Forschung. Ausgewählte Abhandlungen als Festgabe zum 75. Geburtstag am 25. Mai 1964, hrsg. von Horst Kirchner (1964), 132–219

Das archäologische Luftbild (Braasch)

J. Albertz, Grundlagen der Interpretation von Luft- und Satellitenbildern. Eine Einführung in die Fernerkundung (1991) Archäologie aus der Luft: Sechs Jahre Luftbildarchäologie in Westfalen (1989)
J. Baradez, Vue aérienne de l'organisation Romaine dans le Sud-Algérien. Fossatum Africae (1949)

H. Becker/O. Braasch/L. Wamser, Luftbild und Magnetik zur Prospektion des Legionslagers. Neue Untersuchungen im frührömischen Legionslager bei Marktbreit, Landkreis Kitzingen, Unterfranken. Das archäologische Jahr in Bayern 1987 (1988), 92 ff.

F. Bender, Angewandte Geowissenschaften (1981)

O. Braasch, An Speltach, Vils und Donau – Bilder und Bemerkungen zur Luftbildarchäologie. Geofyzika v Archeologii (1989), 394 ff.

O. Braasch, Das unterirdische Archiv. Zur Luftbildarchäologie in Baden-Württemberg. Bauernkalender 1993, 94 ff.

O. Braasch, Daten und Gedanken zur Luftbildarchäologie in Baden-Württemberg. Denkmalpflege in Bad.-Württ. 19/4, 1990, 149 ff.

O. Braasch, Der vergessene Dorffriedhof – das Reihengräberfeld von Altbierlingen, Gde. Ehingen, Alb-Donau-Kreis. Archäologische Ausgrabungen in Bad.-Württ. 1986 (1987), 202 ff.

O. Braasch, Flugbeobachtungen am Lager von Eislingen, Kr. Göppingen. Archäologische Ausgrabungen in Bad.-Württ. 1989 (1990), 361 ff.

O. Braasch, Luftbildarchäologie in Süddeutschland. Kleine Schriften zur Kenntnis der römischen Besetzungsgeschichte Südwestdeutschlands 30 (1983)

O. Braasch, Luftbildarchäologie, ein Wintermärchen? Archäologische Informationen 8/2 (1985), 125 ff.

O. Braasch, Neue Ergebnisse der Flugprospektion. Archäologische Ausgrabungen in Bad.-Württ. 1991 (1992), 337 ff.

O. Braasch, Neue Ergebnisse der Flugprospektion. Archäologische Ausgrabungen in Bad.-Württ. 1990 (1991), 303 ff.

R. Christlein/O. Braasch, Das unterirdische Bayern (1982)

O. G. S. Crawford, Air Survey and Archaeology. Ordnance Survey Professional Papers, New Series 7 (1924)

E. Ewald, Einsatz des Luftbildes für die vorgeschichtliche Forschung in Deutschland. Luftbild und Luftbildmessung 16 (1938), 19 ff.

Ph. Filtzinger, Kastell Hüfingen im Luftbild. Badische Fundberichte 23, 1967, 107 ff.

Ph. Filtzinger, Römische Straßenstationen bei Sigmaringen. Fundberichte aus Schwaben, NF 19, 1971, 175 ff.

Ph. Filtzinger, Wehranlagen am Donaulimes in Baden-Württemberg im Luftbild. Fundberichte aus Schwaben NF 18, 1, 1967, 106 ff.

G. Fingerlin, Die archäologische Landesaufnahme als Aufgabe der Archäologischen Denkmalpflege. Denkmalpflege in Bad.-Württ. 1, 1993, 55 ff.

R. Gensheimer, Luftbildarchäologie im Jahr 1983. Archäologische Ausgrabungen in Bad.-Württ. 1983 (1984), 13 ff.

H. Jäger, Das Luftbild im Dienste der historischen Landeskunde. Landeskundliche Luftbildauswertung 3 (1960) 17 ff.

J. Klug, Archäologische Auswertung von Luftbildbefunden aus Müllheim, Kreis Breisgau-Hochschwarzwald. Archäologische Ausgrabungen in Bad.-Württ. 1990 (1991), 316 ff.

R. Koch, Zwei Erdwerke der Michelsberger Kultur aus dem Kreis Heilbronn. Fundberichte aus Schwaben NF 19, 1971, 51 ff.

G. Krahe, Luftbildarchäologie mit dem Motorsegler. Jahresber. der bayer. Bodendenkmalpflege 21, 1980, 17 ff.

R. Krause, Die archäologische Prospektion, Aufgaben, Möglichkeiten und Ziele. Denkmalpflege in Bad.-Württ. 1, 1993, 24 ff.

D. Lorenz/W. Sölter, Pflanzenwachstum und Bodenfeuchte über Mauerresten. Vorläufige Ergebnisse eines Bodenversuchs zur Luftbildarchäologie. Bildmessung und Luftbildwesen 4 1977, 113 ff.

D. Planck, Archäologie aus der Luft. Archäologie in Deutschland 1, 1985, 16 ff.

D. Planck, Ein neuer römischer Limes in Württemberg. In: Archäologische Ausgrabungen in Bad.-Württ. 1982 (1983), 94 ff.

D. Planck, Luftbildarchäologie in Baden-Württemberg. In: Archäologische Ausgrabungen in Bad.-Württ. 1982 (1983), 13 ff.

D. Planck/R. Gensheimer, Luftbildarchäologie in Baden-Württemberg. Archäologische Ausgrabungen in Baden-Württemberg 1982 (1983), 13 ff.

A. Poidebard, La trace de Rome dans le désert de Syrie. Le limes de Trajana à la conquête arabe. Recherches aériennes 1925/1932 (1934)

W. Schier, Die vorgeschichtliche Besiedlung im südlichen Maindreieck. Materialhefte zur bayerischen Vorgeschichte A 60 (1990)

I. Scollar, Einführung in neue Methoden der archäologischen Prospektion. Kunst und Altertum am Rhein 22 (1970)

W. Sölter (Hrsg.), Das römische Germanien aus der Luft (1981)

A. Stieren, Englische Luftaufnahmen in Nordwestdeutschland und römische Forschung. Germania 29, 1/2 (1951) 72 ff.

W. Struck, Luftbildarchäologie in der südlichen Oberrheinebene. Archäologische Ausgrabungen in Bad.-Württ. 1982 (1983), 18 ff.

G. Strunk-Lichtenberg, Bodenkundliche Untersuchungen an archäologischen Objekten, die durch Luftbildaufnahmen entdeckt wurden. Archaeo-Physika 1, 1965, 175 ff.

Zeitspuren. Luftbildarchäologie in Hessen (1993)

Bildnachweis

Archäologisches Landesmuseum, Konstanz: 9, 97–100

J. Feist, Pliezhausen: 11

J. Gaiser, Weißenhorn: 65

G. Goerlipp, Donaueschingen: 3

R. Hajdu, Stuttgart: 69

Hauptstaatsarchiv Stuttgart: 1

B. Hildebrand, Aalen: 62

S. Höfler (W. Kimmig, Die Heuneburg an der oberen Donau, Führer zu archäologischen Denkmälern in Baden-Württemberg 1): 33

Institut für Ur- und Frühgeschichte, Universität Freiburg: 79

O. Kasper, Singen: 45

I. Koschorrek (R. Christlein, O. Braasch, Das unterirdische Bayern): 106–108, 110, 113, 115, 118–120

Landesbildstelle Württemberg, Stuttgart (Kimmig/Hell, Vorzeit an Rhein und Donau): 48

H. Merz, Gerlingen: 8

Mikiffer, Weiss & Partner, Karlsruhe (Archäologische Informationen aus Baden-Württemberg 19): 91

K. Natter, Stuttgart: 83

B. Pfeifroth (H. Müller-Beck [Hrg.] Urgeschichte in Baden-Württemberg): 10

K. Schmitt, Fellbach-Oeffingen (Arch. Informationen aus Baden-Württemberg 12): 15

Württembergisches Landesmuseum, Stuttgart: 19 (2.5.7.9)

Die nicht nachgewiesenen Abbildungen im Text: Landesdenkmalamt Baden-Württemberg

Die Luftbilder stammen von Otto Braasch, Schwäbisch Gmünd.

Die Umzeichnungen der Luftbilder im Text und im Tafelteil sind von Sigrid M. Christlein, Schwäbisch Gmünd.

Register